JN291446

高齢者ラベリングの社会学

―老人差別の調査研究―

辻 正二 著

恒星社厚生閣

高齢者ラベリングの社会学
老人差別の調査研究　　　目　次

第1章　老人問題論からエイジズムの研究へ ……………………………… 1
  1. 老人問題への視点　1
  2. 社会問題としての老人問題論　2
  3. 老人社会学の老人問題研究　8
  4. エイジズムとは何か　13
  5. 我が国におけるエイジズムの研究と老人研究の視点　18
      (1) 社会構造的な側面　22
      (2) 文化構造論的側面　24
      (3) 社会的相互作用　25
  6. まとめ　27

第2章　ラベリング差別論の展開 ……………………………………… 34
  1. はじめに　34
  2. 逸脱論から差別論へ　35
  3. ラベリング差別論の暫定的公準　41
  4. ラベル効果論　45
      (1) 烙印者類型と被烙印者類型　45
      (2) ラベリング差別構造　49
  5. ラベリング差別論の展望　52

第3章　老人意識の地域比較と老人差別 ……………………………… 59

1. はじめに　59
2. 調査を通してみた老人線と老後意識　63
    (1) 老人線　63
    (2) 老後意識の認知　65
    (3) 老人線・老人意識の地域比較　68
3. 高齢者の自我像　74
4. 高齢者への社会的反作用：老人化のプロセス　82
5. 結　語　85

第4章　ラベリングと老人呼称 …………………………………… 89

1. はじめに　89
2. 呼び名と蔑視語　91
3. 老人呼称の好感度と嫌悪度の世代間比較　94
    (1) 高齢者を意味する言葉の好感度　94
    (2) 高齢者を意味する言葉の嫌悪度　97
    (3) 嫌悪される老人言葉の属性分析　99
4. 嫌われる老人言葉を通してみた差別言語の考察　105
5. まとめ　111

第5章　若者の老人差別意識の分析 ……………………………… 114

1. はじめに　114
2. 棄老意識と棄老類型　117
    (1) 敬老と棄老の認知　118
    (2) 棄老観類型による分析　122
3. 棄老者類型の構成：タテマエとホンネの分析　124
4. 老人への差別感情　127
    (1) 差別感情の連関構造　127
    (2) 相関分析による要因分析　130

（3）差別意識の強度　132
　5．結　　語　136

第6章　若者の老人差別意識の分析（続） …………………… 139

　1．はじめに　139
　2．若者の老人に対する好意度，敬老と排斥の認知　140
　　（1）調査者属性の素描　140
　　（2）老人に対する好意度　141
　　（3）敬老精神の認知　153
　　（4）老いの排除に関する認知　144
　　（5）自由回答からみた若者が認める老人差別の所在　145
　3．老人イメージの質的分析　147
　4．差別感情と差別強度の分析　153
　　（1）差別感情の抽出　153
　　（2）相関分析による要因分析　156
　　（3）差別意識の強度　158
　5．若者にとって老人ホームとは　161
　6．結　　語　166

第7章　高齢者の老人意識と自己ラベリング …………………… 171

　1．はじめに　171
　2．ラベリングの諸相　173
　　（1）老人と呼ばれて気になる　173
　　（2）老人呼称に対する評価（嫌いな言葉）　173
　　（3）老人扱いされていやな経験（被害感覚）をしたことがあるか　174
　　（4）「老人になったな」という意識（老人自己成就意識）　175
　　（5）「若さ」の承認：若々しい服装をする　176
　3．老人意識形成のメカニズム　177

(1) 老人意識の客観的基盤　178
　　　(2) 老人意識の主観的意識構造　179
　 4. 老人意識類型の分析　180
　　　(1) 老人意識類型の構成　181
　　　(2) 老人意識類型とその諸相の分析　182
　　　(3) 老人意識類型の基盤と心理的特性　184
　　　(4) 老人意識類型と差別の認知　186
　 5. 自我意織と老人化メカニズム　188
　　　(1) 自我意識間の関係　189
　　　(2) 老人意識類型と自我構造　191
　 6. 結　語　194

第8章　産業都市における高齢者の自己ラベリング ……………… 197

　 1. はじめに　197
　 2. 老人自己成就意識の分析　198
　　　(1) 老人自己成就意識の客観的基盤　201
　　　(2) 老人自己成就意識の主観的意識構造　205
　　　(3) 老人と呼ばれて気になる主観構造　207
　 3. 老人意識類型の分析　209
　　　(1) 老人意識類型の分析　209
　　　(2) 老人意識類型とその諸相の分析　210
　　　(3) 老人意識類型の基盤と心理的特性　212
　　　(4) 老後の開始，差別の認知・被害認知　214
　 4. 老人意識類型と自我構造　217
　 5. 結　語　221

第9章　超高齢化社会における自己ラベリング ………………… 224

　 1. はじめに　224

2. 老人自己成就意識の分析　225
     (1) 老人自己成就意識の客観的基盤　227
     (2) 老人自己成就意識の主観的意識構造　231
     (3) 老人と呼ばれて気になる主観構造　233
  3. 老人意識類型の分析　235
     (1) 老人意識類型とその諸相の分析　235
     (2) 老人意識類型の基盤と心理的特性　237
     (3) 老後の開始，差別の認知・被害認知　240
  4. 老人意識類型と自我構造　243
  5. 結　語　247

第10章　高齢者の老後観と老人処遇観 …………………… 250

  1. はじめに　250
  2. 超高齢化社会の高齢者の老後観　251
  3. 長寿社会像の認知：敬老精神と老人排除の認知　254
     (1) 敬老精神の有無　255
     (2) 老人排除に関する認知　256
     (3) 高齢者からみた排除システム：質的分析　258
     (4) 老人社会類型の分析　263
  4. 棄老意識と老人ホームに対する意識の分析　266
     (1) 棄老意識　266
     (2) 老人ホームへの入居意識　269
     (3) 老人ホームへの入居の客観的基盤と主観的基盤の分析　271
     (4) 老人ホームへの入居理由　274
     (5) 老人ホームイメージの分析　276
  5. 結　語　278

終章　老人ラベリング差別論の可能性 …………………… 282

1. はじめに　282
2. ラベリングの促進要因の分析　282
3. 公的ラベリングの分析　284
4. 自己ラベリングと脱ラベリング過程の分析　286
5. 総　括　289

あとがき ……………………………………………………………… 292

第1章　老人問題論からエイジズムの研究へ

1. 老人問題への視点

　21世紀は我が国の人口構成が大きく年長世代の比重によって旋回する時代といわれる．我が国で高齢化率が7％を越えたのがいまから30年前の1970年である．高度成長の終盤期に「高齢化社会」にちょうど突入したことになる．それ以後，加速度的に高齢化が進み，いまから4年前の1995年に14％に達し，我が国は「高齢社会」に突入した．21世紀の初頭には，総人口の4人に1人が高齢者になると推計されている．我が国の場合，全国規模の人口統計が明治以降になって初めて正確な統計数値としてまとめられるようになるので，江戸時代以前の高齢化率は定かではない．ただ，65歳以上の高齢者の数がこうした高い数値を記録したことはこれまで一度もなく，有史以来初めての出来事であるということだけは指摘できるであろう．昭和初期から昭和20年代までの高齢化率だけを拾ってみても，大体5％前後を推移してきたので，21世紀に出現する高齢化率の25％とか30％という値が如何に高い数値であるかわかるのである．この値は年少人口の1人分を除いた残りの2人で高齢者を養う勘定である．だから5％の時代と比べると，如何に負担が増えるかが予想できる．つまり，いま働いている生産年齢人口の年代層に対して経済的負担が一挙にのし掛かる社会が出現するわけである．まさに人口革命といっていいほどの変化が生ずるのである．この数年，新ゴールドプランや介護保険の話題が，マスコミ等で頻繁に登場するのも，こうした激変する人口高齢化の結果生ずる社会問題を解決するためであることはいうまでもない．
　ところで，我が国では老人問題というとき，これまでは高齢者の側からの「問題」と高齢者以外の，なかでも社会の側からの「問題」という二つの角度から語られてきた．前者の方は，本人の老化や病気や独居や老後の不安，さら

には老人扶養の問題，老人ホームの不足といった高齢者個人の生活問題に関連して考察されてきたものが該当し，それに対して後者の例としては，社会保障や年金制度の問題，社会的な扶養の問題，労働力不足問題という角度で考察されてきたものに代表される．つまりは，福祉制度や社会保障制度の不備，年金制度の問題に関するものが大半であった．いま，進められている高齢者対策なども，施設整備や高齢者の介護に必要な，人的サービスや物的サービスを提供したり，整備しようとするものであって，この問題は，最終的には政治と経済の領域で解決する問題ともいえる．

ここでは我が国における高齢者研究，特に社会学的な老人研究を考察するが，その前にこの視点の前提となる「老人問題」というスキームについての論議とエイジズムの理論的展開をみておきたい．

2. 社会問題としての老人問題論

河畠修は，ジャーナリストの目で高齢者問題を追いかけた経験から，高齢者の戦後史を三つに分けて考察している[1]．彼によると，第1期とは新民法の公布された1947年から老人福祉法が制定される1963年までの時期，第2期とは高度経済成長の時期から，1973年の福祉元年，石油ショックの低成長期を経て，我が国の平均寿命が世界一位になった1977年頃までの時期，そして第3期は，高齢者人口が1割を越え，在宅ケアが叫ばれる時期まで，であるという．ただし，河畠のこの書は，1989年に出版されたものであるから，現時点で位置づけるとすれば，ゴールドプランや介護保険を考慮に入れて，第4期を追加入した方がいいかもしれない．

河畠によると，第1期とは，戦後の新民法により家督相続制が廃止された時期から始まる．新民法で戸主権・隠居制度が消滅し，扶養の義務は，経済的側面だけに限られた．1950年には兵庫県が「としよりの日」を制定し，敬老精神の普及行事が始まる．同年に日本人の平均寿命が60歳を超え，人生60年時代の到来がいわれる．やがて「としよりの日」は，中央社会事業協議会により「としよりの日」として制定され，13年後の1964年には「老人の日」と呼ばれるようになり，1966年には「敬老の日」として国民の祝日に加えられ

た.

　この時期の特長は，まず「第一に老人扶養に関する家族内の価値観の亀裂が比較的少なかったので，老人問題が社会問題化することがなかった．第二に，消費生活レベルが低く，今日でいう"生き甲斐"に目を向けるほどのゆとりが暮らしのなかには生じなかった．健康な高齢者には家庭内労働であれ，社会に出ての労働であれ，それなりの役割があった．第三の特徴は，平均寿命が徐々に伸びたものの，高齢者の人口比は増加せず，戦前の価値観の崩壊はまだ個人のレベルで受けとめられ，老人問題より深刻な，解決せねばならない他の諸問題が，世のなかにはまだ山積していた時期であった[2]」．

　第2期とは，老人福祉法の制定からの時期を起点とする．この法律によって「老人は多年にわたり社会の進展に寄与してきた者として敬愛され，かつ，健全で安らかな生活を保障されるものとする」（第2条）と謳われ，この法律で65歳以上を老人とする根拠ができたという．そして，養老施設が養護老人ホーム，特別養護老人ホーム，軽費老人ホームの3種にまとめられ，貧困な高齢者や身寄りのない高齢者以外に虚弱な高齢者，同居困難な高齢者までが収容の対象とされ，農村地域では「3ちゃん農業」がいわれるが，都会では「家つき，カーつき，ばばぬき」という言葉が流行するようになった．国民皆年金制度が実現されるが，高度経済成長のなかで高齢者はますます必要性がなくなり，平均寿命の伸びは，ライフサイクルの変化を来した．老親扶養意識が変化し，シルバー世代のなかでも貧富の差が出てくる．1970年になると，老人福祉法の改正で老人医療無料化が実現．マスコミは1973年を「福祉元年」と呼んだ．シルバーシートが出現するのもこの時期であった．しかし，同年10月になって起こった第4次中東戦争を機に石油ショックが世界を襲い，低成長経済になって老人問題が意識されるようになる．

　つまり，「この時期の大きな特徴としては，第一に親子の絆がゆらぐなかで，私的な老親扶養がいよいよ難しくなって行く流れであろう．第二には一般的には消費生活の向上が促されたが，シルバーたちの世界にまでその余波はなかなか及ばなかったことである．しかし，第三には，老人人口比の増大や痴呆性老人の出現などにより，高齢者問題がぬきさしならない事柄として，ようやく人びとの意識にのぼってきたことである[3]」．

我が国で老人問題の研究が本格化するのは，河畠の時代区分からいくと，第一期の終わり，つまり1960年代に入ってからである．例えば，生活科学調査会がまとめた『老後問題の研究』(1961年)は，これまでの老人問題の視点が老人対策として老人を厄介視する先入観でもってみてきたという反省に立ち，新しい老後観の確立を目指したものであった．つまり，同書の執筆者たちは，「老後問題は，非老人世代が，社会問題としてどう取り上げ，どういう国民的関心と運動にもり上げていくか，という実践的課題である[4]」といい，「わたしたちは『老人』問題としてではなく，あえて『老後』問題として取り組んでいきたい[5]」と提案した．そして，家庭・家族のなかでの老人や老人の労働と職業，住まいと住み方，社会保障の体制とモラルといったテーマを考察した．この著書のなかでは老後問題とは，まさに我が国の民主主義の遅れに基因した社会保障制度の遅れであり，貧富の差の存在，家制度の問題であって，高齢者がみずから恩恵的慈恵的発想で老後を捉え，生存権を主張し，自立した姿勢を示さない点が問題なのであった．

1970年代に入り高度経済成長の傷跡が露わになってくる．つまり，「高度経済成長期の老齢者は，繁栄下の犠牲者であるが，そこでの老齢者は限定的な『老人』問題ではなく，国民全体の『老人』問題であった[6]」のである．折しも有吉佐和子の書いた『恍惚の人』(1972年)は，センセーショナルな話題をさらった．有吉の小説は，痴呆化した老人を主人公に，その義理の父を介護する嫁のつらさや確執から次第にいたわりや理解という方向に移る人間愛のドラマを描いたものであるが，痴呆の極限状態を赤裸々にした点でも話題になった．そして，その後の老人問題に甚大な影響を与えたのである．翌年出版される塚本哲監修の『老後問題事典』(1973年)では「老後とは何か」というのなかに老後の生活現実と老後の生活破壊が扱われ，生活破壊として疾病(身体的)，疾病(精神疾患)，非行，事故，公害，自殺(精神医学)，自殺(社会学)が論じられた．ここでの老後問題は，典型的な社会福祉学や社会病理学の捉え方であった．さらに，大原健士郎と三浦文夫が「現代のエスプリ」の一冊として編集した『老人問題』(1974年)では，老人問題を「老人の社会科学」，「老人の身体医学」，「老人の心理学・精神医学」，「老人の福祉」の4分野から考察しようとしている．三浦はそのなかで，老人問題を経済成長(経済変動)，社

会変動，家族変動のなかで生起したとみた．こうしたなかで本格的な老人研究の成果が橘覚勝によって出される．橘の『老年学』(1971年) は，当時の我が国の老年学の到達点を示した．その点では老年学および社会老年学の体系的な書物であったといってよいであろう[7]．橘は，我が国の老年学の先鞭を付けた学者として，老年学の源流や我が国における老年学会の歴史を繙き，老化の生物学的・医学的諸問題，老化の社会学的諸問題，老化の心理学的諸問題を指摘した．彼は，心理学者として老人の心理的な側面を研究しただけでなく，生理学・医学的特質，社会学的特質をも考察したのみならず，我が国における老人観，敬老儀礼や養老事蹟に関しても文化史的な考察をしたことは注目してよいであろう．

老人問題や老後問題という表題の著作は，70年代の後半にほぼまとまった形をとってくる．それは孝橋正一の『老人・老後問題』であり，森幹郎の，『老人問題とは何か』(1978年) という書物に代表されるであろう．森はその著書で，老人問題が先進国が直面する問題であって，生活困窮の問題ではないと指摘した．「経済社会の発展の過程で，人口の構造が老化し，人口の移動が起こり，家族機能のなかから弱者保護の機能が減退・欠落することによって，老人の経済扶養および介護扶養が社会化し，ついには，死すらも社会化して，ここに『老人問題』が発生したのである[8]」とみる．森はこの書物で老年学を紹介し，「近代化の過程で，老人問題が社会問題として登場してきた[9]」とみる．

1970年代後半頃から，これまでの老人問題論や老後問題論に代わって高齢化社会論の視点が浮上し，1980年代からは主流になってくる．「高齢化」という用語は，もともと人口学者の間で使われていた言葉であったが，次第にマスコミ等で使用されるようになり，世間一般に普及した．そして『厚生白書』においても人口高齢化の問題が特集されたり[10]，さらに経済企画庁などの21世紀の社会経済論のキーワードとして情報化，国際化，高齢化が位置づけられるようになる．それとともに高齢化社会論が全面的に展開されるようになった．そして，「高齢化社会論」では，高齢化社会における「福祉」や「年金」，「労働」，「医療」，「社会保障」などが論じられた[11]．この先鞭を付けたのが朝日新聞社編の『高齢社会がやってくる』(1971年) であり，その後の岡崎陽一の

『高齢化社会への転換』(1977年) や吉田寿三郎の『高齢化社会』(1981年) などの業績である．高齢化社会論者たちは，当初からその基調として，急速な人口高齢化の予測と我が国の人口高齢化が，人類史上未曾有の経験であることを強調し，そこから高齢化対策の必要性を指摘した．三浦文夫は「高齢化社会の分析視角」において，これまでの老人問題は高度経済成長という社会システム上の変化のなかで高齢者が適応できず，生活不安をひきおこすというものであったが，これからの問題は，高齢者自身の増大が原因で惹起する年金の負担増，不公平感の増大というものであるといっている．その点で，彼の言葉では「マイナスの福祉」の対策に向かうのではなく，長期的な展望にたった対策が求められるというものであった．「我が国の将来は，高齢化社会を抜きにしては何も語れない[12]」，「高齢化した人口構造を背景にした他の世代の問題としても現れることになる．すなわち高齢化社会の問題イコール老人問題というように短絡視するわけにはいかないのである[13]」といい，老人問題と一線を画した視点を強調した．那須宗一は『老年学事典』(1989年) のなかで高齢化社会論の問題が，「人口高齢化の速度」，「後期高齢人口の増加」，「高齢者女性の人口の増加」，「高齢者の人口規模の拡大」，「高齢者人口の地域別格差」，そして「高齢者自殺率の高率」にあると指摘している．高齢化社会論では，老人問題や老後問題のように貧困や疾病の問題が問われない，むしろ社会システム上の問題の方が強調される．そして，この頃の高齢化社会論は，「日本型高齢社会論」という名称で，高齢者雇用の拡大，企業の家族主義的長所の活用（終身雇用，年功序列，厚生福祉など），年金制度の充実，高齢者の社会への統合化，予防医学の促進，高齢者の生きがい，社会的弱者に対する徹底した配慮などが対応策として提案されたのである[14]．

　この時期，高齢化研究の流れは，学際的な形で「老い」そのものを掘り起こす作業として結実する．1986年に岩波書店から発行された『老いの発見』シリーズもこの流れである．同書は全5巻で，「老いの人類史」，「老いのパラダイム」，「老いの思想」，「老いを生きる場」，「老いの社会システム」という表題の下に，医者，歴史家，人類学者，経済学者，社会学者，社会福祉学者など各界で活躍している研究者の学際的な研究や論説が収録される．その後も，「老いの意味」，「老いの様式」といったテーマや「老いと死」といったテーマ，

さらには老人の自殺研究といった分野の研究なども増大する[15]．

もちろん，これら高齢化社会論に対して社会政策的観点で一番関係したのが行政機関，なかでも厚生省，総務庁などの政府機関であり，また都道府県・市町村であった[16]．我が国では，厚生省が比較的早い時代から人口高齢化の危惧を表明するが，本格的に危機として動くようになるのは，老人保健法が制定される1982年以降である．同年7月にウィーンで開催された高齢者問題世界会議が発表した「高齢者問題国際行動計画」も，その後の高齢者政策や高齢者問題への関心を強めたといえるであろう[17]．

1986年には，「人生80年時代にふさわしい経済社会システムの構築を目指して」という名の下に「長寿社会大綱」が公布され，そのなかで「① 雇用・所得保障システム，② 健康・福祉システム，③ 学習・社会参加システム，及び ④ 住宅・生活環境システムに係わる長寿社会対策を総合的に推進する」ことが目指される．その下に『長寿社会対策の動向と展望』が出された．「長寿社会論」が言われ出すのもこの頃を境にしてである．

平成の年となった1989年12月には「高齢者保健福祉推進10か年戦略」（ゴールドプラン）が始動する．そして同年，女性が一生涯に子どもを生む推計値である合計特殊出生率が1.57を記録し，これが丙午の世代の数値より低くなったということで，「1.57ショック」と当局を脅かせ，以後少子化対策が動き出す．こうした機運のなかで，ノーマライゼーション，バリアフリー，在宅福祉サービスの三種の神器（ホームヘルプ・サービス，ディ・サービス，ショート・スティ）などが強調されて，再度スウェーデンやデンマークなどの北欧諸国の福祉政策が注目される[18]．1994年には高齢化率が14％を超え，「高齢社会」という視点が注目されるようになる．翌年には政府により高齢社会対策基本法が制定され，その翌年には『高齢社会大綱』及び『高齢社会白書』が出された[19]．そして，「高齢社会」について論ずる書物も現れる．同年には新ゴールドプラン，エンゼルプランも始動する．もちろんこのような在宅福祉への一途のなかで，高島進のように高齢化社会危機論を批判する視点もなかったわけではない[20]．

以上のように戦後の老人問題の流れを見て取ることができるが，その位置づけは次のようにいうことができるであろう．すなわち，老人問題が，個人の側

の問題に視点をおいているのに対して，老後問題は，老後という言葉からも明らかなように，老人個人よりも老後という年齢の方に視点をおくもので，老後の生活問題，とりわけ退職後の問題が扱われたように思われる．これに対して高齢化社会論は，高齢者本人というより高齢者の人口増大から生ずる社会システム上の問題とみたのである．高齢化社会論の後に出てくる長寿社会論，超高齢化社会論，高齢社会論も基本的には高齢化社会論と同じ考えであって，「変形」以外の何ものでもなかった．

3. 老人社会学の老人問題研究

以上，老人研究を我が国の社会情勢のなかで概括的に，特に啓蒙書を通してみてきたが，それでは社会学的な老人研究の方はどうであっただろうか．老人研究，老年研究は，学際的な研究を要する．実際，社会老年学や老年学を専攻している人は自然科学，人文科学，社会科学にわたっている．社会学の専門書のなかで老人問題についての研究が我が国でされるようになるのは，比較的最近になってからといってよい．

例えば，本格的な研究書のなかで老人が研究の対象として扱われるのは，老人福祉法の研究や老人福祉の研究にみられるように，戦後の老人福祉法などの法律の制定を受けての研究書からである．社会学における老人研究は，最初は社会病理学，家族社会学などにおいて開始される．戸田貞三・土井正徳編の『社会病理学』(1954年)の第3章6節において，「婦人・児童・老人」として扱われているし，磯村英一の『社会病理学』(1954年)では血縁的病理現象のなかで「としより」として扱われた．磯村は，「最近になって老人をめぐる社会問題が急に世論の注目をひきはじめた」のは，終戦後の家族制度についての「基本的な考え方の動揺」，「日本人の生命が終戦後急に延長している」，「職業上の『停年制度』無差別平等の原則によって，昔のごとくやかましくなくなった」，「老人の福祉対策が全く省みられない」ことによるといっている．そして「日本の社会における個人主義の浸透と貧困が『としより』を家族からだんだんと追放している．追放された『としより』はどこに行く．それはやがて社会階層をこえた社会病理の問題とならざるをえないであろう[21]」といって結ん

でいる．大橋薫は，主著『都市の下層社会』（1962 年）においてスラムや貧困問題に射程を当てながら，都市の下層階級の生活実態に迫ったが，このときは老人は殆ど扱われていない．彼が老人について触れるのは，第二作の『都市の社会病理』（1960 年）においてである．この著書で彼は，老人を個人病理の代表の一つとして居住生活や健康との関連で問題を抱えていると指摘する．実は，その後の研究をみても社会病理学においては老人問題が体系的に考究されるものは少なく，老人の自殺という観点から注目されるぐらいであった[22]．

このように老人問題は，戦後の初期の段階では，社会病理学の対象として出てくるぐらいで，そこでは全面的に老人だけを対象として考察するものではなかった．

それが高度経済成長期のなかで，老人だけを対象にする社会学，社会科学が出現する．社会学のなかで最初に著されたのは，笠原正成の『老人社会学』（1962 年）であるが，我が国において老人研究に関して社会学的にまとまった書物として出されたものは，同じ年に出版された那須宗一の『老人世代論』である．この書は，老人研究を知識社会学的な世代論でもって，捉えようとしたものであった．彼はそのなかで実証主義的な世代論と歴史主義的な世代論の系譜を追いながら，双方の連携を求めているわけであるが，最終的にはマンハイムやオルテガの歴史主義的な世代論のもつ内発的な変動論の視点を評価する．そして老人世代論の論拠を「われわれは世代の対立と交替による歴史的発展のリズムを発見するのが世代論の窮極の意義と考える．しかし，そこへ到達するための科学的道程として，年齢集団の社会的機能，言いかえれば年齢集団の社会的地位と役割の変化を通じて，世代のダイナミックな構造を分析することが当面の課題となろう[23]」といっている．彼にとって老人世代とはつぎのような意義をもつ．

「老人世代は世代の歴史的推移からみれば，かつて青年時代に，先行する両親および老人の世代グループと直接個人的に接触した経緯をもつ唯一の生存グループである．その意味では現存の老人世代は四つの世代グループつまり現存の後続世代たる青年世代と中年世代，故人となった先行世代たる中年世代と老年世代の四つの世代グループを結びつける媒介的世代である[24]」として位置づけられ，このような視点から世代構造をとらえた．

那須のこの研究は，高齢者研究の口火を切った労作といってよいが，この書は，世代論を素材にしており，当時の社会変動論やイデオロギー論といった影響下で構想された研究であった．彼は，この書物において世代間の媒介項として老年世代の果たす歴史的・社会的役割を提示し，老人を積極的に評価しようとする意図が窺えた．しかし，世代論の力点がもともと世代対立や世代交替にあるため，この研究はどこまでも青年論を主軸にするものになりやすいのである．その点で，彼の研究は老人論といっても青年論との対抗軸での研究であって，時代を主導するとか，新たな価値観をリードするとかいう社会変動的な視点が濃厚なのである．

　これに対して大道安次郎が1966年に著した『老人社会学の展開』は，老年学を意識した社会学からの最初の書物である．大道の老人研究の視点は，新明正道門下らしく綜合社会学的視点からの老人研究を構想したもので，「綜合社会学」を老人の社会学的研究視角，問題意識にうまく当てはめて分析した書物となっている．氏の老人社会学は，問題領域として「個人としての老人」，「老人を受けとめる社会」，「全体社会」という三つのアプローチに求めている．まず，高齢者個人のレベルでみると，社会化を通しての高齢者の役割と地位，高齢化に伴う老人の行動や作業遂行，老人のパーソナリティ，高齢者の社会的適応といった視点の研究が提案されるし，次いで，高齢者の属する集団のレベルでみると，家族集団との関係（家族における老人の座），職場集団との関係（定年制の問題），近隣集団や地域集団のとの関係（都市や農村における老人の地位や役割，老人の社会活動），任意集団との関係（老人クラブや趣味の団体や信仰団体）の研究領域が指摘される．そして三番目の社会全体でみると，老人階級，社会全体の高齢化の問題，年齢集団・年齢階層といった領域の研究が要求される．

　「老人の社会学的概念」という章で大道は，「老人線」という視点を初めて提案し，そのなかで社会学的な老人線の概念は定年制によって代表されるという．その他では彼は，老人の社会的役割では老人の保守性が社会の進展に対してブレーキの役割を演じている側面を日本の指導者の分析から証明している．また，老人文化を主張するために，労働や生産の反対で，無価値な，非生産的な余暇というのではなく，新しい余暇階級としての老人像に期待した[25]．

那須と大道の研究に続くもうひとつの研究は，那須宗一・湯沢擁彦編の『老人扶養の研究』(1970年)にみることができる．この書物は，扶養に絞った研究ではあるが，老人と家族というレベルでみた老人問題の研究書である．この書では，編者たちは，世界の大勢が老人に対する私的扶養義務を課しているなかで，我が国特有の「家」制度にみられる厳格な扶養義務が，戦後の民法改正により，老人にとって扶養自体が権利の順位性から明確な扶養の順序性をもたない私的扶養義務になり，今後どうなるかをみようとしている．そのために世界の実状との比較をしている．

那須はこの書で，我が国では戦後，老人扶養として子どもとの同居形態よりも老後の別居形態を理想化してきたが，そのことが親子の断絶や老人の孤立化や貧困化につながったと指摘した[26]．もう一人の湯沢は，老人扶養の史的展開を考察し，さらに都市老人の特性を生活構造論から説き明かした．しかしこの研究は，家族社会学者の老人研究であった．同じような研究は，1972年に出された『日本の老人』全3巻(1972年)のなかにも受け継がれる．そのなかの一冊である『老人と家族の社会学』は，老人家族研究の一環として老人の家族変動，老人世帯の動向，家族周期論という視点で老人の家族生活の型，老人の生活基盤，労働と余暇，老人の地位と役割，家族内のコンフリクト，老人と親族，老人の生活空間などを考察している．いわばここでの中心テーマは同居扶養型の老後を送っていた我が国の老人にとって，子どもとの別居が不可欠となった戦後の都市社会や産業社会において，それに代わるものがあるのかどうかを探求する作業であった．そのために親族や別居の子どもとのネットワークなどが考察された．ただし，この研究は，家族研究者からの老人研究であった．

1980年代に社会老年学の本格的な老人研究が現れる．その代表が先に触れた橘覚勝の『老年学』である．その一年後，社会学の方で老年社会学の樹立を目指して『老年社会学』全3巻が副田義也を中心として編集される．その初巻の『老年社会学1：老年世代論』(1981年)において副田は，老人研究の視点として微視的視点と巨視的視点を保持した老年社会学を構想した．かれは，そのなかでマルクス主義社会学の社会構造論視点とアメリカ社会学の機能主義的視点を総合して，彼自身の視点である社会構造論的アプローチ，生活構造論的

アプローチ，パーソナリティ構造論的アプローチを用い，彼の「老年社会学」を位置づける．彼はこの『老年社会学』シリーズを編集する前に，雑誌「現代のエスプリ」に『老年』を編集しており，その巻頭に「主体的老人像をもとめて」という論文を載せ，そのなかで「老年世代論」のために「方法としての社会科学」と「思想的基盤としての老年観」の考察が欠かされないとして，老人たちの主体的な生き方を個別具体的ないくつかの活動において科学的に研究しなければならない．他方では，私たちの社会の原理に抵抗しつつ，その研究の思想的基盤を求めなければならないといっている[27]．

　後者の研究として彼が挙げているのは，客体としての老年に関わる社会意識の分析である．彼によると，敬老意識には「タテマエ」としての敬老意識と，「ホンネ」としての老人への蔑視意識，無関心がある．例えば，「老人福祉法」の理念で謳われている老人は，過去の存在であり，「敬愛」の客体となっている．本来老齢者への無条件の尊重と能力主義とは原理的に矛盾しているにもかかわらず，隠されているのである．

　それから主体としての老年像にも「タテマエ」と「ホンネ」があり，前者の例が「枯れた老人」や「賢者としての老人」であり，後者の例が「子どもに返った老人」，「愚者としての老人」であると副田はいう．以上をまとめて四つの類型を示す．彼は「敬老思想・老齢者への蔑視意識・無関心が示すのは，人間の差別と孤立の思想である[28]」という．ただ，これからは老人の主体的な生き方を扱う老年世代論の思想的基盤は生まれない．副田は「老人が，完全な老人として社会の主体となるための論理は，19世紀以来，自明のものとされてきたアントロポロギイ（人間学）にたいする根底からの変革の要請[29]」が必要であるとみる．副田によると，老年世代論は，老後問題論と老齢保障論を包含するものとして位置づけられる．そして老後問題論では貧困，就労，疾病，寝たきりや介護，そして逸脱行動が考察され，老齢保障論では，年金制度，老人ホーム，コミュニティ・ケア，老人福祉，老人家庭奉仕員などが考察されている．

　1980年代後半からは人口高齢化の急速な進行を受けて，社会学者による高齢者研究は増大する．日本社会学会の報告にも「高齢者問題」の研究が多くなる．しかし，それらの多くは，地域の過疎化と同じく地域研究との関連で考察

されたり，高齢化社会論という角度からであった．金子勇の『高齢化と社会計画』や『都市高齢社会と地域福祉』や小川全夫『地域の高齢化と福祉』などその多くは，高齢化社会のなかで福祉施設やコミュニティの在り方の提案を模索する議論であった．そして，これら以外も多くの研究者によってニーズ研究，満足度研究，社会参加，生きがい，職業意識と定年制などの研究がなされる[30]．

以上のようにみてみると，我が国のこれまでの老人研究の推移は，社会問題論としての老人問題論や老後問題論，人口論としての高齢化社会論，さらには長寿社会論・超高齢社会論といった形で推移してきたわけである．それももっぱら，家族社会学者や都市社会学者やコミュニティ論の研究者，地域福祉専攻の学者や社会病理学者によるものであったといえる．その際の論点もほとんどが人口高齢化の結果生ずる問題というものであって，老人の差別であるエイジズムに関しての研究は，少なかったし，あまりみるべき成果をあげてこなかった．

4. エイジズムとは何か

そこで，アメリカの社会老年学においてエイジズムとはどのように論じられ，どういう動機があったかをみておきたい．

しばしば，高齢者研究や老人問題研究のなかで理論として言及されるものに，老人の社会化仮説である離脱理論と活動理論とが相対立する理論としてある．それらは，理論といっても仮説に近いものなのであるが，老人研究では必ずや考慮に入れなければならない．離脱理論というのは，老人が退職などで社会において必要とされる社会的地位を失い，そのことにより孤立化がすすみ，不安とか適応問題に直面するとみる仮説である．これに対して活動理論の方は，離脱理論が社会関係を喪失していくという消極的な老人像を導くのに対して，積極的老人像を導く．この理論は，社会的地位を失うといっても，むしろ余暇などが増加して，社会参加活動が増加し，生きがいなどが増えるとみるもので，高齢者が決して孤立するのではなく活動が盛んになるとみるものである．

ところで，エイジズムという言葉をはじめて使ったのは，ロバート・バトラーである．彼は，1969年に「エイジ-イズム：もう一つの頑固な形態」とい

う論文で，人種差別，性差別と同一地平の問題としてエイジズム（老人差別）という概念の必要性を提起した[31].

つまり，バトラーは，人種差別や社会階級の差別についての概念は，いまや入門的な指摘の必要はないが，「われわれは，見過ごしがちで，いまだに頑固に変わろうとしない一形態である年齢差別ないしエイジズム，つまり他の年齢集団によるある年齢集団に対する偏見を，いまや非常に注視して考察しなければならない[32]」といって，エイジズムの検討の必要性を説いた．

彼は，1969年にワシントン特別区のチェビー・チェイズ地区で，首都住宅局が計画した高齢低所得者用の新興住宅の建設が，地域住民である白人中年層，白人中間層の住民から激しい反対を受けた事件をきっかけにしてエイジズムへの関心を持った．この事件というのは，ワシントン特別区に住む低所得の高齢者へ住宅政策の一環として計画された9階建ての住宅が，その屋上にスイミングプールを備えた住宅であったことなどで地域の白人中年層により「贅沢だ」とか，「老人には必要ない施設だ」といった理由で建設反対に直面した事件であった．ともかく多数の誤報が介在したり，生活保護を受けている黒人の高齢者に占有されては困るという意識などが関係して惹起した事件であったが，バトラーは，この事件に年齢に対する差別が強く働いていることに気づいたのである．

この論文のなかで彼はエイジズムを次のようにみている．つまり，エイジズムとは，老人に対する中年の偏見や若者に対する中年の偏見のように，世代間のギャップとして知られる主観的な経験であって，重大な国家的問題である．そして，若い人や中年の人に重く横たわっている不安（例えば，歳をとる，病気になる，無能力になることなどへの不安）を反映したものである．この不安感を我々の社会の文化的態度が補強している．雇用の場面では高齢者を労働力から強制的に退職させ，生活の主流から切り離している．エイジズムは，時代遅れの人に対する嘲笑的な見解や，雇用において個人の能力を度外視する年齢差別などにおいて認めることができる．その他，若者と老人の中間に位置するということ，世代間の価値観の違いなども高齢者への偏見を増幅するのである．

さらにバトラーは，この高齢者のための公共住宅に反対をした住民のように高齢者の実態を知らない，知りたがらない人びとが多いことを指摘する．そして最後に，特にアメリカでなされているメディケア，社会保障，公共住宅政策

第1章 老人問題論からエイジズムの研究へ　　　　15

は，トーキニズム（申し訳程度に与えるもの）の例であって，それらは高齢者に必要なヘルスケア，収入，住宅を根本的に満たしていないと批判した．後にピューリッツアー賞を受賞した『老後はなぜ悲劇なのか？』のなかで，彼はアメリカの老人たちの生活が，貧困で，雇用の場における年齢差別，退職制度，失業しても免除されていない一律の固定資産税の存在，貧しくて公共住宅にも入れない，家賃や持ち家の維持管理に年金の多くが費やされる，といった事情を指摘しているが，彼のエイジズムの考察は，啓豪的側面が濃厚であった．

　ただ，1987年に彼が『エイジング辞典』のなかで書いているエイジズムの定義をみると，「エイジズムとは，人種差別や性差別が皮膚の色やジェンダーに対してされるように，彼らが老人であるが故に向けられる組織だったステレオタイプや差別の過程として規定される[33]」ものである．さらに，1989年の「エイジズムを追放する」という論文では，エイジズムをはっきりと否定的局面でのみ定義している．バトラーは，「私が〈エイジズム〉と呼ぶ病気，すなわち高齢者に対する差別を導く否定的態度ないし行為を扱うことができる」といい，エイジズムがステレオタイプや神話として制度や個人のレベルで幅広い現象としてみられるという．そして，この神話には，「老人はすべて老衰していて，弱っている」，「老人はすべて豊かである」といったものがあるという．

　これに対して社会老年学者のパルマーによるエイジズム研究の視点は，バトラーの視点と違い，エイジズムを否定的エイジズムとしてだけ捉えるのではなく，肯定的エイジズムという側面もエイジズムとして捉えるべきだと視点に特徴がある．

　彼は，エイジズムに関しての体系的な書物である『エイジズム[34]』（1990年）において，エイジズムを否定的エイジズムと肯定的エイジズムの二種類に分ける．まず，否定的エイジズムにおいては，高齢者に対する偏見を，否定的ステレオタイプと否定的態度に分類する．否定的ステレオタイプとは他の学者たちが「神話」といって表現するものにあたるが，パルマーは，これには病気，性的不能，醜さ，精神的衰退，精神病，孤独，貧困，鬱の八つの形態があるという．他方，否定的態度は，若いということに高い評価をするような態度に見られるとみる．

　否定的差別に関してパルマーが挙げるものは，雇用，政府機関，家族，住宅，

ヘルスケアという制度であって，彼自身は「アメリカ社会では高齢者の差別が五つの制度にみられる」という．以上の否定的なステレオタイプや態度と反対なのが，高齢者に対する肯定的ステレオタイプであり，これには「親切」，「知恵」，「頼りになること」，「裕福」，「政治力」，「自由」，「永遠の若さ」，「幸せ」があるという．また，肯定的態度にはアメリカでは例がなく，日本の社会にみられるという．つまり，「日本のような伝統的な社会には高齢者には肯定的態度がみられる．高齢者に年齢を訊くのは親切なことで，高齢は誇りと称賛の源である．それに対して，合衆国では高齢は恥辱と拒絶の源とみなされるので，高齢者に年齢を訊くのは失礼にあたる[35]」と．

　これに対して肯定的差別というのは，高齢者への優遇差別であって，パルマーは，経済，政治，家族，居住，健康の五つの領域にみられるという．つまり，税金の控除政策，高齢者を優遇する政策，老人の町，メディケアなどにみることができる．

　さらに，彼は，エイジズムを個人的エイジズムと制度的エイジズムとに分ける．個人的エイジズムとは個人による偏見や差別のことで，制度的エイジズムは定年退職など，高齢者を差別する機関による政策もしくは社会構造をいう．個人的エイジズムの例は老人嫌悪，老人愛であり，他方，制度的エイジズムの例は老人支配である．そして，差別に対する受け手としての高齢者の適応類型として，四つタイプを指摘する．具体的には「受容」，「拒絶」，「回避」，「改革」の四つのタイプなのであるが，まず「受容」型の場合は，パルマーによると，いやいやながら受け入れる場合と，偏見と差別を完全に自分のものとして受け入れる場合がある．「拒絶」型は，自分の年齢を拒否するとか，年齢を偽って対応する場合にみられる．「回避」型の場合，高齢者は年齢に基づく隔離，孤立，アルコール，薬の乱用，さらに自殺によってエイジズムを避けようとする．「改革」型は，エイジズムのもつ偏見と差別を認識し，それをなくそうとしたり，改革運動へ参加したりする．この類型は，マートンの差別類型をそのままエイジズムに当てはめたものである．

　リチャード・カリシュは，1979年の「新しいエイジズムと失敗モデル」という論文で新しいエイジズムへの視点を提案する．このなかで彼は，これまでの失敗モデル（無能モデルと活動厳格モデル）を批判し，新たなエイジズムを

指摘している[36]. それは次のような特徴をもつ.

　① 健康ではないということ, 機敏さのなさ, 無能性という特徴により〈高齢者〉をステレオタイプ化する.「すべての老人は同じではない」というレトリックを片方で使いながら.

　② 老人を施設や他の組織の支援を必要とする, 相対的に無力で, 依存的な個人として知覚する.

　③ 正確な関心を持たずに, サービスの展開を鼓舞する.

　④ それは, 高齢者の軽視に対する社会一般への批判を生んだり, 社会におけるある種の個人に対する批判の弛まぬ流れを生み出す.

この新しいエイジズムは, 高齢者として通常規定される, この国の2千3百万人以上の人びとのなかの個人的差異や集団的差異を曖昧にする. つまり,「もしわれわれが高齢者を犠牲者と規定するなら, われわれは彼らに犠牲者としてアプローチし, 彼らを犠牲者として振る舞うように期待する. 何かを〈問題〉として規定することによって, われわれは, 自己成就的予言を創始する[37]」と.

ところで, 以上三つの流れを概観してクックは, 今後の研究課題として二つの点を挙げている[38]. その一つは, 高齢者に関する態度や信念の測定を促進することであり, もうひとつは, エイジズムは多彩な用語であるので, それを拒絶するべきではない. だが, 同時にその意義深さを失うほど出任せに(例えば, 積極的エイジズムとか消極的エイジズムという具合に)使用すべきではないと指摘する. この他, 高齢者の自殺の研究におこなっているオズグッドは, エイジズムの出所を問題にして「ことわざ」,「言語によるマイナスイメージ」,「メディアのメッセージ：老いることは悪である」,「ユーモアのなかの差別」などがエイジズムを生んでいるという[39]. そして, 結果的に「老人は自分が役立たずで, 活動の場から追い出され, 非生産的で, 性的関心を失い, 耄碌していると思っている. マイナスの固定観念や神話などに打ち負かされた彼らは, こうした見方やイメージを内面化し, その結果に苦しんでいるのである[40]」,「老人であることを恥じる」,「社会のスケープゴート」,「エイジズム - だれもが敗北者」とみなすようになる, と指摘した.

確かに, アメリカの社会老年学や社会学のなかには老人を生産的・活動的と

みる活動理論もあるが，かなりの論者が老人の孤立，老人を差別する社会システムの存在を指摘し，批判している．例えば，老人の社会化を一貫して追究してきた I. ロソーも，地位＝役割論のレベルで，老人たちは社会の制度的な影響によって社会的な地位の低下を経験するといっている．例えば，地位の低下，ステレオタイプ化，排斥，役割喪失，役割の曖昧さ，若さのイメージにそれは現われるという[41]．これに対して年齢差別を批判するバラシュの見解では「疑いなく，現代社会は年輩者の評価を低くしてきた．年輩の人がこの価値評価を受け入れて自分を低く見積るとき，その有能性，活力，ある意味で彼の真価さえも格下げの傾向になる[42]」といっているのである．

このようにアメリカのエイジズム研究は，アメリカ社会が業績主義や能力を強調するために，老人が自分自身老人になったことを隠すような社会的期待が働いたり，地位の低下，排斥などの原因になっていることを考察してきた．

5. 我が国におけるエイジズムの研究と老人研究の視点

アメリカにおいては，老年学会の研究誌『老年学』などが，1960年代後半から，70年代にかけて老人に関する偏見や差別の研究を積極的に掲載したが，我が国ではどうであろうか．残念ながら，その時期老人差別の研究はまだないのが実情である．我が国においてはエイジズムの視点を多少とも考慮に入れた研究は，ようやく80年代に入ってから出現してくる．

東京都老人総合研究所の柴田博・芳賀博・古谷野亘・長田久男等が著した『間違いだらけの老人像』(1985年)や，金子善彦の『老人虐待』(1987年)などは，その一例である．これらは，精神科医や老人医療，老人心理学などを専攻している人たちの手による研究である．また，非常な反響を呼んだルポルタージュ作品である朝日新聞記者，大熊一夫の『ルポ老人病棟』(1988年)は，神奈川県にある親愛病院にアル中患者として潜入して書いた書物である．大熊は，「オムツ」を外したり，着物やシーツを汚さないために，「抑制」と称して手足を紐で縛っていることや，そこではナースコールがなく，まさに儲け主義の病院になっている内実を報告した．そして彼の潜入した老人病院が姥捨て化している状況を報告した．

近年では児童虐待とともに老人虐待への関心が高まってきた[43]．老人虐待の場合，介護を担当とする家族や職員の問題で，主に過労とか，幼児の時の被虐体験，差別感などが関係しており，虐待がそのまま差別と結びつかないが，やはり非情な扱いということで，差別行為に繋がるものである．その意味で，広義に解釈すると老人虐待の研究は，差別研究の一種と位置づけることができるであろう．ただし，虐待の場合，個人の精神的問題や幼少時での被虐待体験といった特異な経験，性格が問題になる領域であるので，そのまま差別研究として扱わない方がよいのかもしれない．我が国で差別研究というと，これまで部落差別が深刻な差別を生んできただけに，部落差別を代表と解してよいが，それ以外の領域として女性差別，障害者差別，教育差別，職業差別などがあるであろう．ただ，老人差別はあまり研究されてこなかった．近年に刊行された栗原彬編集の全4巻からなる『講座　差別の社会学』(1996年)のなかには部落差別，障害者差別，女性差別，エイズ差別，人種・外国人差別など代表的な差別現象を考察した論文が収められているが，このなかにはエイジズムに関しての論文は，残念ながら1本も加えられていないのである．

　我が国の老人差別論は，理論面においても，また本格的研究においても，緒に就いたばかりといった方が正しいのかもしれない．

　先に挙げた副田義也の研究にみられるもの以外でわれわれがここで把えようとする老人差別の社会学的研究で一番鋭い視点は，栗原彬の研究にみることができる[44]．栗原は，柳田国男の『遠野物語拾遺』に記されている棄老地，デンデラ野が「文明社会に共通に見られる老人排除の仕組みを原型的に現している[45]」という．デンデラ野に老人を棄老したのは，老人を単に「穀潰し」として経済の論理から排除しただけでなく，共同体が生き残るために共同体の一つの制度としてなされていたのである．

　栗原は，「社会は，老人を〈老人〉として仕立てた上で，排除する．しかも，老人は，自らも老いもする．個々の老人のなかには現象としての表層の老いと，生成としての深層の〈老いる〉が交錯している．深い層からあふれ出る自律的な〈老いる〉が，表層で，他律的な老いの硬い表皮に倒立している．一つの老いが，制度としてのイデオロギー装置である「老い」と，できごととしての〈老いる〉とに分割されている[46]」．

彼は，老いるの前提となる制度としての「老い」をドラマトゥルギー分析によって説明する．彼によれば「高度産業社会への構造変化は，老いを隔離し，制度に封じこめ，排除の方向に働く．老いを制度化するドラマトゥルギーは，(1) 外からの老いのはりつけ，すなわち老いの外在化 → (2) 制度への老いの結晶化，ないし老いの客体化 → (3) 強いられた老いの主観的意識への再くりこみ，つまり老いの内面化という三段階の上演の過程を踏む[47]」のである．第一幕として老いの外在化は，外からのまなざしによって，あらゆる〈老いる〉現象のなかから選び取られた，有徴的な部分を碇泊点として，老いのラベルをはりつけるという仕方で進む．そして，第二幕において外在化された老いは制度に客体化される．つまり，高齢者は過疎地に取り残され，高齢者は新しい技術への適応力に劣るとする年齢神話，定年制の普及，定年退職とともに地位を失うばかりか，収入も低下して低所得者層，ケアされる者・治療される者へと受動的な存在形態に封じ込められる．つまり，それは「加齢の故に職場から締め出されただけではない．共同体の解体にともない，共同体に関する多くの役割を失い，また，価値観や生き方の継承者をも見失って，高齢者は，形成観念としての家庭や地域からも離され，それらに寄生する無用な存在，『お荷物』に，そして福祉の対象に，貶められ[48]」るのである．そしてマーケット戦略のあらたなターゲットにされた高齢者は，産業社会化の過程から，生産力主義的な秩序に対するノイズとして，トータルに排除される．まさに彼にとって「今日，老人とは産業社会の棄民のスティグマ（烙印・聖痕）をもつもの[49]」なのである．そして最後の第三幕において「こうしておよそ七つの重層的な囲い込みを経て，客体化された老いは，もう一度個々の人の主観意識に内面化されることによって，老いの制度化と排除の上演を完成する．老いが内面化されると，外から強いられたものである老いが，あたかも自分の身体の中側から自然に発生してきたような倒錯が生じる．少なくとも，『老い』と〈老いる〉との混同と同一視が行なわれて，老いへの自発的な服従の態度が生まれる[50]」という．この視点は，その後，彼の「離脱の戦略」という論文に引き継がれている．この論文において栗原彬は，「『老い』は今日，『若さ』との対照項として，二分法的にカテゴリー化される．産業社会の推進力が『若さ』と『老い』の属性を振り分ける．この推進力は『進歩と開発』，生産力ナショナリズムを

めぐる諸力である(51)」といい,「若さ」の属性とは有用性・生産性・新しさ・進歩・開発・柔軟さ・明るさ,老いの属性とは無用性・非生産性・古さ・退行・停滞・頑迷さ・暗さを示していると述べ,同じく「老い」と「高齢者」を制作する過程が,(1)外からのまなざしによる「老い」の貼りつけ,(2)制度への「老い」の客体化,(3)「老い」の内面化,という段階を踏むとみている.この他,この論文では離脱の戦略が示されている.彼は,その道として,老人のアイデンティティ形成の道,老いる身体に宿る汚穢・おぞましいもの・両義性を再組織する道,「生産価値(開発価値)から生命価値へ」や「正義からケアへ」という価値や倫理を旋回させて生産力ナショナリズムの支配的な世界を書き替える道,不良老人としてシステムを離脱する道,生産力ナショナリズムに対抗するものとしての「老人族」のエスノナショナリズムの道,異なる人びと(女性,障害者,外国人,子どもなど)とネットワーキングを形成していく道が提案されている.

　こうした老いの意味論から迫る視点は,もう一人の赤坂憲雄のなかにも見出すことができる.赤坂は『排除の現象学』のなかで,現代の「核家族」が老人を親和力をもって包容する空間ではなくなったという.つまり,彼によると「核家族は生きること・老いること・病むこと・そして死ぬことといった,もっとも直接的かつ自然的な家族としての営みの多くを,みずからの手で全うすることができない(52)」のである.常にありとあらゆるものが核家族によって委託され,老人の世話でさえも病院・福祉・介護・施設といった形で外在化される.赤坂は,団地の遊び場に不意に現れた老人は,核家族の集積である団地のなかでは,老人の子供たちへの眼差しとは別に,その親たちにとっては「異人」として映るのだという.まさに陽だまりの老人は異人なのである.こうした団地の空間自体が老人を排除するとして,赤坂は現代版姥捨てとして捉えているのである.赤坂の眼は老人を襲っていた少年の側からのものである.

　この他に我が国で老人差別研究として確認できるものに,老人虐待の研究がある.これはアメリカやイギリスでの児童虐待研究を,老人にも適用して虐待論一般として捉えようとしているものである.ただ,まだ始まったばかりの段階というのが実状であろう.

　我が国における老人差別の先駆的研究は,栗原や赤坂の鋭い視点でなされた

ものと評価できる．しかし，栗原にしろ，赤坂にしろ，彼らの研究は，理論的研究といった方が良いもので，それは実証的な研究が施されたものではない．そうした点が難点といえるであろう．

以上我が国の老人差別研究の動向をみてきたのであるが，いまの日本の社会のなかで老人差別をみる場合，いくつかの前提事項となる視点がいるであろう．それについて簡単に触れておきたい．

（1）社会構造的な側面
① 近代社会の効率性と定年退職制度

現代の社会は人間存在を市場のなかで「役に立つ人間」と「役に立たない人間」としてふるい分けるシステムとなっている．このシステムは，若さを必要とする．結果的に適応力の悪い，旧式の知識や技術をもっているものは排除の対象にされてしまう．我が国では，定年制が55歳において登場し，やっと60歳定年制になったのが最近である．アメリカでは1967年に制定され，1978年に修正された「年齢差別と雇用法」で定年を70歳に引き上げている．つまり，アメリカに比べれば，我が国は，60歳という年齢でもって個人の職業能力に限界があるとみているわけで，それからすればアメリカ以上に定年制による差別が強いということができるであろう．

② 人口の量的変化の影響

この視点は，人口構造の高齢化に基本的視点を置いての高齢者問題や高齢化社会問題の究明であって，高齢者の福祉，介護，健康などの生活問題や，生きがい，社会参加，スポーツなど，高齢者の抱える実に多くの問題が指摘され，その解決策が論じられている．しかし，こうした論議が個々の高齢者の問題解決にどれだけ割かれているかといえば，先にみたように高齢者にはあまり温もりのない高齢者対策がなされていることも事実なのである．つまり，喧しく指摘される高齢者施策の割には，高齢者たちが直接全面に出ることなく，背景に隠された高齢者問題が意外に多いということであって，このことは高齢者を「老人」とみなす観点が相変わらず根強いことを物語っているのではないだろうか．

高齢者は，人類の歴史のなかでは大概マイノリティ集団であった．つまり，平均寿命が低い時代にあっては，高齢者が総人口のなかでマジョリティ（多数者）を形成することはあり得なかった．ただ，高齢までの生命力の畏怖や知識の保有により，高齢者はマイノリティ集団であったが，多くの場合，高齢者はドミナント集団を形成していた．近代の社会は，先にも触れたように，高齢者をこの優勢な地位から劣性の地位へと変えたのである．しかし，現在進みつつある人口高齢化は，人口的にマイノリティな地位にあった高齢者が次第にマジョリティな地位を占める過程でもある．高齢者の地位は，かつてのようにマイノリティ性とドミナント性をもつことはできない．マジョリティになりつつあるが，世代間の対立を潜在化して，劣性の地位に貶化される可能性を秘めつつあるといえるであろう．

③老人線
　われわれの社会には，ある年齢線に達したことをもって「老人」と呼ぶ老人年齢線（老人線）を装置としてもっている．つまり，われわれの社会では，老人線に達したことをもってか，それとも社会的要請によってか，の理由によって老人を形成している．例えば，われわれ人間社会では一定年齢に達すると年齢相応に振る舞い，分際・分別をもてという行為期待，つまり社会的期待が，強く個人に付与せられるようになる．身体の老いにそれぞれ個人差があるにもかかわらず，この種の期待が強く作用するようになるのである．例えば，職業における定年制，家族における権限の委譲である主座の明け渡し，つまり隠居や引退という側面などがそれである．つまり，その人自身の生理的な老化とは別に，文化や社会によって老人を形成していく側面があるのである．それから，老人線の曖昧性も指摘しなければならない．60歳の還暦，77歳の喜寿，88歳の米寿など，高齢者に対する通過儀礼は何のためにあるのか．老人クラブ（老人会）は，老人になって初めて加入する集団であるが，それへの加入年齢も地域によってかなり相違する．65歳を加入年齢とする地域が一番多いが，それでも種類として強制加入の地域もあれば，自由加入の地域もあり，まちまちなのである．

(2) 文化構造論的側面

① 敬老と棄老の文化構造

この視点は穂積陳重の『隠居論』にみられるように，隠居制度と相続法とのからみでみたり，制度を研究した隠居制度の文化史的な研究などにみることができる．宮本常一の『忘れられた日本人』によると高齢者は，例えば世間師のように知恵者として村人から尊敬されてきたという[53]．この文脈は外国人による日本の老人への印象にもよく語られるものである．つまり我が国には「敬老」の精神があり，老人は大切にされているという見解である．「敬老の日」，高齢者への還暦，喜寿，米寿といった祝いをみても決して高齢者を疎かにするものばかりではない．だが，今日，高齢者の置かれた状態をみるとそればかりではないことがいえると思う．

1975年と1985年の二度にわたり，アメリカと我が国の老人を比較研究したパルマーは，そのなかで文化のもつ影響力の大きさについて注目している．彼が一番注目しているのは，我が国の文化が敬老精神を色濃くもっている社会であり，近代化が進んでも文化構造が，老人を極端に軽視するような状況にならないということを述べている[54]．彼の書は，全体的には日本の老人の置かれた状況を好意的に書いているのであるが，エイジズムについては「優遇や差別などいろいろな形態をとるエイジズムは，日本では質量ともに合衆国以上に問題があるかもしれない[55]」と結んでいる．このことは我が国の社会が高齢者に対して敬老精神があるとしても，近代化の過程でそれが希薄化し，エイジズムを生む温床を装置としてもっていることを暗示させている．

ともかく，我が国では社会による老人の対処の仕方には，まだ伝統的な社会体制が残っている．しかも伝統的な地域である農山漁村において，老人に対する固定的な考えは強いのである．

② 家族の扶養と同居

家族でみると，我が国にはまだ戦前まで存在した「家」制度のもつ伝統が残っている．これは家族形態上でみると，夫婦と子どもからなる核家族よりも直系家族や拡大家族において，「家」制度は色濃く残っている．この「家」制度においては，「家」の存続維持を絶対的なものと考えていたので，「家」の継承

こそが最重要な課題であった．「家」の長たる家長の権限は絶対的であり，その継承は長男に託された．家長は，高齢になると隠居し，子どもは老親の扶養の義務が課せられた．したがって，「家」制度下では，老人には今日的な老人問題の可能性は少なかった．戦後民法が改正されてから，家族制度が変わり，老人を厄介ものに感じる傾向が強まったとして指摘されたが，老人を保護する家族制度がなくなったので，その傾向が強まったということは正しいであろう．

③ 文化の二項対立

われわれの住む現在の社会は，資本主義の市場原理，社会的価値に左右されている．例えば資本主義社会では利潤追求のために競争原理が採用されているが，これは必然的に若い消費の中心的存在を寛大に扱う．またこうした市場の売買行為は美しいものに価値をおく．したがってそのことより必然的に次のような価値の対立項を生むことにもなる．つまり「若さ」の価値に対して「老い」の価値という相対立する価値，その他では健康 - 病気の価値，生 - 死の価値，美 - 醜態の価値が存在することになる．残念ながら高齢者のもつ資質は，このなかで「老い」，「病気」，「死」，「醜態」を代表しているのである．栗原の言葉を使うと，「老いは，その両義性において際立つ．老いは，愚かさ，醜さ，汚穢，非生産性を意味すると同時に，英知，無垢，聖性，自由な遊びといった属性をもつ[56]」ということになる．

(3) 社会的相互作用

① 老いに対する不安や恐れ

現在の社会は，市場経済の期待に適応し，進んで生産者・消費者として市場に貢献する人びとを歓待する傾向をもつ．それからすると経済力を失いつつあり，欲望の点で消費欲求が減退している老人は，歓待されない．相対的にみて，消費欲求の強い若者は，市場経済では大いに歓待されている．ここから若者は，社会のなかで「自己中心的に」振る舞うようになる．

老いは，人間の生存の時間的契機として当然生じる現象である．しかし，若さを価値としている社会では，以前の社会に比べてより一層「老い」を不安や恐れとしてみなすようになる．若者たちは，「外観の美しさ」，「性的能力」，

「若さにおいて可能な能力」を喪失することを不安がり，恐れもするのである．事実，老人調査のなかからも，高齢者たちの不安や恐れの最たるものが体力や身体機能の衰えであって，それに伴って生ずる行為や外観の醜態への予感である．

② ことば

ことば（言葉）は，人間にとって意思疎通を図る重要な道具である．言葉があってコミュニケーションははじめて可能になるといってよいほどである．高齢者に対する言葉である老人，老女，老後，恍惚の人などは，決して爺，翁，長老という言葉ほどよい響きをもっていない．老人をさす言葉の問題は，言葉のもつ差別性を反映しているわけで蔑視語，差別語といった言語の差別性の文脈をもってきた．

③ レッテル化

われわれの社会を見渡すと，高齢者が老年になったということで何か特別の意味づけが付与されているのである．なぜなら高齢者になるということは社会的に必要性がなくなったとみなされ，それゆえ社会の第一線から退くべきであるという暗黙の期待が存するからである．また，そうしたものばかりか，高齢者を老人とみなし，社会のなかから隔離しようという意見もないではない．つまり，「高齢者なのだから」，「年金で生活すればよいではないか」，「若い人の職場を確保するためには老人は身を引くべきである」，「老後は，家族のなかで扶養されて生活すべきである」，「老人には小遣いはいらない」，「体が弱いのであるから気の毒である」，「もう後輩に任せるべきである」，「そうすることが老人にとってよいことである」等々さまざまな内容の文化規制で高齢者に働きかけ，そのことにより高齢者を「老人」化している．そこには老人に対して生物学的な「老い」を迎えたという以上に，まだ生物学的には「老い」の域に達していない人びとにも，「あなたは老人になったのだ」といわさしめるなにか，つまりこの意味からも老人は社会によってつくられるとみるべき観念があるのである．この老人化メカニズムは，当該社会の文化構造と密接に関係しているであろう．

④ 老人の自己ラベリング

人びとが定年制などにより社会における重要な地位を明け渡す過程で受ける社会的なラベリングにより，自分自身が「老人になった」と思うようになる．最初は，自分自身まだ老人ではないと打ち消そうとするが，地位も失い，周りの人びとの眼も明らかに以前と違って敬老的な見方で接するようになる．自分の周囲のすべてがいままでと違って扱うようになるとき，その人は，積極的に老人というラベリングを否定する自分から，まわりの「老人」という眼や期待を受け入れるようになる．老人の自己ラベリングがこうして完成する．老人の自己ラベリングは，内的な過程であるので，はっきり否定するタイプから老人であることを受け入れる受容型まで多様なタイプが考えられる．一般に，我が国の高齢者の場合，時間の経過とともに「お迎えを待つばかりです」とか，「もう用のない身だから」とか，「私なんか，結構です．生かしていただいているだけで，ありがたくて，ありがたくて」といった反応になっていくという指摘がある．現状では高齢者の意識の変化により多少変っているであろうが，概して敬老精神のなかで，緩やかな老人自己ラベリングが進んでいると捉えることができよう．

6. まとめ

以上みてきたように，我が国においては，エイジズムの観点からの高齢者の研究が理論的にも実証的にも，ほとんどなされてこなかったというのが実状である．

これまでエイジズムの視点からの老人研究が少なかったのは，老人の主体的な権利欲求が少ないことに起因しているからであろう．アメリカなどのようにエイジズムが激しくないということに原因があるのかもしれない．パルマーがいうように敬老精神がまだ根強く存しているのかもしれない．しかし，これも伝統的な二側面，「家」イデオロギーの残存がまだ根強く，若者が年長者を大切にしなければならないという文化が存しているということと，政治家や企業の指導者が高齢者によって支配され，自分たちを維持するために高齢者に対す

る配慮がなされたシステムがまだ動いていることによるのかもしれない．しかし，これは真に高齢者にとって良い社会とはいえないように思う．

　最後に，本研究と従来までの差別研究との関連について付言しておきたい．我が国におけるエイジズム研究は，これまであまりなされてこなかった．このことは事実であるが，老人が増加してきたという理由だけで，老人差別の研究が他の差別研究よりも優遇される必要性はないでと思う．むしろ，偏見や差別の研究は，他の差別研究と類似した側面をもっており，その点ではそうした研究の業績を利用した方がよいであろう．これまでの我が国の差別研究は，意識面と実体面の両面からの接近がなされてきた．本書で考察する老人差別の研究も，意識レベルと実態的・構造的レベルの二面をみなければならないであろう．例えば，意識レベルでみると高齢者への偏見としてこれまで指摘されてきたのは，老人は醜く，頑固，頑迷で，いじわるく，ひねくれているというものである．それから那須の老人世代論や大道の老人社会学のなかでも，パーソナリティ論として触れられた「老人が保守的である」などという見方もこれにあたる．

　他方，差別とは区別がさらに発展したものであるが，明らかに制度的・構造的・形態的につくられたもので，住宅や法律での扱い方，施設の不足などの形で差別が現出してきた．これ以外でみると，実態的な老人差別には，身寄りがないとか，貧困のために老人ホームへ入れられるとか，養老院が少ない，老人ホームが少ないといった施設の不備などであった．

　ラベリング差別論は，以上の視点も考察の対象に入れていることは言うまでもないのである．

（1）河畠修のここでの考察は，表題が示すように，シルバー世代の文化史的な考察になっており，社会問題論的考察にはなっていない．河畠修『変貌するシルバー・ライフ』（竹内書店新社）1989年．
（2）同上132頁．
（3）同上97頁．
（4）生活科学調査会『老後問題の研究』（ドメス出版）1961年, 177頁．
（5）同上8頁．
（6）吉田久一『日本貧困史』（川島書店）1984年, 463頁．
（7）橘覚勝『老年学』（誠信書房）1971年．
（8）森幹郎『老人問題とは何か』(1978年), 23頁．

(9) 同上32頁.
(10) 『厚生白書』のその年々のタイトルのうち高齢者対策を銘打ったタイトルを拾ってみると,まず,「高齢者問題をとらえつつ」(1970年),「高齢者社会の入口にたつ社会保障」(1977年),「健康な老後を考える」(1978年),「高齢化社会の軟着陸をめざして」(1980年),「高齢化社会を支える社会保障をめざして」(1982年),「人生80年時代の生活と健康を考える」(1984年),「長寿社会に向けての選択」(1985年),「未知への挑戦――明るい長寿社会をめざして」(1986年),「新たな高齢者像と活力ある長寿・福祉社会をめざして」(1988年)と続いている.
(11) 1982年に中央法規出版から出された高齢化社会シリーズ「高齢化社会と社会保障」,「高齢化社会と年金」,「高齢化社会への道」,「高齢化社会と労働」,「高齢化社会と女性」,「高齢化社会と生活空間」,「高齢化社会と福祉」,「高齢化社会と教育」,「高齢化社会と医療」,「高齢化社会とコミュニティ」は,社会科学の方からなされた高齢化社会論のものであった.その他,高齢化社会への関心は以下のような事典,年鑑などが出版されており,曽田長宗・三浦文夫編『図説老人白書』(碩文社)が1979年から,全国高齢化社会研究会編『高齢化社会年鑑'84』(新時代社)が1984年から,エージング総合研究センター編『高齢化社会基礎統計年鑑』が1986年から刊行された.1989年には那須宗一監修『老年学事典』(ミネルヴァ書房)もでている.
(12) 三浦文夫「高齢化社会の分析視角」,『高齢化社会への道』(中央法規出版) 1982年, 10頁.
(13) 同上21頁.
(14) 1980年代初頭に松原治郎などの研究者たちが他国と違う高齢化社会の現実と日本独自に対策を講じなければならないということで日本型高齢化社会という名称を好んで使用した.松原治郎『日本型高齢化社会』(有斐閣) 1981年,生命保険文化センター『高齢化社会への対応』(日本放送協会) 1981年,東京大学公開講座『高齢化社会』(東京大学出版会) 1980年などを参照.
(15) この種の考察はE.H.エリクソンのライフサイクルの老人論に影響を受けているものか,哲学的な考察で老いの意味を考えるものなどがある.折原脩三『老いるについて』(日本経済評論社) 1980年,岡田渥美編『老いと死』(玉川大学出版局) 1994年,馬場謙一・福島章・小川捷之・山中康裕編『老いと死の深層』(有斐閣) 1985年.
(16) 1974年の「老人問題懇談会」が具申した「今後の老人対策について」の提言が出され,それを受けて総理府に高齢者対策班ができ,総理府から『高齢者問題の現状――迫りくる高齢化社会』(1979年)が発行されるようになる.
(17) この世界会議では高齢者問題を世界人権宣言の角度から捉え,高齢者の生活向上,高齢化がもたらす否定的結果のの軽減に向けて国際レベル,地域や国家レベルで進展すること要請した行動計画であった.山下美津子訳「高齢者問題国際行動計画」全国高齢化社会研究会編『高齢化社会年鑑'84』(新時代社) 1984年, 443-463頁.
(18) 特に山井和則に代表されるような北欧のスウェーデンやデンマークの福祉事情を報告した書籍が現れる.山井和則『体験ルポ世界の高齢者福祉』(岩波新書) 1991年,山井和則『スウェーデン発住んでみた高齢社会』(ミネルヴァ書房) 1993年,斉藤弥生・山井和則『スウェーデン発高齢社会と地方分権』(ミネルヴァ書房) 1994年.
(19) 1993年には隅谷三喜男・日野原重明・三浦文夫監修による『長寿社会総合講座』全10巻が刊行された.その内容は次のような「1.長寿社会のトータルビジョン」,「2.長寿社会の社会保障」,「3.保健福祉計画とまちづくり」,「4.老年医学とリハビリテーション」,「5.長寿社会のトータルケア」,「6.高齢者の住宅環境」,「7.市民参加と高齢者ケア」,「8.高齢者の労働とライフデザイン」,「9.21世紀の高齢者文化」,「10.高齢化対策の国際比較」であった.
(20) 高島進『超高齢社会の福祉』(大月書店) 1990年.

(21) 磯村英一『社会病理学』(有斐閣) 1954 年, 137 頁. なお, アメリカの社会病理学書の代表であるマンとクイーンの『社会病理学』では,「老齢による落伍」という章で, 没落して窮乏状態で生活しているエリート老夫妻の事例を紹介した上で老齢による窮迫の原因, 家族関係, 経済的条件, 人的要素, 老後の堕落, 養老院, その他の公私救済機関, 工場恩給制度, 国家の恩給並びに保険制度, いかにして老齢による落伍を防止するか, ということが究明されている. S.A. Queen and D.M. Mann, *Social Pathology*, 高津正道・新保民八訳『社会病理学』(非凡閣) 1935 年.
(22) 大橋薫・大藪寿一編『社会病理学』1966 年.
(23) 那須宗一『老人世代論』(芦書房) 1962 年, 31 頁.
(24) 同上 64-65 頁.
(25) 詳しくは,『老人社会学の展開』の第 7 章「新しい余暇階級」と第 8 章「日本の老人の余暇問題」においてそうした老人論を展開している. 大道はそのなかでヴェブレンの有閑階級的な階級として老人を位置づけようとしている. 大道安次郎『老人社会学の展開』(ミネルヴァ書房) 1966 年.
(26) 「日本においては, 戦前まで続いた家父長的な直系家族制度からいち早く脱皮したいという意識が先行し, 中年期の夫婦中心の家族行動が慣習化せず, 老人の経済的自立への社会的配慮を欠いたままで, 老後の別居形態を家族の近代化の規範とし, 理想としてきた. そのために別居による世代の家族的分化は, 親子の断絶 (segregate) をまねき, ひいては老人の孤立化と貧困化につながったのである」那須宗一「老人扶養研究の現代的意義」『老人扶養の研究』(垣内出版) 1970 年, 14 頁.
(27) 副田義也編『老年――性愛・労働・学習』(現代のエスプリ 126 号) 1978 年.
(28) 同上 12 頁.
(29) 同上 16 頁.
(30) しかし, これらの研究は, 高齢者を年齢次元でみたり, 集団論的, 地位=役割論的, パーソナリティ的, 家族周期論的に考究しているが, 老人が受ける負の影響 (犯罪や差別) への視点が看過されているということは否めない.
(31) R. Butler, 1969, Ageism: Another form of bigotry. *Gerontologist*, 9 : pp.243-246.
(32) *ibid.*, p.243.
(33) G.L. Maddox, ed., 1995, *The Encyclopedia of Ageing*, Second Edition, Springer Publishing Company.
R.N. Butler, 1989, Dispelling Ageism: The Cross-Cutting Intervention, *The Annals of American Academy of Political and Social Science*.
(34) Erdman B. Palmore, *Ageism: Negative and Positive*, (Springer Publishing Company) 1990, 奥山正司・秋葉聡・片多順訳『エイジズム』(法政大学出版局) 1995 年.
(35) 同上 44 頁.
(36) R. Kalish, 1979, The new ageism and the failure models. *Gerontologist*, 19 : pp.398-402.
(37) *ibid.*, p.402.
(38) F.L. Cook, 1992, Ageism: Rhetoric and Reality, *Gerontologist,* 32:292-293.
(39) Nancy J. Osgood, 1992, *Suicide in later life*, (Lexington Books), 野坂秀雄訳『老人と自殺』(春秋社) 1994 年.
(40) 同上 67 頁. オズグッドは, アメリカ社会に老人への差別や老いに対する神話があるという. それは「神話 1. 65 歳を過ぎるとだれもが確実に衰える」,「神話 2. 老人は体力が弱い, あるいは

耄碌している」,「神話 3. 老人は第二の幼児期に入る」,「神話 4. 老人は性的関心をもたず，魅力もない」,「神話 5. 老人は気むずかしく，不機嫌である」,「神話 6. 老人は古風で，保守的で，自分の型にはまっている」,「神話 7. 老人は物覚えが悪い」,「神話 8. 老人は非生産的である」,「神話 9. 老人はみな似たりよったりである」,「神話 10. 老人は穏やかでのどやかな世界に住んでいる」,「神話 11. 老人はいつの世も変わらない」.

(41) Irving Rosow, *Socialization to Old Age*, 1974（University of California），嵯峨座晴夫監訳『高齢者の社会学』早稲田大学出版部，1983 年，12-15 頁.
(42) D.P. Barash, *Aging: An Exploration*,（University of Washington Press），1983，中元藤茂『エイジング：老いの発見』（人文書院）1986 年，302 頁.
(43) 杉井潤子「『老人虐待』への構築主義的アプローチの適用」（日本社会病理学会編『現代の社会病理Ⅸ』垣内出版所収）1994 年，杉井潤子「老人虐待をめぐって——老人の「依存」と高齢者の「自立」——」井上真理子・大村英昭編『ファミリズムの再発見』（世界思想社）131-170 頁，Costa, J.J., *Abuse of the Elderly: A Guide to Resources and Services*, Lexington Books, 1984, 中田智恵海訳『老人虐待』（海声社）1988 年，Peter Decalmer・Frank Glendenning, *Mistreatment of Elderly People*,（Sage Publications）1993，田端光美/杉岡直人監訳『高齢者虐待』（ミネルヴァ書房）1998 年，安藤明夫『シルバーハラスメント』（労働旬報社）1995 年.
(44) 栗原彬「〈老い〉と〈老いる〉のドラマトゥルギー」『老いの人類学』（『老いの発見 1』）1986 年.
(45) 同上 14 頁.
(46) 同上 22 頁.
(47) 同上 28 頁.
(48) 同上 31 頁.
(49) 同上 32 頁.
(50) 同上 32 頁.
(51) 栗原彬「離脱の戦略」『成熟と老いの社会学』（『現代社会学 13』）（岩波書店）1997 年，50 頁.
(52) 赤坂憲雄『排除の現象学』（洋泉社）1986 年.
(53) 宮本常一『忘れられた日本人』（岩波文庫）1984 年.
(54) Erdman Palmore and Daisaku Maeda, *The Honorable Elders Revisited: A Revised Cross-Cultural Analysis of Aging in Japan*,（Duke University of Press）1985，片多順訳『お年寄り』（九州大学出版会）1988 年.
(55) Erdman B. Palmore, *Ageism: Negative and Positive*,（Springer Publishing Company）1990，奥山正司・秋葉聡・片多順訳『エイジズム』（法政大学出版局）1995 年，X 頁.
(56) 栗原，前掲 19 頁.

参考文献

(1) D. Austin, 1985, Attitudes toward old age, *Gerontologist*, Vol.25.
(2) R. Binstock, 1983, The aged as scapegoat, *Gerontologist*, Vol.23.
(3) V. Braithwaite, 1986, Old age stereotypes, *Journal of Gerontology*, Vol.41.
(4) E. Palmore, 1972, Geronthphobia versus ageism, *Gerontologist*, Vol.12, *Science*, Vol.503: 138-147.

(5) Stephe Katz, 1996, *Disciplining Old Age: The Formation of Gerontological Knowledge*, University Press of Virginia.
(6) 前田大作「高齢者虐待の研究」(折茂肇他編『新老年学——長寿・高齢化社会をめざして』東京大学出版会，1992 年.
(7) 金子善彦『老人虐待』(星和書店) 1987 年.
(8) 柴田博・芳賀博・古谷野亘・長田久雄『間違いだらけの老人像』(川島書店) 1985 年.
(9) D. Riley & J. Eckenrode, Social Ties: Subgroup Differences in Costs and Benefits, *Journal of Personality and Social Psychology*, 1986, pp.770-778.
(10) Howard P. Chudacoff, 1989, *How Old Are You? Age Consciousness in American Culture*, (Princeton University Press)，工藤政司・藤田永祐訳『年齢意識の社会学』(法政大学出版局) 1994 年.
(11) L.K. Gerge, *Role Transitions in Later Life*, (Wadsworth Inc.) 1980, 西下彰俊・山本孝史訳『老後』(思索社) A. Gubrium and K. Charma, *Aging, Self, and Community*, (Jaip Press Inc.) 1992.
(12) 井上俊「老いのイメージ」『老いの発見 2』(岩波書店) 1986 年.
(13) 片多順『老人と文化——老年人類学入門』(日本の中高年 7)(垣内出版) 1981 年.
(14) Sharon R. Kaufman, *The Ageless Self-Sources of Meaning in Later Life*, (The University of Wisconsin Press)，幾島幸子訳『エイジレス・セルフ』(筑摩書房) 1986 年.
(15) A.R. Lindesmith, A.L. Strauss,& N.K. Denzin, *Social Psychology* (5th ed.), 1978, 船津衛訳『社会心理学』(恒星社厚生閣) 1981 年.
(16) 新村拓『ホスピスと老人介護の歴史』(法政大学出版局) 1992 年.
(17) 新村拓『死と病と看護の社会史』(法政大学出版局) 1989 年.
(18) 新村拓『老いと看取りの社会史』(法政大学出版局) 1991 年.
(19) 総務庁長官官房老人対策室編『長寿社会と男女の役割と意識』1990 年.
(20) 宮田登・中村桂子『老いと「生い」』(藤原書店) 1993 年.
(21) 栗原彬『差別の社会理論』(講座差別の社会学 1)(弘文堂) 1996 年.
(22) 大原健士郎・三浦文夫編『老人問題』(現代のエスプリ) 1974 年.
(23) 笠原正成『老人問題の今日的課題』(駿河台出版) 1984 年.
(24) 森幹郎『政策老年学』(日本の中高年 9)(垣内出版) 1981 年.
(25) 金子勇『高齢化と社会計画』(アカデミア出版) 1984 年.
(26) 金子勇『都市高齢社会と地域福祉』(ミネルヴァ書房) 1993 年.
(27) 金子勇『高齢社会』(講談社現代新書) 1995 年.
(28) 金子勇『高齢社会とあなた』(NHK ブックス) 1998 年.
(29) 小川全夫『地域の高齢化と福祉』(恒星社厚生閣) 1996 年.
(30) 吉田寿三郎『高齢化社会』(講談社現代新書) 1981 年.
(31) 松本寿昭『老年期の自殺に関する実証的研究』(多賀出版) 1995 年.
(32) J. Bitwinick, *We Are Aging*, 1981, 村山冴子訳『老いの科学』(ミネルヴァ書房) 1987 年.
(33) 平岡公一「社会学における老年研究の動向と課題」『社会学評論』1986 年，第 37 巻 1 号 79-87 頁.
(34) 副田義也「Overview 老年社会学の展望と批判」『成熟と老いの社会学』(岩波講座現代社会学 13) 岩波書店，1997 年.
(35) 橘覚勝『老年学』(誠信書房) 1971 年.

(36) 孝橋正一『新編老後問題』(創元社) 1979 年.
(37) 東京大学公開講座『高齢化社会』(東京大学出版会) 1980 年.
(38) 『ハンドブック老年学』(岩崎学術出版社) 1975 年.
(39) 生命保険文化センター・馬場啓之助監修『迫りくる高齢化社会』(日本生産性本部) 1981 年.
(40) 老人福祉開発センター『一億人の老後』(老人福祉開発センター出版部) 1983 年.
(41) 浜口晴彦・坂田正顕編『世界のエイジング文化』(早稲田大学出版部) 1992 年.
(42) 倉田和四生・浅野仁編『長寿社会の展望と課題』(ミネルヴァ書房) 1993 年.
(43) 柴田博・芳賀博・長田久男・古谷野亘編『老年学入門』(川島書店) 1993 年.
(44) 清山洋子『高齢社会を考える視角』(学文社) 1995 年.
(45) R.N. Butler, *Being old in America*, 内薗耕二監訳『老後はなぜ悲劇なのか？ アメリカの老人の生活』(メヂカルフレンド社) 1991 年.
(46) 多田富雄・今村仁司編『老いの様式』(誠信書房) 1987 年.

第2章 ラベリング差別論の展開

1. はじめに

　本章ではラベリング差別論の理論枠組と課題とするものを述べてみたい．おそらく，今日においてもまだ，社会的差別（Social Discrimination）の解明と理論化が急務とされているといってよいと思う．いうまでもなく，ここでいう社会的差別[1]とは，社会的・文化的ならびに歴史的に形成・形象された，人びとによる人びとへの差別行為のことであり，その現象形態は，現在では一般に階級・人種・民族・宗教・性・学歴・心身など実に多様な現象の差別形態として存在している．例えば，我が国でいえば，今日でも部落差別，アイヌ人差別，朝鮮人差別，島差別，憑きもの差別や，さらには心身障害者差別，被爆者差別，女性差別などがみられ，おそらく無数の差別が実在しているといってもよい．そして，それらの人びとのいずれもが謂れなき差別を受け，職業を奪われ，結婚を回避されるという実状にあり，時にはその差別の深刻さゆえに，罪のない若い人たちの尊い命さえ奪われることさえ稀ではないのである．
　ところで，これまでの社会学的な差別研究の試みは，大きく二つのレベルからなされてきたように思われる．その一つは，マクロ的な研究であって，それには差別の歴史的起源や形成過程に関する歴史学的研究と差別構造の本質論に関する階級論的（または，社会成層論的）な研究[2]である．もう一つのタイプは，ミクロ的な研究であって，それらの代表には差別者側の偏見や差別意識の形成過程の研究（つまり，社会心理学的な研究），そして差別原因論としてのマイノリティ・グループ論などがある[3]．
　差別に関してのこれらの理論や研究は，方法論的ならびに理論的に対立しているけれども，ここではラベリング差別論の構成をめざしているのであって，それらの差別論を批判する目的はもっていない．むしろ，差別の研究に関して

は，当面，それぞれの理論の深化・発展を続行しながら，そしてそれらの体系作業を試みるなかで統一的な把持の努力がなされなければならぬと考える．その場合，社会的差別の研究者に課せられた方法的態度としては，(1) 差別を根絶するという知的使命（または，エートス）と (2) 弱者の側に立脚するという立場性の表明とが不可欠であると思う．

今日の差別研究の課題は，こうした方法的態度を踏まえることが大切であって，その上で社会的差別に関する一般理論の構築という作業が実行されるべきである．そして，終極的な目標は，いうまでもなく，現実の差別状況で差別された人びとの解放の論理を深めるばかりでなく，差別する人びとの同時解放を可能にする実践的理論の構成である．ここにおいてのみ理論と実践の止揚がありうるのである．しかし，現実には，厳しい差別状況の克服が至難である実情を考えれば，当面の戦略として，差別された人びとの自己肯定の理論を構成することに，差別研究の第一義的な意義を認めるべきであろう．

本章の目的は，逸脱行動論のなかで開発されてきたラベリング論を社会的差別として編成し，これまで多くみられた差別論のマクロ性をミクロ理論によって補替・拡充すること，そしてこの理論の有効性を示唆することにある．したがって，他の差別理論の批判や打破をねらっているものではない．この方途が現状のような理論の過疎化のなかでは，むしろ是認されなければならぬと考えている．

そこで，本章ではまず，既存の逸脱行動論とは違ったパースペクティブをもつラベリング論の特徴を指摘し，ラベリング論の差別論的視点の有効性，ニューマンの理論の積極性を指摘する．次いで，ラベリング差別論を暫定的な公準のかたちで提出するであろう．そして，ラベリング差別論の課題の一つである差別効果論を指摘する．最後に，このラベリング差別論の展望として今後の課題を指摘するであろう．

2. 逸脱論から差別論へ

通常，社会学のなかで青少年非行や犯罪や自殺やアルコール中毒などといった領域をカバーする理論を逸脱行動論といっている．この理論は，従来，社会

問題論とか社会病理学とか社会解体論などと呼ばれてきたものと同じ領域を研究の対象としている．むしろ，この「逸脱行動論」というタームそのものが，いわば個人行動次元を強調するべく使用されだした言い方である．その意味では，従来の社会病理学などと同じ視点や立場性をもっているといってよいのである．例えば，その代表格であるアノミー論[4]は，逸脱者個人の心理的特性や行動特性を観察し，そしてそれとの対比で社会・文化構造の矛盾を指摘する．だから，逸脱者個人は，社会・文化構造の条件さえ整えば，常態的に形成されるとみる．だが，実際には，その場合，アノミー論では逸脱者個人の動機が問題なのであり，また逸脱者自身も特定化されているのである．

この例にみられるように逸脱行動論の多くは，たとえ逸脱者自身が彼の周囲の社会構造や特異な環境のせいで逸脱者になったと分析する場合でも，逸脱者個人の選択したものと把える傾向が根強い．したがって，逸脱行動論には，社会的差別の視点を欠くものが多い．すなわち，逸脱行動の研究者たちは，社会的差別をア・プリオリに措定してきたが，彼らの問題意識や研究過程には一切そうした視点や視覚を導入しなかったのである．むしろ，逸脱者が社会的規範を逸脱した個人なればこそ，彼らを〈治療〉や〈処遇〉の対象ともっぱらみたり，そこに住む人びとを〈病理〉社会とみる傾向さえ，そこでは顕著であった．極端な場合は，逸脱者の劣等性の証拠を枚挙して，イデオロギー的には強者の論理をおおっぴらに主張する研究者さえみられた．この意味では，社会病理学に代表されるように，逸脱行動論は，ともすると社会的差別論に敵対する理論的傾向をもちやすく，その点，この危険性を看過しないことこそが大切である．もちろん，このように言うと，すべての逸脱行動論が差別論と対立するかのようにみられるが，決してそうではない．

というのは，この逸脱行動論のなかで1960年代初めに台頭したラベリング論[5]は，社会的差別に関しての数少ない視座をもつ理論であるからである．例えば，60年代の理論的指導者，H.S.ベッカーは，彼の主著『アウトサイダーズ[6]』でその理論の視座を簡潔に次のようにいっている．「私は，社会集団は，違反が逸脱を構成するところの規則を形成することによって，そして，それらの規則を特定の人びとにあてはめ，彼らをアウトサイダーと烙印（label）することによって，逸脱を生成すると考える．この見方からは，逸脱とはその

人が犯す行為の特性ではなく，むしろ他者によって規則や制裁が違反者に適用される結果である．逸脱とは，その烙印がうまくあてはめられた人びとである．したがって，逸脱行動とは，人びとがそのように烙印する行動である[7]」そして「逸脱とは，行動そのものに根ざした性質ではなく，ある行為を遂行した人とそれに反応する人びととの相互作用に根ざしている[8]」と．

つまり，この理論の特徴は (1) 逸脱の契機を人と人との相互作用のなかに求めている．(2) 逸脱の原因をその当の逸脱者の動機や性格に求めるより，その人に反作用する他者の側の烙印づけ（ラベリング）に求めている．(3) 規則や道徳の形成そのものが新たな烙印づけを意味するとみる．(4) したがって，逸脱行動を違反者の行動とするのではなく，反作用する他者の行動と理解するのである．ラベリング論とは，つまり逸脱者（実際は逸脱者でないかも知れないが）にラベルを付与することによって真の逸脱者を生成する視点を強調する理論と解してよいであろう．従来の理論からみれば，180度の転換をしているこの理論が，その意味では，明らかに社会的差別の視座を内容的に含んでいると解せるのである．

ところで，キッセによれば，「逸脱社会学の中心問題は，集団や地域社会の成員によって逸脱と規定される行動とは何か[9]」を究明することであるが，彼の調査した同性愛者の研究では，大学生たちが同性愛を規定するのは，ほとんどが噂の類の間接的証拠や曖昧な記憶や回顧的解釈によるものであった．そして，こうした概念化によって，学生たちは，(1) 逸脱者としての行動を解釈し，(2) そのように挙動する人びとを逸脱者と規定し，(3) それに合致した処遇を与えるという．このキッセのラベリング過程論の場合も，他者による〈解釈過程〉，〈規定過程〉，〈処遇過程〉からなることを示唆するもので，明らかに差別研究的な視座を呈示している．

以上の他にも，われわれは，F. タンネンバウムの「悪の劇化論」，E.M. レマートの「第二次的逸脱論」，E. ゴフマンの「スティグマ論」，H.S. ベッカーの「道徳企業家論」などが社会的差別論として有効であると考える[10]．そして，今日では，逸脱行動論としてのラベリング論の視角よりも，社会的差別論としてのラベリング論の展開こそが有効で，不可避となっていると考える．

しかし，これまでラベリング論のほとんどが逸脱行動論の地平で展開されて

おり，いまや次第にラベリング論を編入したコンフリクト論（conflict theory）やニュー・クリミノロジー（new criminology）や社会問題論（social problem theory）に代替されつつあるのが実情である．いうまでもなく，ラベリング論自体の今日的混迷[11]の根底には，内外から理論的批判に起因する面もあるが，それ以上にラベリング論者たちの理論的深化の作業が少なかったことにも起因しているように思われる．社会的差別論としてのラベリング論の展開，つまり逸脱の原因をラベリングにもとめることを一層進めて，差別が逸脱の原因だという視角の展開は，おそらくこのような混迷の克服の道を約束するに違いない．残念ながら，ラベリング論者たちには，逸脱行動の原因論としてラベル効果を強調したが，ラベリングそのものが社会的差別であるという視点をもっていなかったように思われる．ただ，例外的には，G.R. ニューマンの「逸脱排斥理論[12]」のなかでこの視角がきわだって強調されていることに留意しなければならない．

まず，ニューマンのこの理論は，ラベリング論の不鮮明さを明確化することから開始される．彼によれば，ラベリング過程の結果とは，「ある人が逸脱者とラベル化されるばかりでなく，彼が，相互作用のパートナーから排斥（removed）されること[13]」なのであって，ラベル（烙印）と排斥とを峻別することが必要とされる．つまり，言辞によるラベルと距離化とは別のものなのである．

その場合，排斥とは，逸脱者の物理的距離化によってなされる物理的な排斥と社会的な選別・距離化によってなされる社会的排斥の二種類があり，前者は，後者との関連で把えられるべきものである．ところが，ニューマンによれば，この排斥は，一般には逸脱者を矯正するという名目でなされながら，実際には違った結果を生んでいる．つまり，この「排斥過程は，再社会化過程であるよりも，むしろ逸脱規定過程である[14]」のであって，かぎって逸脱者をつくり出す．たとえば，彼は，表・1 にみられるように逸脱者を容易につくりだす排斥の合理化が存する事実を指摘する．「床について休みなさい」という言葉は，もしかすると病人へのおもいやりかもしれない．だが，それが常套手段として使われだすと，そこには排斥のための合理化以外のなにものも残らない．逸脱者を排斥する他者にとっては，都合のよい論拠でしかないのである．

表·1 排斥の合理化

規定された地位	排斥の合理化	最終の排斥
1. 病気	'床についてやすみなさい'	病院収容,サナトリウム
2. 精神病	'立ち去れ' '休暇をとれ'	収容所
3. 薄弱	'彼自身にはもっと幸福な'	ニードに応じる地域的制度
4. 非行・犯罪	'社会のために彼を排除しよう'	リハビリテーションあるいは刑罰のための監獄
5. 聾唖・盲唖	'彼を他者の無知から保護しよう'	特別なスタッフと装置をもった制度

かくて，彼は，自我と他者の社会的相互作用に注目し，なかでも相互作用の要素として，① 相互主観性（intersubjectivity），② 勢力（power），③ 道徳性（morality）について彼の見解を表明している．まず，この相互主観性に立てば，実存主義の見方（つまり，アイデンティティは，その個人の内部に存するとみる）と社会学的見方（自分の自我アイデンティティを形成するのに，人は他者に依存するとみる）の双方を克服できる．ニューマンは，ラベルを言語によってなるものとみている．人びとが使用するラベルは，固有名詞にしろ，形容詞にしろ，常に評価的に使用されている．このラベルによって，人びとは，話し相手を有意なカテゴリーに分類する．だからこそ，他者の分類化は，その人に重大な影響力を及ぼすことができるのである．

また，ニューマンは，相互作用のなかで勢力の概念の意義を指摘し，この概念を使用して彼の排斥モデル，つまり ① 単純な攻撃（simple offense），② 単純な防御（simple defense），③ 服従（submission），④ 共存（co-existence）の4モデルを提出している．「単純な攻撃」とは，彼によれば，これこそ標準的なラベリング論の見解を代表していて，優位なAはBの回避に影響を及ぼすが，その場合，Bは何らの選択権も与えられていない．他方，「単純な防御」とは，強力なAがその地域から自分自身を排除する場合で，白人居住地域に黒人が入居するとき，白人がその地域から出ていく場合がそれにあたる．それに対して，「服従」のモデルは，親方と奴隷の関係のようなもので，AがBに物理的な影響力を及ぼすことのできるような場合である．そして，最後の「共存」のモデルとは，夫婦関係のようにAとBとが共に協力である場合であるという．もちろん，これらは，バラバラに生じるわけではなく，現実の生じる

排斥モデルの場合，これらが組み合わされていることが多い．

　それから，相互作用には，道徳性が含まれている．つまり，どんな相互作用であっても，そこには必ず道徳的な出会いがある．役割の概念も道徳的なものであり，逸脱の観念そのものも道徳的な理念であることから，相互作用に関して道徳性を把握することが大切である．

　このように相互作用の三つの側面を指摘した後で，ニューマンは，相互作用の崩壊をもたらす社会組織類型として排斥維持モデルと排斥設定モデルを提出する．

　まず，彼によれば，排斥維持モデルとは「伝授者→ラベリング→排斥→再循環」という円環モデルであって，その際伝授者とは，逸脱者の兆候を発見する教師や警察や隣人や両親たちからなる．教師は病理的逸脱者の伝授者であるとすれば，警察は，問題行動の伝授者である．そして，隣人と両親の方は，前者が異質な人びとを報告し，後者が異質な子供たちを報告するという役割を担う．これに対して，ラベリング自体は，既存の規則にしたがって逸脱者を診断することによってこの境界性を維持する役割を果たす専門家集団が該当し，具体的には心理学者や医者やソーシャル・ワーカーなどがラベリング集団の典型をなす．かくて，逸脱者たちは，規則にしたがって処遇され，避難され，最終的に排斥される．そして，いったん彼らが逸脱者とラベルされると，逸脱者は容易に規定可能となり，同定可能となるのである．それは，いうまでもなく逸脱の増殖体系をなすのであって，再循環へと逸脱者を導いていくことに他ならない．

　次に，排斥設定モデルの方は，維持モデルとは少し異なっている．彼によれば，まず逸脱企業家によって逸脱者を排斥するために道徳的キャンペーンが行なわれ，加えて圧力集団が逸脱者の規定や排斥のために，原因やキャンペーンを引き出したり，採用する．それに続いて，専門家集団の規則は，制度化され，彼ら自身規則の実施者になってしまう．その結果，排斥された逸脱者を組み入れる特別な場所が設定される．しかも，これが一度設定されると，欠員が生じた場合，充足せねばならぬので，この避難所は，それ自身の要求をつくり出す．そして，それ自身の要求をつくり出すことによって，この避難所は，伝授者になる．つまり，「逸脱企業家→圧力集団→専門家集団→排斥の制度的創造→排斥の避難所→伝授者になる」がニューマンの排斥設定モデルである．

最後に，排斥の類型として「副次文化創出」型の攻撃・服従モデルと防御モデル，そして「師弟分離」型の共存モデルがそれらを構成する原理（企業家，統制機関，規則創出，合理化，ラベル，排斥状況）によって提出されている．

以上からみれば，ニューマンの理論のめざしているのは，人びとが選別と距離化によって排斥され，逸脱者が形成されることを排斥維持モデルや排斥設定モデルによって強調していることは明らかである．われわれは，社会的差別論を構成するさい，彼の「逸脱排斥理論」を無視することができない．確かに，彼の理論は，その行論からも明らかなように，逸脱行動の説明理論にとどまっているが，それでも設定モデルや維持モデル一つみても十分に差別理論の視角を備えていると解することができる．

しかし，彼の理論は，ラベリング過程を詳しく検討した点は認められるが，逸脱者個人のラベリング過程，つまり自我ラベリングについての考察を欠いてる．この点は，彼の理論が組織の側面に焦点を当てた結果といえよう．社会的差別論を考えていく場合，差別を受けたものがその重圧をはねのける方策も同時に展開されるべきであって，その点で自我ラベリングの視点がニューマンには欠けているように思う．

それからいま一つ，ニューマンの理論を含めて，これまでのラベリング論は，逸脱行動論に止まってしまい，差別の視点への展開を回避してきた．これは，逸脱がラベルに起因すると把えるだけで，社会的差別こそが逸脱行動を生成するという視点をまったく無視していたことにつながっている．むしろ，今日の青少年非行や犯罪など多様な逸脱行動の多くが，差別を背景として生じていることを考慮すれば，社会的差別から逸脱行動の視野も可能であって，この視点への転換を必要としていると考える．

3. ラベリング差別論の暫定的公準

ここでは，ラベリング差別論を構成するための，その暫定的な公準を呈示しておこう．

　　1.「社会的差別」とは，本来，階級的な矛盾を内にはらむ現象として把えなければならないが，他面ではそのような差別が人と人との相互作用

過程で惹起する現象として把えることも大切である．

2．ラベリングとは，社会的相互作用場面における意味付与行為である．

3．しかも，ラベリングは，その場合，相互作用している人びとの対等な関係や平等な関係を前提として生じるのではない．むしろ，一般には不平等な関係の上で生じ，しかも他者による状況規定（definition of situation）として作用する．それは，メンミが『差別主義定義試案』のなかで「差別主義とは，現実上あるいは架空の差異に普遍的・決定的な価値づけをすることであり，この価値づけは，告発者がそれぞれの特権や攻撃を正当化するために被害者の犠牲を顧みず己の利益を目的として行うものである[15]」と把えたのと同じく，ラベルする人（烙印者）がラベルをされている人（被烙印者）から，① 物質的な利益をうるか，② 精神的な利益をうる関係として成立しているとみるべきであろう．言い換えれば，ラベリングあるいはレッテル貼りをすることによって，烙印者は，被烙印者の物質的ないし精神的な代償を取得することができるのである．

4．ラベリングの構成要素には，① 烙印者，② 被烙印者，③ 言動や一連のシンボリックな行為，④ ラベリングを促進する状況，がある．それらが十全に存する場合に最大のラベリング効果が発揮される．烙印者は，一般に個人であるが，組織や集団である時もある．そして，被烙印者に比べれば，勢力や関係において優位な立場にある．ラベリングが差別として問題なのは，ラベリングによって被烙印者は，役割を付与され，そのために「マスター・地位[16]」取得するからである．烙印者が個人である場合，その人自身が以前に誰かによってラベリングを受け，その結果，対抗ラベリングとして行なわれるケースが多く，まさにその点では，ラベリングの悪循環をなすのである．しかし，多くの場合，歴史的・文化的・社会的に形成されたシンボリックな「道徳的意味空間[17]」がラベリング状況として存しており，被烙印者が特定化される条件が備わっているのが常である．蔑視語や差別語などは，こうしたシンボリックな行為の代表といえるであろう[18]．

5．ここでのラベリング過程モデルは，個人のラベリングの他に組織や地域社会などのラベリングを考慮にいれているので，二人関係モデルより

三人関係モデルとして定礎する方が望ましい．というのは，被烙印者にとって「重要な他者」とは，私的な個人のそればかりでなく，いろいろな種類の機関や組織やマス・コミュニケーションがそれに該当するからである．つまり，三人関係モデルは，① 被烙印者 (delabeller)，② 私的烙印者 (private labeller)，③ 公的烙印者 (public labeller) からなり，この三者の相互作用過程を前提としている．そして，公的烙印者を考える場合，ベッカーの「道徳創造者」と「規則遂行者」がそれには含まれるし，ニューマンのいう「逸脱企業家」と「専門家集団」の他に「伝授者」（警官など）も含まれていることに注意しなければならない．

6. ここでいうラベリングは，烙印者による被烙印者へのラベリングの回数の問題と決して解すべきではない．むしろ，大切なのは被烙印者の意味解釈の問題なのであって，その解釈しだいで被烙印者は，決定的な影響を受けるからである．例えば，「重要な他者」とおぼしき人によるラベリングは，被烙印者にとっての自我ラベリングを一層促進するからである．ラベリングが特定の人に一旦向けら，実施されると，一般にその人を取り囲む相互作用の流れは，いままでと違って変化する．そして，被烙印者を取り囲む人びとは，そのことによって覚醒化され，まさに「自己成就的予言[19]」通りの状況へと推移する．マスター地位取得が人びとにセイリエンスを与えるのはこのような状況とみてよい．また，被烙印者にとって世間の目が「まなざしの地獄[20]」と化するのもこうした状況とみてよいであろう．極端な場合，烙印者の集団によるヒステリー状況のなかで被烙印者が増殖されることにもなるであろう．

7. 公的ラベリングは，勢力や道徳性をより多くもつ機関や組織などによってなされるがゆえに，私的ラベリングよりもより一層自我ラベリングを生みやすい．殊に，この種のラベリングは，社会的正義や善行や愛の名目で実行することが多く，しかも社会的な権威をもって実施するので，被烙印者にとってこうした烙印（ラベル）を放棄したり，無視したり，脱却したりすることは，至難の業といえる．だから，被烙印者にとって，ラベリングを脱却する脱ラベリングを試みることよりも，烙印者のラベル通りの役割を演じたり，まさに合理化してラベル通りの人間になる方が得

策と考えられるのである．

　8．つまり，ラベリングは，「解釈過程」，「規定過程」，「処遇過程」を通して，結局，人びと（被烙印者）を排斥・分離・隔離していくと解することができる．つまり，ラベリングとは，特定の人びとをしてその集団や地域社会から排斥することを意味するのである．その場合，排斥とは，言うまでもなく，精神的な排斥と物理的な排斥の二形態がある．

　9．それゆえ，ラベリングは，人びとを排斥・分離・隔離することによって社会的差別を生むということができる．言い換えれば，それは，選別化と距離化とスティグマ化によって社会的差別を生むのである．

　10．社会的差別の構造とは，ラベリング行為によって生み出される相互作用的な重層構造をなすと解することができる．そこで差別された人びととは，差別キャリアーを取得した人であって，この差別キャリアーが問題なのは，それが一時性・一過性に終わらず，その人のマスター地位として固定され，時には差別の悪循環を生むことになるからである．しかし，それ以上に問題なのは，差別キャリアーの取得そのものが人間の基本権の侵害を意味しているからである．

　11．現象形態としての差別は，地位属性である性・人種・国籍・学歴・能力・収入・職業・民族性・宗教・身体・精神などによって分類できる．特に，その場合，可逆的地位と不可逆的地位による分類が可能であろう．だが，そうした分類に熱中するあまりそれらに共通して存する差別の本質を看過されないことが大切である．

　12．ラベリング差別論の課題は，差別事象を分析するが，それはあくまでも被烙印者を，あるいは被差別者を生み出さない条件を分析すること，さらに被烙印者あるいは被差別者がその烙印（ラベリング）状況の重圧を脱却する方途を探ることにある．それが，1で述べたマクロ的な階級的な差別の捉え方と同一のものであることは言うまでもない．

　以上，ラベリング差別論の視点を暫定的公準というかたちで呈示したが，決してこれで作業が完結したとはいえない．あくまでも，ここで提出した公準は，試論的なものであって，今後一層の理論的整序が必要となるであろう．

4. ラベル効果論

われわれは，ここでラベリング差別論の一つの課題であるラベルの効果分析について述べることにしよう．この研究課題は，ラベリングが人びとに対していかなる影響力をもたらすかを分析することによって，ラベルのもつ危険性や問題性を指摘することにある．決して人びとをラベルするためではない．したがって，この領域の研究は，ラベルを受けた人びと（被烙印者）の脱ラベリング論と並行して実行することが不可欠といえるであろう．

さて，ラベリング効果論を展開していくためには，(1) 烙印者と被烙印者の相互作用過程と，(2) 結果としての相互作用状況，つまりラベリング差別構造を前提としなければならない．

(1) 烙印者類型と被烙印者類型

まず，ラベリング過程において遭遇する人びとには，さまざまな烙印者と被烙印者が存する仮定できる．そして，その場合，人びとは，態度や意識次元（例えば，偏見）と行動次元（ラベリング）で異なった反応（反作用）をするであろう[21]．図・1 は，R.K. マートンの差別類型論にならって，烙印者を類型化したものである[22]．

図・1　烙印者類型

烙印者のタイプ	偏　見	烙印づけ（ラベリング）
平等主義者	−	−
儀礼主義者	−	＋
都合主義者	＋	−
差別主義者	＋	＋

（備考）＋印は承認を示し，逆に−印は不承認を示している．

第一のタイプは，差別に関して意識においても，また態度においても全く偏見をもたず，しかも，行動次元で烙印づけもしないタイプであって，このタイプは，いわばラベリング差別論にとって一番望ましいタイプといえる．つまり，真の意味での平等主義者がこのタイプである．これに対してこれ以外の他のタイプが，ここでいう烙印者（ラベラー）に該当する．

第二のタイプは，偏見はもたないが，行動としてラベリングするタイプで，その代表は，組織に対して忠誠をつくす儀礼主義者にみられる．彼らがラベラーになるのは，彼らの個人的な主義（理念）というより，自分の属する組織や機関のラベリング的性格に根ざしているといってよい．ベッカーのいう「規則遂行者」などは，この例といってよい．また，このタイプは，予言，解釈，規定，処遇などを専門的に行なう人びとに多くみられる．彼らは，それぞれの専門性において権威をもっており，意欲すると否とを問わず，結果的にこの種のラベラーになりやすい．カウンセラー，医師，裁判官，警察官，教師など職業として「解釈」，「規定」，「処遇」にかかわる人がその例である．
　これに対して第三のタイプは，偏見をもっているが，見かけ上，ラベリングをしないタイプである．つまり，このタイプは，差別意識を持ち，偏見を抱いているが，いろいろな理由から意識的にラベリングをしないのであって，ご都合主義的な差別者である．ある意味では，このタイプは，建前と本音とを使い分けているタイプと考えてよい．例えば，福祉関係の諸機関や医療機関や行政機関などで働いている人びと，そして知識人や文化人といった人びとなどに比較的多くみられるタイプといえる．彼らは第二のタイプのように，ラベリングに直接的に関わっているのではなく，むしろ被烙印者の救済に関わっており，仕事柄理解者になったり，また時たま支援者となったりする人びとであるから，公然とはラベリング行為をしない．だが，こうした建前と本音を使い分けているがゆえに，一旦，差別発言などで失言や失態をすると，正体を見破られることになる．部落問題に対する行政側の施策（同和行政）やマスコミの姿勢などには，このタイプがかなりみられるのである．
　最後のタイプは，根強い偏見を持ち，かつラベルづけも実施するタイプであって，典型的な差別主義者のタイプである．少数の人種集団や植民地の人びとに，公然とラベルをあびせる人種論者などにみられ，ラベリング差別論にとっての最大の対決相手である．
　以上の4類型は，理念型的に構成したものであって，現実の烙印者は，いくつかが組み合わされていることが多いであろう．しかも，この理論からいえば，烙印者のラベリングは，いつも不変的かつ恒常的な対象に向けられているわけではないことに留意しなければならない．その折々に放たれるラベルが相手の

心の深部を破壊する。その威力の方が，すなわち「いじめ」の構図をなすことの方が問題なのである。

次に，こうしたラベリングに被烙印者たちは，どのように対応（反作用）するであろうか。烙印者類型と同じように，態度と行動次元から被烙印類型を導出すると，図・2 のようになる。

まず，ここでいう「依存服従型」とは，烙印者のラベリングに対して態度も行動も共に承認するタイプである。このタイプには，おそらく，ラベリングが何を意図するか，ラベリングが何を意味するかさえ解せない幼児，文盲者，文化的逸脱者などが該当するし，それ以外では E. フロムのいうマゾヒズム的人間のような人びとがこのタイプの代表をなすであろう[23]。前者であれば，相手の意図が解釈できないだけで，理解できる段階に達すれば別のタイプに変容する。他方，後者であれば，ラベルを受けることに快感を得る人間であって，彼はその場合，ラベルを貼りつける烙印者と共生関係にあることになる。いずれにせよ，このタイプは，現実的には不条理な人間であって，むしろ現実にラベルを受ける人びとの反作用は，他のタイプのいずれかになるといった方が正鵠を得ているといえるであろう。神々が人間を支配した時代，宗教生活が人間の意識に決定的な影響をなしていた時代には，このタイプは，醸成されていたし，それから現代のような社会にあっても熱心な信者は，このタイプに陥り易い。

「怨恨服従型」は，いうまでもなく，被烙印者類型のなかでごく一般的にみられるタイプで，一番多いタイプであろう。長い間，歴史的に激しい差別の環境に晒されてきたがゆえに，また教育や職業などの社会的地位体系の一切を奪われてきたがので，表面上，このタイプは，ラベラーに強い反論や異議申し立てをしない。むしろ，異議申し立てをしない方が厳しい烙印状況のなかで生きいく上で得策とさえ考えているのである。これに対して「無関心・変装型」の

図・2 被烙印者類型

被烙印者のタイプ	態　度	行　動
依存服従型	＋	＋
怨恨服従型	－	＋
無関心・変装型	＋	－
禁止拒絶型	－	－
告発型	＋－	＋－

（備考）＋印は承認を，－印は不承認を，＋－印は積極的拒絶を示している。

タイプは, 態度次元では承認するが, 行動次元では承認しないタイプである. これも決してラベラーに向かって強く反論するタイプではない. つまり, このタイプは, 烙印者に向かって行動するのではなく, 別の人, 別の対象に向かって行動するのであって, ラベリングに不明確な対応しか行わない. いわば, このタイプは, 無関心を装っているのである. A. ゴフマンのいう印象操作, パッシング (＝Passing,「まだ暴露されていないが, 暴露されれば信頼を失うことになるという自己についての情報の操作」), カバリング (＝Covering,「自分自身にとっても, 他人にとってもスティグマに密かに向けられた視線をこだわりなくそらし, 相互交渉の公式の主題に, 屈託なく没頭できる状態を確保し易くすること」) といった行為は, このタイプに多くみられる行為といえるであろう[24].

以上のタイプに比べれば「禁止拒絶型」と「告発型」は, 烙印に対する反作用において全く異なっている.「禁止拒絶型」の被烙印者は, 態度次元でも行動次元でもラベルを拒絶するが, 烙印者の責任や行為に対して反省を強いても, それ以上の要求は行わないタイプである. つまり, このタイプにとっては烙印づけする状況やシンボリックな意味こそが問題なのであって, ラベラーを問題だとはみないのである. この一見, 寛容な被烙印者に比べれば最後の「告発型」は, 積極的な拒絶型または代替型で, 烙印者の行為を逆に厳しく告発して, 烙印者の偏見 (差別意識) を糾弾する. そして, 烙印者自身の自己変革を要求するタイプである.

さて, これらの被烙印者類型は, 当然のことその場だけの, 一時的・一過的な反作用として終わるものではないと思われる. 多くの場合, それらは時系列的に別の類型へと変化していくと考えられる. 大概, 周囲の状況変化, 学習経験, 理解者との相互作用といったものを通してラベルを付与された人は, 何かの「きっかけ」を契機に, いま自分の適応様式を反省し, より積極的な・解放的なタイプへと変化していく. 例えば,「依存服従型」,「怨恨服従型」,「無関心・変装型」といったタイプは, 周囲に強力な理解者・支援者・同情者をみいだすと,「禁止拒絶型」や「告発型」へと翻身する. また, これがこれまでの多くの差別現象や解放運動でみられた被烙印者の自己革新の構図でもあった.

しかし, そのような事態に至るには, 相当の難関があるのであって, 社会的

差別論の必要性もそこにあるのである．ラベリング状況は，烙印者の存在と被烙印者の存在が大切であるが，相互作用過程のなかで捉えなければならない．

(2) ラベリング差別構造

ところで，従来の差別研究においては，差別構造を資本主義体制ないし階級社会の所産として捉えられてきた．そこには，支配者集団と被支配者集団，資本家階級と労働者階級が存在し，支配者階級による被支配者階級の搾取があり，豊かな支配者階級と貧しい被支配者階級の構図でもって捉え，その解決のための手だては，この社会体制の打破しかないとして捉えられてきた．

ラベリング差別論からするとこのようなマクロな差別構造論の構成は不可能である．むしろ，この理論の場合，相互作用論の立場にあるので，差別構造とは，烙印者と被烙印者の織りなす重層的なラベリング構造のことである．つまり，ラベリング差別には多様なかたちで烙印する烙印者（ラベラー）が存在し，また多様なラベリング状況に晒される被烙印者，そして被烙印者のさまざまな反作用があるのであって，それらの総体としてラベリングを念頭におかなければならない．そのことは，ここでの行論でいえば，ラベリング差別構造とは，烙印者類型と被烙印者類型の組み合わされた相互作用過程において生じるものと解することができる．具体的には，図・3 にみられるものを想定できる．

広義の差別構造とは，「差別しない人」，「差別されていない人」，「差別している人」，「差別されている人」とのマトリックス構造であるから，ここでの被烙印者類型のみから構成されたものは，全体構造を示してはいない．しかし，ここではラベリング差別構造を「烙印されない人びと」は省いて考えてみたい．

ラベリング差別現象を考慮に入れる際，図・3 の 20 のセル（または局面）で，ラベリング現象が生じていることを念頭におかなければならない．「平等主義」は，ラベラーではないので，相手を貶価するようなラベリング過程は成立しない．つまり，1 から 5 のセルの相互作用過程にはラベリング差別現象は生じないので，これ以外の 6 から 20 のセルの間でラベリング差別事象が生じていると解することができる．

まず，被烙印者のうち「依存服従型」，「怨恨服従型」，「無関心・変装型」

は，態度と行動のレベルいずれかにおいて差別のラベリングを拒絶しないので，烙印者にとって都合のよいスケープ・ゴートの対象となる．とりわけ，儀礼主義のようなラベラーの場合，組織の一員として任務遂行に熱中したり，また組織内での自己の業績や名声のために手段を選ばず，何でも実行するので，「依存服従型」は絶好のラベリングの対象とされる．また，「都合主義」の場合も，タテマエとホンネを使い分けて，巧みに「依存服従型」をラベリングの餌にするであろう．ともかく，図のなかでいえば 6，11，16 のセル局面において理想的なスケープ・ゴートが生じるであろう．その結果，差別キャリアーを「依存服従型」は取得していくのである．

図・3 ラベリング差別構造

		被烙印者類型				
		依存服従型	怨恨服従型	無関心変装型	禁止拒絶型	告発型
烙印者類型	平等主義者	1	2	3	4	5
	儀礼主義者	6	7	8	9	10
	都合主義者	11	12	13	14	15
	差別主義者	16	17	18	19	20

（備考）各セルは，相互作用（過程）を示す．

このスケープ・ゴートの代表例が裁判史上にみられる多くの冤罪事件に認められる[25]．そこでは，まず，犯罪歴や犯罪予備軍と目される人物がリストに挙げられ，さまざまな解釈過程をへて「依存服従型」の人物が候補者として選び出され，不当な別件逮捕から始まり，自白強要によって巧妙に「犯人」としての演出が付与されるのである．これら犯人仕上げの演出者には業績主義者の「儀礼主義」や「都合主義」の烙印者が介入している場合が多い．警察など統制的な組織機関においては，法律の枠内での人権感覚をもつため，組織挙げての差別行動というラベリングは行なわない．だが，犯罪原因の発見という事態になると，「差別されるのは，原因があるから差別されるのだ」という差別の幻想にとらわれて，短絡した解釈過程を持ち込み，行動に走りやすい．そして，差別されている人たちに犯罪があると，「やはりそうか」という合理化過程によって，その観念を補強していく．そこで「差別されている人」＝「犯罪者リ

スト」という考えがでてくるのである．つまり，警察や検察といったラベラーたちにとって，迅速な問題解決（それが業績として評価の対象になるのだが）のために，すべての手段が合理化されるのである．その結果，差別での被害者が，ラベリングの規定過程によって犯罪の「加害者」にされる．ここには，逸脱行動を差別された人びとにもとめ，しかも，差別された人びとを逸脱者として求めていくという二重の意味での差別構造が生じているのである．ラベリング差別論からすれば，「予言の自己成就」や自我ラベリングを生みやすいのもこのような局面おいてである．

ところで，7，12，17 の局面でも，被烙印者は，寡黙な反作用しかできないので，やはりスケープ・ゴートの相手にされる．だが，このタイプは，結局，負け惜しみタイプであるから，その代償を求めることになる．つまり，差別されるが故に逸脱者になったり，また，差別される故に差別者になるという，まさに合理化の様式が生まれるのである．いわば，ラベリングが新たな方向でのラベリングを生み，差別の「悪」循環を生むのである．我が国においても多様な差別が等価としてあるのではなく，現実には差別形態相互間に不等価なものとしての解釈が存するのも，この被烙印者間でなされる合理化過程を無視して語れない．部落差別，島差別，憑き物差別，朝鮮人差別，アイヌ人差別には，差別者の間に不等価な差別観があるのであって，現実の差別構造は，差別の重層性をなしているのである．

これに対して 8，13，18 の局面では，被烙印者は，無関心を装って，意図的な形での差別を行なうことはないであろう．この「無関心・変装型」の場合，烙印者に対してはやや消極的な反作用しかできないので，結局，スケープ・ゴートにされることになる．つまり，自分の保持するスティグマを操作したり，またスティグマの発覚を恐れ，それを逸らすために使う変装に熱意を向けるあまり，仕掛人によってスケープ・ゴートにされることに気づかないのがこのタイプなのである．

これらに対して「禁止拒絶型」や「告発型」の場合は，以上とは違ってくる．まず，被烙印者は，9，14，19 のセルにおいてはラベルを拒絶するので自我ラベリングに陥ることはないし，ラベルを付与するラベラーに対して批判や反論をすることができる．この場合，9 や 14 のセルではラベラーのラベリング行

為の反省を促しても，19の場合では，単なる言葉の上での批判に終わってしまうであろう．つまり，そこではラベラーの自己変革は，求められず，被烙印者が自我ラベリングや脱ラベリングをする道程が求められるのである．現実の解放運動でいえば，ここからは同和や融和が求められるに止まるであろう．

他方，10，15，20の局面では，被烙印者は，烙印者であるラベラーに対して権力闘争の形態となり，恐らく10や15のセルでは，ラベラーの自己批判・懺悔といった新しい脱烙印や没烙印の状況が生まれるであろう．思うに，ラベリングする人とラベリングされる人とを共に脱ラベリングへと誘うのは，この局面の相互作用過程であろうし，ここで最大となるであろう．その意味で，この「告発型」の被烙印者こそ自我ラベリングからも，また対抗ラベリング（ラベリングを正当に否定する反作用）による烙印者の脱ラベリング化の方途からも開かれているといえるであろう．

5. ラベリング差別論の展望

最後に，この章を結ぶにあたり，この差別論の課題と展望を簡単にまとめておこう．既に述べたように，この理論の特徴は，逸脱行動論のなかで開発されたラベリング論を差別理論として再解釈し，それを現代の差別事象一般の解明の手だてとする点にある．今日の差別事象は，まさに原因論的にみればさまざまな様相を呈し，容易に解決できるなどとは決していえないほどの深刻さをもっている．こうした情勢にあって，差別現象をいわば運命論的・宿命論的にみることは許されないのであって，むしろこの現実を直視し，そのなかから真の原因を究明する努力が不可避といってよいであろう．ここでのラベリング差別論の目標も，実は，こうした差別事象解明への模索の一環なのであって，一つの試論と理解されるべきものである．

限定的にいえば，われわれが提起したラベリング差別論の守備範囲は，どのようなものであろうか．一般的に，社会的差別論の多くは，人種差別，民族差別，部落差別など特定の差別事象を社会・経済体制のメカニズムから説明するといったマクロ理論の特徴をもつ．これに対して，ここでもラベリング差別論は，逸脱論のラベリング論を基盤とし，しかも相互作用論の立場による差別事

象の説明論である点で，ミクロな差別論であるといってよい．しかも，この理論のもつ性格が社会学理論でいうシンボリック相互作用論やエスノメソドロジーや現象学的社会学と同じ傾向をもち，そのことより，① 方法的立場として「勝ち犬」的視座より「負け犬」的視座，つまり弱者への共感的理論を，② 相互作用論的立場を，③ 既存の講壇社会学に対決するという意味でラディカルな理論的志向を，もっているといってよい．したがって，また，そうした特徴なるがゆえの理論的長短をもっているのである．

　まず，この理論の差別論としての射程距離は，ラベリング論が主たる研究領域としてきた自殺・同性愛・精神病・精神薄弱者・アルコール中毒患者・マリファナ常用者・婚前交渉・魔女・サイエントロジーなど，道徳的・倫理的な逸脱行動，つまり，しばしばそれらは「被害者なき犯罪」と呼ばれてきたが，当然ながら研究の対象としていることはいうまでもない．そして，それらを逸脱としてではなく，差別論の角度から把えることになる．だが，ここで構成しようとしたラベリング差別論は，その射程をこれだけにとどめているのではない．ラベリング差別論は，その視点を人と人との相互作用過程で生じるラベリング差別構造において把握する．したがって，こうした従来ラベリング論で扱われてきた逸脱を対象とする以外に，「社会的差別」事象のすべてに目を注ごうとしているのである．例えば性の差別[26]，人間の能力に対する差別（無能力など[27]），病人への差別[28]，人種差別なども当然ながら射程の枠内にあるのである．その意味ではこの理論の対象は，差別全体である．ただ従来の差別論と違うのは，相互作用論から放たれる，特にラベリング論的な差別論の一般理論を志向しているということである．

　だが，この理論がこうした一般理論志向をもつからといって，差別理論の完成した体系作業を充足していると考えるのは早計である．つまり，この理論も一定の限界をもっていることに留意しなければならない．ラベリング論が「第一次的逸脱」の説明力が弱いとされたように，この理論においても差別の発生の理論的説明においては若干の弱点をもっている．この理論の場合，理論的な中心はラベリングのもつ威力や効力の危険性を指摘することにあるのであって，それが何故生じるのかについてはあまり説明しようとしないし，そこに力点を置いていないからである．もちろん，これは，ラベリング論をストレー

に反映した差別論としてみた場合であって，この点での補強作業が今後の課題となるであろう．けれども，現状ではこの理論をして他と区別する点は，まさに原因論としてよりも，それのもつ対象療法的な差別論にあるのである．つまり，差別する主体の問題性をすべての人の可能性とみるのであって，つまり，この理論は，対人関係や対組織関係などのレベルで生じる差別事象を解明することをもって，結局，これまでの多くの差別論にみられた主体＝客体分離という論理の隘路性を打破することにもなろう．この点では，これは，差別理論と差別からの解放論・実践論の架橋的な役目を担う理論とも解することができるであろう．以上が，この理論の積極性と消極性といえる．

次に，われわれは，この理論の今後の展開を位置づける意味で，残された課題を以下に列挙しておきたい．

A. 烙印者分析
  1. 公的ラベリングの分析
    a. 道徳企業家の分析……道徳企業家によってキャンペーンやイデオロギー（逆差別イデオロギーも含まれる）がつくりだされ，道徳・倫理が形成されていく，そのことに目を向け，その問題性を批判すること．
    b. 規則遂行者の分析……（イ）規則遂行組織の分析と，（ロ）組織の一員として烙印・差別にかかわる儀礼主義者の分析，そしてその問題性の批判
  2. 私的ラベリングの分析
    a. 烙印者のパーソナリティ分析……権威主義的性格，差別主義者，保守主義者などの分析
    b. 烙印者のイデオロギー分析……偏見，賎視観，恐れ，不安，などの個人のもつ差別観の分析
B. 被烙印者の分析
  1. 被烙印者のパーソナリティ分析
  2. 被烙印者の意識分析
C. ラベリング効果分析……ラベないしラベリングのもつ危険性を指摘する

第2章 ラベリング差別論の展開

D. ラベルの内容分析
 1. シンボリックなラベルの意味論的な分析……蔑視語,差別語など類型的分析
E. 自我ラベリング論
 1. 自我がラベリングする過程の分析……「other」→「me」→「I」へとラベリングするメカニズムの分析
 2. 自我の合理化,中和化の分析[29]……被烙印者がラベリングに対抗するのではなく,居直ってラベリング通りの行為や人格を形成する過程の分析
F. 脱ラベリング論
 1. 被烙印者の脱ラベリング化また没ラベリング化の分析……「I」→「me」→「others」へと脱ラベリング化する過程の分析[30]
 2. 烙印者の脱ラベリングの分析
G. ラベリングの状況分析
 1. 文化構造の分析……サブ・カルチャーや共同幻想などラベリングを促進する差別観念,差別文化,価値構造等の分析
 2. 状況規定論……「タマスの公理」や「予言の自己成就」,「可視性」,「観察可能性」などの分析
H. ラベリングの成就過程分析
 1. 解釈過程の分析……被烙印者がどのように解釈されるか,解釈するのは誰か
 2. 規定過程の分析……被烙印者がどのように規定されるか,処遇するのは誰か,どんな人間が規定されやすいか
 3. 処遇過程の分析……被烙印者がどのように処遇されるか,処遇するのは誰か,どんな人間が処遇されやすいか

以上,ラベリング差別論の分析課題を8領域にわけて説明してみたが,いうまでもなくこれらは,一つ一つばらばらでなされるよりも,相互補替的に実行されて,初めて差別論として展開が可能となるであろう.これらの8領域も結局は,ラベリングの全メカニズムの解明にあるのであって,個々の領域の解明

は，その一里塚でしかないからである．そして，いうまでもなく，ここでいうラベリング差別論は，最終的には，差別撤廃をめざす多くの差別理論と共働して，差別撤廃の解放運動論に統一されるべきであろう．

ともあれ，以上の視角に沿ってわれわれは，具体的な一つ一つの差別事象にあてはめ，それの有効性と戦略性を求めていかなければならない．今後，部落差別，憑き物差別，教育差別，心身障害者差別，老人差別（ageism），女性差別（性差別＝sexism セキシズム）など，それぞれの差別現象のなかで解き明かす作業が要請されているといえよう．

以下では，以上のラベリング差別論の視点にもとづいて，我が国のエイジズムの現状把握とラベリング過程に介在する諸要因を分析する．

※本稿は，1977年5月の西日本社会学会（於熊本商科大学）で発表した「ラベリングと道徳形成」を敷衍・訂正したものである．
（1）ここでいう筆者の社会的差別は，今野氏のいうような，社会的差別を民族（国家）差別および人種差別と区別し，それを性差別，被差別部落にたいする差別，老人差別，心身障害者にたいする差別に限定する見方とは違い，一切の差別の現象形態を含むものとして把えている．今野敏彦『見えざるこころ』（マルジュ社）1981年．
（2）鈴木二郎「部落民の地域性・職業・結婚」日本人文科学会編『社会的緊張の研究』1953年（有斐閣），福地直「部落問題と社会学」『部落』30号，1952年2月，山本登『部落差別の社会学的研究』（部落問題研究所出版部）1966年．
（3）G.W. Allport, *The Nature of Prejudice.* 1958, 原谷達夫・野村昭訳『偏見の心理』1961年（培風館），野村昭『俗信と偏見』（山陰文化シリーズ 15）1965年（今井書房），八木晃介『差別の意識構造』1980年（解放出版），同『差別意識の情況と変革』1982年（解放出版），マイノリティ・グループ論については，以下を参照．今野敏彦『世界のマイノリティ』1971年（評論社），青木秀男「部落差別の概念的把握をめざして——マイノリティ・グループ論の適用を通じて」『部落解放研究』第24号，1981年2月．
（4）辻正二「逸脱行動論のパラダイム（Ⅰ）——アミノー論の系統的整理に向けて」『鹿児島女子短期大学紀要』第16号，1981年，49-63頁．
（5）辻正二「ラベリング論の序説的考察」『社会学研究年報』（九州大学社会学会）No.9, 1978年，45-54頁．
（6）H.S. Becker, *OutSiders*, 1964（Free Press）．
（7）*ibid.*, p.9.
（8）*ibid.*, p.14.
（9）J.I. Kitsuse, Societal Reaction to Deviant Behavior: Problems of Theory and Method, *Social Problems*, 1962, p.248.
（10）F. Tannenbaum, *Crime and Community*, 1938, E.M. Lemert, *Social Pathology*, 1951, E. M. Lemert, *Human Deviance, Social Problems and Social Control*, 1972, E. Goffman, *Stigma*, 1963, 石黒毅訳『スティグマの社会学』（せりか書房）1970年，T.J. Scheff, *Being*

Mentally Ill. 1966, 市川孝一・真田孝昭訳『狂気の烙印』1979 年 (誠信書房).
(11) 日本では，近年，ラベリング論は隆盛の兆しをみせているが，本場アメリカではやや衰退の兆しさえみられ，「久しく活気のあったラベリング論は，つまりラベリング・パースペクティブは死んだ」の見解もあらわれている．J. Ditton, *Contrology : Beyond the New Criminology*, 1979, (MacMillan Press).
(12) G.R. Newman, A Theory of deviance removal, *British Journal of Sociology*, Vol. XX, 1975, pp.203-207.
(13) *ibid.*, p.203.
(14) *ibid.*, p.205.
(15) Albert Memmi, *L'honmme domine* (Gallimard) 1968, 臼井成雄・菊地富実訳『差別の構造』(合同出版) 1971 年, 邦訳 226 頁.
(16) E. C. Hughes が使用した概念で，われわれの社会で，いくつかの地位が他の地位を圧倒し，なんらかの優先権をもっている場合，それをマスター地位と呼ぶ．人種や逸脱者の地位などはその代表である．
(17) 詳しくは，次のものを参照．大村英昭・宝月誠『逸脱の社会学』(新曜社) 1979 年．
(18) 蔑視語と差別語に関しては，以下を参照．今野敏彦「蔑視語の魔性」『言語生活』264 号, 1973 年, 星野命「あいたいもくたい考」『季刊人類学』2 巻, 3 号, 1971 年.
(19) 予言の自己成就とは，「最初の誤った状況の規定が新しい行動を呼び起こし，その行動が当初の誤まった考えを真実なものとする」ことを指す．R.K. Merton, The Self-Fulfilling Prophecy, 1948, in *Social Theory and Social Structure*, 1957, pp.421-436.
(20) 見田宗介「まなざしの地獄」『展望』1973 年 5 月号, 98-119 頁, 『現代社会の社会意識』所収, (弘文堂) 1979 年.
(21) ここでのラベリング差別論は，「偏見 - 差別」という偏見原因論的な差別論の構築をめざしているのではなく，むしろ偏見により差別が生じるとみるばかりでなく，偏見なしで付与されるラベリングが差別の原因となる点を力点においている．
(22) R.K. Merton, Discrimination and the American Creed. 1948, in *Sociological Ambivalence*. 1976, pp.187-216. 辻正二「マートンの逸脱と差別の社会学」『社会学研究年報』(九州大学社会学会) 10・11 合併号, 1980 年, 1-11 頁.
(23) E. Fromm, Escape from Freedom, 1941. 日高六郎訳『自由からの逃走』(東京創元新社) 1951 年. E. Fromm, *The Heart of Man*, 1964. 鈴木重吉訳『悪について』(紀伊国屋書店) 1965 年.
(24) E. Goffman, *Stigma*, 1963. 邦訳，前掲書, 167 頁. E. Goffman, *The Presentation of Self in Everyday Life*, 1959. 石黒毅訳『行為と演技』(誠信書房). L. Humphreys, *Out of the Closets : The Sociology of Homosexual Liberation*, 1972, (Prentice-Hall).
(25) 野間宏『狭山裁判 (上・下)』(岩波新書) 1976 年.
(26) R.M. Kanter, Some Effects of Proportions on Group Life: Skewed Sex Rates and Responses to Token Women, *A. J. S.*, 88, 1977, pp.965-990.
(27) L.D. Harber & R.T. Smith, Disability and Deviance: Normative Adaptations of Role Behavior, *A. S. R.*, 1971, pp.87-97.
(28) I. イリッチは，医学的なラベルの貼り方の危険性を指摘して，「医師とその助手によってなされる診断は，患者にとって一時的もしくは永久の役割を決めてしまう」という. I. Illich, *Limits to Medicine*, 1976, 金子嗣郎訳『脱病院化社会』(晶文社) 1979 年, 70-77 頁.
(29) サイクスとマッツアは，逸脱者の中和化の技術として，①責任の拒絶，②不正の拒絶．③犠牲

者の拒絶，④ 避難者を非難すること，⑤ 高い忠誠へのアピールがあるという．G.M. Sykes & D. Matza, Techniques of Neutralization : A Theory of Delinquency, *A. S. R.*, 1957, pp.664-670.

(30) ここでの「I」，「me」，「others」という言葉は，G.H. ミードの自我論の意味で使っている．脱ラベリングないし没ラベリングの作業とは，ラベルを主体的に跳ね返す作業であって，それは，主我である「I」が負のラベリングを跳ね返して，「me（客我）」，さらには「others（他者）」へと自我（ego）そのものの「自己肯定」をしていく過程に他ならない．その場合，「わがままな」自我といわれる主我「I」の単なる自己主張ではないと考える．真の意味での脱ラベリングが行われるためには「me」と「I」との相互作用や，自我と他者との相互作用が前提として存在していると捉えるべきであろう．G.H. Mead, *Mind, Self and Society*, 1934, 河村望訳『精神・自我・社会』（人間の科学社）1995 年．

第3章　老人意識の地域比較と老人差別

1. はじめに

　平成元年の年，宮崎において高齢者問題として興味深い事件が二件あった．一つは，新聞の読者投稿欄に掲載された，「老人」という言葉の使用についての意見であり，いま一つは宮崎市で5月中旬に始まり8月まで続いた高齢者による座りこみ事件である．

　前者の意見というのは，ある高齢者からの「老人・老女の見出しに一考を」（2月23日）という投書である．その内容というのは，新聞の三面記事などの見出しとして登場する老人・老女なる表現を慎んでほしいという意見であったが，この読者の意見を共鳴盤にして，その後，しばらくの間この意見に対する賛否両論の意見がこの『窓』欄に掲載されたのである．賛成側は「『老女』の表記は男性社会の遺物」（3月1日）という意見に代表され，そこでは老人のみか老女なる表記を男性社会による差別の現れと主張する意見であったし，反対側は「どうでもいい『老人』の呼称」（3月19日）といった意見で，別に老人という呼称を気にすることはない，老人の度量の広さこそが必要だという意見であった．その他に「理解と協力で老人を生きる」（2月28日）とか「老化の後退に努力していく」（3月4日）といった意見等も寄せられたのである[1]．老人という言葉のニュアンスを高齢者の人びとから差別的言辞として指摘され，自粛を迫られる事件は，今に始まった訳ではないが[2]，一地方紙の読者欄を賑わせるようになったこと自体，老人・老女という表記を，以前のように使用できなくなる前触れを示しているようで興味深い現象であった．

　また，後者の事件というのは，宮崎市で同年5月から，市内の高齢者が求職運動という形で市役所の前に，土日を除いて連日座り込みを決行するという，同市でこれまで経験したことのない高齢者運動が生じたことである．この運動

は失対事業で生活してきた人たちや働く意欲をもつ「高齢者の仕事と暮らしを求める会」のメンバーの人たちが就労の場を求めて起こしたものであった．この人たちの大半は70歳代で，しかも彼らの多くは月額3万円前後の年金が唯一の収入源であり，宮崎市のシルバー人材センターの斡旋では，一人当たり月額平均の賃金が2万9千円ぐらいのため，これだと小遣い程度にしかならないので，同センターとは別に失対事業でもよいから職を斡旋してほしいというものであった．しかし，これも「シルバー人材センター」一本という国の方針以外を認めようとはしない市当局の強硬姿勢，マスコミの無視に近い姿勢（つまり，事件の希少性にも係わらず，ほとんど報道されなかった[3]），労働組合からの無理解等によって，要求は貫徹されなかった．ここには，「高齢者なのだから」，「年金で生活すればよいではないか」，「若い人の職場を確保するためには老人は身を引くべきである」，「老後は，家族のなかで扶養されて生活すべきである」，「老人は老後を静かに過ごすべきである」といった声が聞こえるようである．こうした暗黙の期待がこの高齢者たちの要求を圧殺したように思える．まさに，エイジズム（高齢者差別）が存在するのである．ここにも社会による高齢者に対する醒めた見方が反映しているように思える．憲法でいう「健康で文化的な最低限度の生活を営む権利を有する」という文言が，少なくともこうした高齢者の人びとには色あせた中身のない内容であって，実行の対象外になっていることを如実に示す事件であった．

　ところで，いまの日本の社会をみると，人口構造が高齢化しつつあるということで高齢者問題や高齢化社会問題への対応がいろいろ論議されていることからも明らかなように，高齢者の福祉，介護，健康などの生活問題や，生きがい，社会参加，スポーツなど，高齢者の抱える実に多くの問題が指摘され，その解決策が案じられているのが現実なのである．しかし，こうした論議が個々の高齢者の問題解決にどれだけ割かれているかといえば，上でみたように高齢者にはあまり温もりのない高齢者対策が動いていることも事実なのである．つまり，喧しく指摘される高齢者対策の割には高齢者が直接全面にでることなく，背景に隠された高齢者問題も意外と多いということであって，このことは高齢者を「老人」とみなす観点が相変わらず根強いことを物語っているのではないであろうか．

人類の「老い」について膨大な史料から「老い」に関するエスノロジーを分析したボーボワールによると，長い人類史のなかでみると老人自体は，尊敬の対象とされた時期と，逆に蔑視と冷笑の対象とされた時期の交錯であったという．例えば家父長制を底辺にもつような社会にあっては，老人は権力や権威を維持できたので，老人は財産を独占し，若者から尊敬と畏敬の対象とみなされていた．古代ギリシャや古代の中国において老人がそのようにみなされたのも，家父長という家族内における独占的な位置があったなればこそであった．だが，社会が発展するにつれて老人が孤塁として守ってきた砦も次第に崩されている．機敏さ，力，美しさが価値あるものとみなされるにつれて，老人は地位を失い，貶められてきた．芸術の世界，詩や小説，演劇の世界にも老人を風刺した作品が多くなる．老人とは男性であって，男性ではない女性の老婆に至ってはとりわけ厳しい目が注がれ，差別されたという[4]．老人のおかれた位置は，たしかに社会の発展と共に大きく変わってきたのである．かつて社会体制の変化がない時代においては老人は年長という事実によって，その社会きっての情報家であった．だから尊敬や畏敬の対象になりえた．しかし，現代社会のように情報が絶えず変化し，新しいものに適応することを要求する社会においては，老人よりも若者や子どもの方が人材として期待されてくる．

　ところで日本において老人とはどのようにみなされてきたのであろうか．宮本常一の『忘れられた日本人』などでは，高齢者は，例えば世間師のように知恵者として村人から尊敬されてきたという[5]．この文脈は外国人による日本の老人への印象にもよく語られるものでもある．つまり我が国には「敬老」の精神があり，老人は大切にされているという見解である．「敬老の日」，高齢者への還暦，喜寿，米寿といった祝いをみても決して高齢者を疎かにするものばかりではない．だが，今日，高齢者の置かれた状態をみるとそればかりではないことがいえると思う．たとえば，家族制度が変わり，日本の社会が老人を厄介ものに感じる傾向が強まったという見解がある．赤坂憲雄は，現代の「核家族」が老人を親和力をもって包容する空間ではなくなったという[6]．つまり，彼によると「核家族は生きること・老いること・病むこと・そして死ぬことといった，もっとも直接的かつ自然的な家族としての営みの多くを，みずからの手で全うすることができない[7]」のである．常にありとあらゆるものが核家族によって

委託され，老人の世話でさえも病院・福祉・介護・施設といった形で外在化される．赤坂は，団地の遊び場に不意に現われた老人を核家族の集積である団地が，老人の子供たちへの眼差しとは別に，その親たちにとっては老人が「異人」として映るのだという．こうした団地の空間自体が老人を排除するとして赤坂は現代版姥捨てとして捉えているのである．

　この敬老の精神と核家族による排除といういずれの観点も，事実を述べているのであろうが，老人に向けて異様なまなざしをするのはどのようなときなのであろうか．高齢者に対する言葉である老人，老女，老婆，恍惚の人などは決して爺，翁，長老という言葉ほどいい響きをもっていない．老人をさす言葉の問題は，言葉のもつ差別性を反映しているわけで蔑視語，差別語といった言語の差別性の文脈に広がっていく．しかし，差別言辞の検討は，次章にゆずって本章ではむしろ「老人」がどのように形成されるかということに目をむけたい．

　われわれの社会は，ある年齢線に達したことをもってか，それとも社会的要請によってかの理由によって，老人を形成している．例えば，われわれ人間社会では一定年齢に達すると，年相応に振る舞い，分際・分別を持てという行為期待，すなわち社会的期待が強く個人に付与せられるようになる．身体の老いにそれぞれ個人差があるにもかかわらず，この種の期待が強く作用するようになるである．例えば，職業における定年制，家族における権限の譲渡である主座（主婦の位座）の明け渡し，隠居や引退という側面などがそれである．いわば，その人自身の生理的な老化とは別に，文化や社会によって老人を形成していく側面があるのである．例えば60歳の還暦，77歳の喜寿，88歳の米寿などという祝い，老人になって初めて加入する集団などをみれば明らかである．その上，老人クラブ（老人会）の加入年齢といっても，地域によって相違する．宮崎県も65歳を加入年齢とする地域が一番多いが，それでも種類として強制加入や自由加入の地域，年齢として60歳，65歳，70歳であったりしているぐらいである．われわれの社会は，老人を形成するにあたって文化的社会的構造が強い作用力をもっていることは確かである．高齢者へ「老い」を強いる抑圧構造，いい換えれば社会的な老人形成過程をここでは老人化とよびたい．本章の目的は，ラベリング差別論の観点から高齢者への社会的ラベリングがどのように生まれるかを探ることにある[8]．そのために老人に対して地域社会がどうみ

ているか，若い人がどうみているか，老人自身が自分たちをどうみているかといったこと，つまり地域社会がどのように老人を形成するかということと高齢者自身が自己を老人と自己確立・自己イメージするかを分析することにある．

2. 調査を通してみた老人線と老後意識

わたしたちは，ここで限られた調査データのなかから，われわれの社会が老人をどのようにみているかを把えてみたい．

1987年1月に宮崎県内8地域において成人と高齢者の双方に対して実施した「高齢化地域特性に関する調査[9]」という限られた項目内容から，地域社会が高齢者像をどのようにみているかを探ってみたい[10]．調査は宮崎県のなかでそれぞれの地域構造を代表するような地域を選定し，これらの地域における高齢化の特性を把握するものであった．勿論，この8地域の総計でもって宮崎の高齢化のすべてを代表しているとは決していえないが，個別の地域そのものは産業・地域構造の代表地を選定しているといえよう．具体的には，商店街区，旧市街区，新興団地，農山漁村部の地域としては水田農村である国富町，畑作地の地域である川南町，漁村の南郷町，山村地域としては北郷村，須木村を調査対象として選んだ．調査では20歳から64歳までの年代層を成人として，この成人調査を実施した．同時に65歳以上の高齢者の年代にほぼ同じ項目を使った調査票で調査している[11]．

(1) 老人線

人びとはライフサイクルのなかで何をもって老後が始まると意識するのであろうか．いわゆる人が個人的にも社会的にも老人として位置づけられ，また一線を画されるようになる年齢をここでは「老人線」と呼び，最初にそのことについてみてみたい．設問として「あなたは，『老人』とは何歳ぐらいからだと思いますか」を使って老人線をみてみた．表・1からもわかるように，老人線として今日承認されている年齢は，いまの行政が高齢者対策処遇年齢の下限としている「60歳以上」や「65歳以上」という解釈と違って，むしろ「70歳以上」とみる人が一番多いことがわかる．成人でみると，60歳以上が1割，

65歳以上がほぼ25%, 70歳以上が5割強, 75歳以上が6%である．高齢者の場合は，成人と比べてやや加齢化傾向を示していて，加齢とともに老人線を高い位置におく傾向がみられる．表でも，高齢者では「70歳以上」を老人線とする人が53.1%，「75歳以上」が12.7%が，「80歳以上」が5.2%みられるのである．もう少し詳しくみておこう．

表·1 性・年齢別にみた老後開始年齢

地域別		実数	55歳以上	60歳以上	65歳以上	70歳以上	75歳以上	80歳以上	わからない	不明
全体	成人	633	1.1	9.8	24.6	52.4	6.3	2.8	2.7	0.2
	高齢者	614	0.2	5.7	21.0	53.1	12.7	5.2	1.6	0.5
成人	男性	253	1.6	13.4	25.7	49.8	4.3	3.2	1.6	0.4
	女性	371	0.8	7.3	23.7	54.7	7.5	2.7	3.2	0.8
高齢者	男性	253	―	4.8	16.7	54.6	16.4	6.4	1.1	―
	女性	371	0.3	6.4	24.2	51.9	9.9	4.4	2.0	0.9
男性	65〜69	103	―	5.8	19.4	59.2	13.6	1.0	1.0	―
	70〜74	64	―	4.7	17.2	53.1	14.1	9.4	1.0	―
	75〜79	58	―	1.7	13.8	53.4	20.7	10.3	―	―
	80〜84	28	―	7.1	10.7	53.6	17.9	7.1	3.6	―
	85歳以上	16	―	6.3	18.8	37.5	25.0	12.5	―	―
女性	65〜69	119	―	5.9	26.9	52.1	9.2	4.2	1.7	―
	70〜74	101	―	6.9	24.8	53.5	8.9	4.0	2.0	―
	75〜79	65	―	3.1	23.1	56.9	12.3	1.5	1.5	1.5
	80〜84	36	2.8	11.1	22.2	41.7	11.1	5.6	5.6	―
	85歳以上	20	―	10.0	15.0	40.0	10.0	15.0	―	10.0
年齢別	20〜24	46	4.3	26.1	30.4	30.4	4.3	2.2	2.2	―
	25〜29	42	0	7.1	15.7	47.6	16.7	4.8	7.1	―
	30〜34	66	3.0	7.6	19.7	57.6	9.1	1.5	1.5	―
	35〜39	106	0.9	12.3	28.3	50.0	7.5	0.9	0.0	―
	40〜44	64	0.0	9.4	23.4	51.6	6.3	6.3	3.1	―
	45〜49	94	2.1	7.4	22.3	59.6	4.3	1.1	3.2	―
	50〜54	79	0.0	8.9	22.8	53.2	5.1	6.3	2.5	1.3
	55〜59	69	0.0	7.2	30.4	52.2	4.3	1.4	4.3	―
	60〜64	602	0.0	6.7	23.3	61.7	3.3	3.3	1.7	―
	65〜69	24	0.0	5.8	23.7	55.4	11.2	2.7	1.3	―
	70〜74	165	0.0	6.1	21.8	53.3	10.9	6.1	1.8	―
	75〜79	123	0.0	2.4	18.7	55.3	16.3	5.7	0.8	0.8
	80〜84	64	1.6	9.4	17.2	46.9	14.1	6.3	4.7	―
	85歳以上	36	0.0	8.3	16.7	38.9	16.7	13.9	0.0	5.6

① 性　別

　まず，性別でみると，成人と高齢者とも，全体的に老人線を「70歳以上」とする人が一番多いが，両者の間では少し傾向が違っていることがわかる．つまり，成人の場合，男性というよりも女性の方に老人線を高く位置づける人が多い．逆に高齢者の場合では，女性よりも男性の方に老人線を高く位置づける人が多いのである．例えば，老人線として支持のいちばん多い「70歳以上」をとってみると，成人では男性 49.8% なのに，女性が 54.7%，高齢者では男性 54.6% に対して，女性では 51.9% になっているのである．

② 世代間比較

　ただ，20歳以上の人びとについての5歳年齢別のコーホートでみると，「70歳以上」という考えを一番支持するのは 60～64 歳の向老期の年齢層である．それ以外では 45歳～49歳層や 30歳～34歳層にこの「70歳以上」を支持する見解が多い．「65歳以上」とみるのは若い20歳層と定年前後の年齢層にやや支持がみられる．65歳以上の高齢者層になると，老人線を「70歳以上」や「80歳以上」として捉える見方が増大する．全体的には，若い年代もこの老人線については，高齢者が捉えているものとそれほど大差はない．差としていえることは，高齢者の場合，加齢化にともなって自己の年齢を老人としてみないということである．つまり，それは自分の年齢を老人とみたくないという心理傾向を反映しているといってよいのである．そして，もう一つの真実は，70歳以上の年代になると，自分の年代を分岐点として老人線を引くことに一応支持する姿勢がみられるということである．

(2) 老後意識の認知

　次に，老人線とは違って，人びとが「老後」をどのように認知しているかみてみたい．老後であるという認識は，社会的にないし個人的には職業からの離脱（退職），主座の明け渡し（隠居），身体の衰え（不自由さ），配偶者の死，子どもの独立，年金生活といった要因が関わっていると思われる．職業からの離脱（退職）は，社会的貢献からの離脱を意味する．家督や主座の明け渡しである隠居は，男性にしろ女性にしろそれが直接に家族における発言権の喪失を意味するものである．また，身体の不自由さは，人間の肉体の衰えである「老化」

と直接結びつくし，結果的にはそれまでの人生において自由であった行動圏を狭め，日々の自由な行動，ひいては社会関係を弱体化することにもつながる．死を意識するのもこの要因に直接関係している．配偶者の死は，共同生活者を失うことを意味するし，子どもの独立は，子育ての終了を意味し，親子関係において勢力関係が逆転する大きな契機で，親は子どもからの世話をうける対象へと変化していく．配偶者の死も子どもの独立も，ともに親たちの育んできた家族の弱体化を明確化するし，そのことにより親たちは一層，孤独感や孤老の立場になる．年金生活は，ある人びとにとっては安楽な生活の開始と映るかもしれないが，老人達たちが社会のなかで依存する立場になる契機なのである．

　以上の老後意識を捉えるために，設問として次のような内容の質問を使った．「あなたにとって，『老後』とは，どういう時を境にして始まるとお考えですか．次にあげたそれぞれについてお答えください」．そして回答としては「仕事をやめたり，仕事を他の人に任せるようになった時」，「年をとって，家事を他の人に任せるようになった時」，「年をとって身体の自由がきかないと感じるようになった時」，「妻または夫と死別した時」，「子どもが結婚して独立した時」，「年金が収入をささえる時」という項目を用意した．以下では，上の回答項目と「退職」，「家事の依存」，「自体の不自由」，「配偶者の死」，「子どもの独立」，「年金生活」と表記する．

　①性　　別

　まず，老後認識について性別による相違がでてくるのかをみてみたい．高齢者の場合，男女とも4割が「身体の不自由」を老後の開始とみている点で共通している．この項目に関しては僅かに男性が多くなっているが，性差はあまりない．高齢者において性差がみられたのは，「退職」と「年金」である．女性に比べて2割強の男性が「退職」と「年金生活」を老後の開始時期とみている．他方女性で多いのは，「家事の依存」である．「配偶者の死」や「子どもの独立」は男女とも，それをもって老後の始まりとみる人は少ない．成人でも「身体の不自由」が老後の開始を意識する上ではトップとなっている．その場合，やや女性に多くなっている．男性では「退職」が32.0％，「年金生活」が17.4％，女性だと「年金生活」が22.9％，「家事の依存」が15.1％，「退職」が14.3％と比率が高い．

第3章　老人意識の地域比較と老人差別

表・2　性・年齢別にみた老後開始時期

属性別			実数	仕事をやめたり、仕事を他人に任せるようになった時	年をとって、家事を他人に任せるようになった時	年をとって、身体の自由がきかないと感じるようになった時	妻または夫と死別した時	子どもが結婚して独立した時	年金が収入をささえる時	不明
成人	男性		253	32.0	7.9	37.9	1.6	6.3	17.4	2.0
	女性		371	14.3	15.1	39.6	3.5	8.4	22.9	0.3
高齢者	男性		269	21.2	11.9	42.4	5.2	3.7	21.2	1.5
	女性		343	17.2	17.5	41.1	5.8	4.1	16.9	2.9
高齢者	男性	65〜69	103	28.2	13.6	38.8	1.9	2.9	18.4	1.9
		70〜74	64	21.9	10.9	37.5	7.8	6.3	20.3	—
		75〜79	58	17.2	10.3	46.6	6.9	—	24.1	1.7
		80〜84	28	14.3	10.7	50.0	10.3	7.1	28.6	—
		85歳以上	16	—	12.5	56.3	—	6.3	18.8	6.3
	女性	65〜69	119	14.3	13.4	38.7	8.4	3.4	23.5	3.4
		70〜74	101	20.8	17.8	41.6	5.9	6.9	11.9	1.1
		75〜79	65	12.3	18.5	43.1	3.1	1.5	24.6	1.5
		80〜84	36	16.7	22.2	50.0	—	5.6	—	5.6
		85歳以上	20	30.0	30.0	35.0	5.0	—	10.0	10.0
年齢別		20〜24	46	34.8	19.6	21.7	2.2	15.2	13.0	0.0
		25〜29	42	14.3	7.1	52.4	0.0	9.5	11.9	4.8
		30〜34	66	18.2	12.1	40.9	0.0	7.6	25.8	0.0
		35〜39	106	21.7	11.3	36.8	2.8	11.3	24.5	0.0
		40〜44	64	23.4	10.9	40.6	1.6	10.9	21.9	0.0
		45〜49	94	19.1	8.5	46.8	5.3	8.5	12.8	1.1
		50〜54	79	19.0	19.0	38.0	5.1	0.0	21.5	1.3
		55〜59	69	26.1	14.5	24.6	1.4	5.8	27.5	1.4
		60〜64	60	18.3	6.7	46.7	3.3	0.0	25.0	1.7
		65〜69	224	20.5	13.8	38.4	5.4	3.6	21.0	2.7
		70〜74	165	21.2	15.2	40.0	6.7	6.7	15.2	0.6
		75〜79	123	14.6	14.6	44.7	4.9	0.8	24.4	1.6
		80〜84	64	15.6	17.2	50.0	4.7	6.3	12.5	3.1
		85歳以上	36	16.7	22.2	44.4	2.8	2.8	13.9	8.3

② 世代間比較

　他方，老後意識は，いま高齢者になっている人と，青年，壮年，これから高齢者になる向老期の年代とでは，違っているはずであるが，表・2からもわかるように5歳階層別のコーホートをみる限り，加齢化との関係ではっきりした特徴はみられない．はっきりしていることは，総じてどの世代とも「老後」の

開始を「身体の不自由」に求めている点である．「退職」に関していちばん高い比率を示したのは 20～24 歳の年代 (34.8%) で，その他では向老期の 55～59 歳層 (26.1%) や 40～44 歳層 (23.4%) が高い値を示した．全コーホートのなかでこれらの年齢が職業についての意味づけを一番強くもっているためであろう．「家事への依存」，つまり，主座の明け渡しや隠居も「退職」と同じ性格をもつ．したがって，20 代前半と 50～54 歳層，85 歳以上層で一番高かった．「身体の不自由」については，高い比率を示したのは 25～29 歳，45～49 歳，60～64 歳で，この年齢では 45%強から 50%強の支持がみられるのに，逆に 20～24 歳，55～59 歳の年代では 20%台と低くなっていて，なぜこれほどの差がでてくるのか興味深い．50 歳代後半の年代の場合，「退職」の方が大きいため「身体の不自由」がクローズアップされないのであろう．「配偶者の死」という要因ではおしなべてどのコーホートとも比率は低いが，さすがにこの項目についてははっきりと 70～74 歳，65～69 歳など高齢者の方に高い比率が多くみられる．「子どもの独立」を老後の契機とするものは，20～24 歳，35～39 歳，40～44 歳などの若い年代層の方に多かった．この項目では，50～54 歳層と 60～64 歳層で全くみられなかった (0%)．これらの年代こそ子どもの独立が惹起するにもかかわらず，誰一人あげていないことは意識的に回避する姿勢が窺えるのである．「年金生活」を老後開始とみるのは，やはり向老期と前期高齢期に多く，55～59 歳，30～34 歳，60～64 歳の年代に多くなっている．老後が身に迫っている年代（向老期）と，まだ遠い先の事柄と受けとめる層，まさに直面している層（高齢期）とで大きく異なっているのである．

(3) 老人線・老人意識の地域比較

　地域的に老人線，老人意識を分析する前に，商店街区，旧市街区，新興団地，水田農村，畑作農村，山村 1，山村 2，漁村について地域構造の特徴から各地区の高齢者像を簡単にスケッチしておきたい．

　①商店街区は，宮崎市内の中心商店街に位置した，都市の利便性の点で最も富んだ地域であって，この地の高齢者たちは，多くは商店主としてまだ現役であったり，あるいは引退して老後を送っていたり，またアパートで独居生活を

しているかである．8地域では生活保護で生活している人が一番多い．

②旧市街区は，宮崎市内において，20年から30年を経過した住宅専用地である．近年ではアパートなども増加している．かつて宅地購入して入居した人びとの多くはいまや高齢者になっており，後継者の確保に成功した家族では三世代家族となっているし，子どもの他出した家族では夫婦高齢者家族となっている．ただ，この地域は，文化環境がすぐれ，8地域のなかではフォーマルないしインフォーマル人間関係が一番安定している．

③新興団地は，宮崎市内の近年になって大型団地として造成された団地であって，ここに住む高齢者の場合，その家族は，退職前か退職後にこの地に移住してきた人びとである．サラリーマンの前歴者がほとんどで，高学歴層が一番多い地域である．団地内にはアパートや賃貸共同住宅もあるため，このなかでは一番持ち家率が低くなっている．

④水田農村は，宮崎市内から車で30分ぐらいの距離にあり，水田を中心に農業をしてきた地域である．家族は三世代家族が一番多くみられる．老後職業観として「一定の年齢でこれまでの仕事に区切りをつけ，後は適当な仕事を選んで楽しく働くのがよい」という意見の持ち主が一番多かった．また，行政が健康づくりに熱意をもっている地域である．

⑤畑作農村は，戦後の開拓地域として入植し，畜産，野菜，果樹の栽培で県内では成功を収めた地域にあり，余暇生活として読書が親しまれている．開拓農村ということで，農村のなかでは都市的社会関係の特徴をもつ．血縁や地縁ばかりか友人（友縁）関係が強い土地柄となっている．

⑥山村1は，宮崎県内でも一番高齢化率の高い地域で，子供たちとの同居も少ない．交通の不便さが子どもたちとの同居を遮っている．老後の不安感が一番高くなっている．老人ホームの域内設置を強く望む土地柄である．

⑦山村2の高齢者の場合，山村1とは道路状況と敬老意識において大きく違っている．ここでは道路が整備され，小林市の繁華街まで車で20分ぐらいの距離であって，若者が通勤をし，親とも同居している人が多い．また，伝統的に高齢者を敬うという気風が強く，老人クラブは65歳で100％の加入率となっている．

⑧ 漁村の高齢者は，県内で有数な遠洋漁業基地を控えた漁村で，男性のほとんどが漁師として生活し，女性も留守家族を守り，三世代家族が多い．漁村の社会関係の特徴であろうか血縁的なつながりが強い．女性も漁業関係で働いているため経済的にゆとりがある．

① 老人線の地域比較

表・3 から，まず各地域の老人線をみると，商店街区と旧市街区に住む高齢者において男女の差があまりみられない．旧市街区において男性に「75 歳以上」を老人線とするものが多いぐらいである．それに対して，同じ都市部の高齢者といっても新興団地では男性と女性で老人線の解釈がかなり違う．「70 歳以上」を老人線とする見方では，男性が 74％を支持するのに対して，女性の場合 36％の比率で，極端に少ない．むしろ 65 歳以上や 60 歳以上を老人線とする人が多くみられるのである．農村部においては都市部よりも老人線を低い年齢に設定する傾向がみられるものの，やはり地域によって相違している．まず，はっきりと男女ともが老人線を低い位置に設定しているのは水田農村の高齢者である．特にこの地域の女性の場合，「60 歳以上」が 16.0％，「65 歳以上」

表・3　性別・地域別にみた高齢者の老人開始年齢

地域別	性別	実数	55歳以上	60歳以上	65歳以上	70歳以上	75歳以上	80歳以上	わからない	不明
商店街区	男性	28	—	7.1	14.3	42.9	21.4	10.7	3.6	—
	女性	55	—	1.8	20.0	47.3	23.6	7.3	—	—
旧市街区	男性	36	—	2.8	13.9	61.1	16.7	5.6	—	—
	女性	39	2.6	2.6	12.8	61.5	10.3	7.7	2.6	—
新興団地	男性	35	—	2.9	5.7	74.3	17.1	—	—	—
	女性	33	—	9.1	27.3	36.4	18.2	—	9.1	—
水田農村	男性	32	—	12.5	12.5	34.4	31.3	6.3	3.1	—
	女性	50	—	16.0	26.0	48.0	6.0	2.0	2.0	—
畑作農村	男性	32	—	9.4	6.3	59.4	18.8	6.3	—	—
	女性	33	—	3.0	24.2	63.6	6.1	—	3.0	—
山村 1	男性	47	—	2.1	19.1	53.2	14.9	10.6	—	—
	女性	41	—	7.3	22.0	58.5	7.3	4.9	—	—
山村 2	男性	34	—	2.9	38.2	44.1	2.9	8.8	2.9	—
	女性	48	—	2.1	41.7	50.0	—	2.1	2.1	2.1
漁村	男性	25	—	—	24.0	68.0	8.0	—	—	—
	女性	44	—	9.1	18.2	52.3	6.8	9.1	—	4.5

が 26.0％みられ，実に 4 割強がこの年齢層に設定しているのである．この種の傾向は他の山村 1 や畑作農村地域でも確認できる．これ以外で特徴的なのは，山村 2 の地域の高齢者であって，ここでは男女とも「65 歳以上」をもって老人線と考える傾向が強くなっている．この地域では 65 歳を地域社会全体が老人とみなす社会的文化的構造が強く作用していることがわかる．畑作農村においては「65 歳以上」を老人線とする割合が男性において極端に少なく，男女差が大きくなっている．また，漁村地域の高齢者の場合，「70 歳以上」を支持する比率が男性においては都市部並に多くみられ，老人線が 60 歳か 70 歳の間で完了するあたりは，漁業従事者の老後認識のまとまりを感ずる．

次に，老人線を世代別，地域別にみてみよう．まず，成人について地域別の老人線をみてみたい．表・4 をみると，さきの「70 歳以上」を支持する地域をみると，新興団地と畑作農村で 6 割強の支持がみられる．これに対して「60 歳以上」という低い老人線を支持するのは，水田農村や漁村である．漁村の成人，水田農村の高齢者，成人にそれぞれ 13.5％，14.6％，12.2％の支持がみられる．「65 歳以上」の支持は，山村 2 の成人と高齢者に非常に多くなっている．

表・4 地域別・世代別にみた老人開始年齢

地域別	世代別	実数	55歳以上	60歳以上	65歳以上	70歳以上	75歳以上	80歳以上	わからない	不明
商店街区	成人	76	1.3	11.8	17.1	57.9	6.6	3.9	1.3	0.0
	高齢者	83	0.0	3.6	18.1	45.8	22.9	8.4	1.2	0.0
旧市街区	成人	82	0.0	8.5	23.2	53.7	8.5	1.2	4.9	0.0
	高齢者	75	1.3	2.7	13.3	61.3	13.3	6.7	1.3	0.0
新興団地	成人	84	1.2	10.7	19.0	61.9	2.4	2.4	1.2	1.2
	高齢者	68	0.0	5.9	16.2	55.9	17.6	0.0	4.4	0.0
水田	成人	74	4.1	12.2	24.3	40.5	9.5	2.7	6.8	0.0
	高齢者	82	0.0	14.6	20.7	42.7	15.9	3.7	2.4	0.0
畑作	成人	68	0.0	7.4	16.2	61.8	7.4	4.4	2.9	0.0
	高齢者	65	0.0	6.2	15.4	61.5	12.3	3.1	1.5	0.0
山村 1	成人	82	0.0	7.3	31.7	52.4	4.9	2.4	1.2	0.0
	高齢者	88	0.0	4.5	20.5	55.7	11.4	8.0	0.0	0.0
山村 2	成人	93	0.0	7.5	36.6	47.3	4.3	3.2	1.1	0.0
	高齢者	84	0.0	2.4	40.5	47.6	1.2	4.8	2.4	1.2
漁村	成人	74	2.7	13.5	25.7	44.6	8.1	2.7	2.7	0.0
	高齢者	69	0.0	5.8	20.3	58.0	7.2	5.8	0.0	2.9

次いで世代間の差異をみると，成人と高齢者の間で老人線の認知に差が大きくなっているのは，都市部の方である．例えば，商店街区でいえば，「65歳以上」については世代間にあまり差がみられないものの，「60歳以上」，「70歳以上」，「75歳以上」の箇所にはかなりの差がみられる．同様に旧市街区においても「65歳以上」，「70歳以上」，「75歳以上」の箇所で差が著しいし，新興団地でも「60歳以上」，「70歳以上」，「75歳以上」の箇所で差が大きい．これに対して農山漁村地域では世代間の差が比較的小さく，水田農村，畑作農村では「75歳以上」にややみられる程度であるし，山村1では「65歳以上」と「75歳以上」の箇所，漁村では「60歳以上」と「70歳以上」とにおいて差が大きいのである．山村2においては8地域中で差が一番小さい．

② 老後意識の地域比較

表・5から地域別に老後意識の開始要因をみてみたい．まず，「退職」要因をもって老後意識をもつ契機とするのは男性では漁村（28.0％），新興団地

表・5 世代別・地域別にみた老後開始時期

地域別	性別	実数	仕事をやめたり，仕事を他人に任せるようになった時	年をとって，家事を他人に任せるようになった時	年をとって，身体の自由がきかないと感じるようになった時	妻または夫と死別した時	子どもが結婚して独立した時	年金が収入をささえる時	不明
商店街区	男性	28	25.0	7.1	53.6	7.1	—	17.9	—
	女性	55	23.6	14.5	40.0	9.1	3.6	18.2	1.8
旧市街区	男性	36	16.7	13.9	41.7	5.6	2.8	22.2	—
	女性	39	12.8	12.8	56.4	7.7	5.1	15.4	—
新興団地	男性	35	25.7	5.7	25.7	2.9	2.9	37.1	—
	女性	33	9.1	6.1	48.5	18.2	3.0	15.2	6.1
水田農村	男性	32	25.0	15.6	34.4	12.5	9.4	15.6	3.1
	女性	50	32.0	16.0	34.0	4.0	6.0	8.0	—
畑作農村	男性	32	21.9	12.5	46.9	6.3	6.3	12.5	3.1
	女性	33	6.1	24.2	48.5	—	3.0	24.2	—
山村 1	男性	47	12.8	17.0	44.7	4.3	4.3	25.5	—
	女性	41	19.5	31.7	31.7	2.4	2.4	12.2	2.4
山村 2	男性	34	20.6	11.8	50.0	2.9	2.9	11.8	5.9
	女性	48	14.6	20.8	33.3	4.2	4.2	22.9	2.1
漁村	男性	25	28.0	8.0	44.0	—	—	24.0	—
	女性	44	11.4	13.6	43.2	2.3	4.5	20.5	11.4

(25.7%), 商店街区 (25.0%), 水田農村 (25.0%) などである. 女性では水田農村 (32.0%), 商店街区 (23.6%) である. これからすると農村と都市の差はみられない.「退職」要因は, 山村1と水田農村を除けば, 男性の方が高い比率を示している. そして, 同一地域におけるこの意識の男女差は, 新興団地や畑作農村や漁村などで大きく, 逆に商店街区や旧市街区で差があまりみられない. 家事の委託や隠居（つまり「家事の依存」）を老後の契機とみるのは, 農村の女性に高い比率をみることができる. 山村1の女性 (31.7%), 畑作農村の女性 (24.2%), 山村2の女性 (20.8%), 水田農村の女性 (16.0%) などである. 漁村においては都市部と同じ特徴を示している. ついで, 「身体の不自由」を老後意識の端緒とみることについては性別また地域別の特徴はみられない. 高い比率がみられるのは, 旧市街区の女性, 商店街区の男性, 山村2の男性, 新興団地の女性においてである. 逆に新興団地の男性や山村1や山村2の女性, 水田農村の男女などでは他と比べてかなり低い比率となっている. 男女差が著しいのは, 都市部の3地域と山村の2地域である.「配偶者の死」という意見は概してどの地域とも低い. 比率として高かったのは新興団地の女性 (18.2%) と水田農村の男性 (12.5%) である. そして, この2地域において男女差が大きい.「子供の独立」については男女差はみられない. 水田農村の男女と畑作農村の男性にわずかに確認できる程度であった.「年金生活」は, 新興団地の男性, 山村1の男性, 畑作農村の女性, 漁村の男性, 山村2の女性, 旧市街区の男性において高い比率がみられた.

一方, 成人と高齢者の世代で比較すると（表・6）,「退職」は農山漁村において差が大きく, 唯一の例外は山村2の地域である. それに対して都市部では旧市街区において差がみられるものの, 商店街区も新興団地も共に双方の世代の認識が近くなっている. ところが同じ性格をもつ「家事の依存」では, 比率そのものは農山漁村において高い比率を示すものの商店街区, 旧市街区, 新興団地といった都市部で世代差がみられる.「身体の不自由」では高い比率を示すのは, 商店街区の成人と高齢者, 旧市街区の高齢者, 畑作農村の高齢者, 漁村の高齢者などである. 世代差がみられるのは畑作農村, 旧市街区, 商店街区である.「配偶者の死」を老後の開始とみるのは都市部の高齢者で, また世代差の大きいのもこの地域である. 農山漁村では水田農村に世代差がやや大きくみ

表·6 世代別・地域別にみた老後開始時期

地域別	世代別	実数	仕事をやめたり,仕事を他人に任せるようになった時	年をとって,家事を他人に任せるようになった時	年をとって,身体の自由がきかないと感じるようになった時	妻または夫と死別した時	子どもが結婚して独立した時	年金が収入をささえる時	不明
全体	成人	633	21.3	12.2	39.0	2.7	7.6	20.9	0.9
	高齢者	614	18.9	15.1	41.5	5.5	4.1	18.7	2.3
商店街区	成人	76	23.7	6.6	52.6	1.3	5.3	11.8	0.9
	高齢者	83	24.1	12.0	44.6	8.4	2.4	18.1	1.2
旧市街区	成人	82	25.6	9.8	40.2	1.2	4.9	23.2	0.0
	高齢者	75	14.7	13.3	49.3	6.7	4.0	18.7	0.0
新興団地	成人	84	15.5	11.9	36.9	2.4	7.1	27.4	1.2
	高齢者	68	17.6	5.9	36.8	10.3	2.9	26.5	2.9
水田農村	成人	74	17.6	16.2	33.8	1.4	6.8	24.3	1.4
	高齢者	82	29.3	15.9	34.1	7.3	7.3	11.0	1.2
畑作農村	成人	68	26.5	10.3	28.2	1.5	5.9	19.1	1.5
	高齢者	65	13.8	18.5	47.7	3.1	4.6	18.5	1.5
山村1	成人	82	22.0	13.4	34.1	6.1	7.3	19.5	0.0
	高齢者	88	15.9	23.9	38.6	3.4	3.4	19.3	1.1
山村2	成人	93	17.2	16.1	40.9	3.2	12.9	19.4	1.1
	高齢者	84	16.7	17.9	39.3	3.6	4.8	17.9	3.6
漁村	成人	74	24.3	12.2	35.1	4.1	9.5	21.6	2.7
	高齢者	69	17.4	11.6	43.5	1.4	2.9	21.7	7.2

られるに過ぎない．「子供の独立」を挙げるものは山村の成人に顕著にみられ，よって世代差もこの地域に大きい．他では新興団地や漁村の地域でもやや差が大きくなってる．「年金生活」の場合は，高いのは新興団地，旧市街区，漁村であって，世代差は旧市街区と商店街区と水田農村でやや大きくなっている．

3. 高齢者の自我像

われわれは，次に高齢者が高齢者自身をとりまく状況についてどのように評価しているかを分析してみたい．つまり，日常の生活全体，家族，自分自身，そして社会を高齢者自身がどのように評価しているかをみてみたい．そこで，次のような文章題の設問を用意して，成人と高齢者に対して調べた．「私は，毎

日の生活に『生きがい』を感じている（＝「生きがい感」）」,「私は，いまの生活に満足している（＝生活満足度）」,「私を愛してくれる人がいるから，孤独ではない（＝孤独ではない）」,「私は，この自分という存在に満足している（＝自己存在満足感）」,「私は，立派な息子，娘，家族に誇りを感じている（＝家族に誇り）」,「私の能力はいま十分に生かされている（＝自己能力発揮）」,「私はこの世のなかや社会にとって，なくてはならない存在である（＝社会的不可欠性）」,「私は，世のなかに役立つための能力をもっている（＝社会的貢献能力）」である．それらはそれぞれ高齢者個人の日常の生活への「生きがい感」と「生活満足度」,「家族への誇り」や「孤独感」,「自分自身の存在と能力への満足感」，そして「社会への必要度や貢献能力」などについての評価である[12]．ここでは，これら全体を高齢者の自我像として捉えてみたい．

① 自我像

そこで高齢者の自我像を8要因全体からみてみたい．表・7より高齢者の自我像を「生きがい感」,「生活満足度」,「家庭への誇り」,「孤独ではない」,「自己存在満足感」,「自己能力発揮度」,「社会的不可欠性」,「社会的貢献度」の8要因からみると，まず，高齢者で一番高い数値を示したのは，「生活満足度」であって，以下「孤独ではない」,「生きがい感」,「自己存在満足感」,「自己能力発揮度」,「家族への誇り」の順となっており，これらがいずれもプラスの数値を示している．これに対して「社会的不可欠性」,「社会的貢献度」の2要因は，マイナスの数値を示している．通常の高齢者の自我像の解釈では，高齢者の自我像，自我期待が孤立化と退職などによって，自我像そのものが低い値となると仮定されるのであるが，調査のなかからみる限りは，決してそうではないことを示している．これに対して成人の自我像をみると，「孤独ではない」と「家庭への誇り」が1以上の数値を示すものの，高齢者と比べると「生きがい感」,「生活満足度」,「孤独ではない」,「自己存在満足感」,「自己能力発揮度」の6要因はいずれも数値が低くなっている．「社会的不可欠性」と「社会的貢献度」と「家族への誇り」の3要因だけが高齢者よりも高くなっている．つまり，現在の高齢者は，自分達が社会に不可欠な存在かどうかということに対しては，成人よりも社会に不可欠な存在ではないとみ，貢献度も低いとみるが，それ以外の家族や自分自身や生活に「生きがい感」や「満足感」を抱いて

いることがわかる．これら明治大正世代の高齢者は，自分たちの現在の自我像を過去との関連において比較するので，結果的に成人より「生きがい感」や「満足感」が高い比率を示しているのである．

次いで，5歳間隔のコーホートでもってみると，高齢者の自我像全体は，若い年代層と較べると高くなっている．「生きがい感」，「自己能力発揮度」では70歳後半に，「生活満足度」，「孤独ではない」，「家族に誇り」，「自己存在満足度」などでは80歳前半に一番高い数値がみられる．成人の方が高い数値を示すのは「社会的不可欠性」と「社会的貢献度」の2要因だけである．この2要因で高いのは50歳後半においてである．「生きがい感」などの8要因ともライフサイクルのなかで大きく三つの段階に分かれて推移することがわかる．一つは20代後半であり，二つ目は40歳後半，三つ目は70歳以降の時期にどの要因とも山をもっているのである．例えば毎日の生活，ないし生活として定着した質としての生活満足を調べた「生きがい感」や「生活満足度」についていえば，双方とも20歳後半，40歳後半，70歳後半にかけての時期に高い数値のカーブがみられるのである．「家族に誇り」，「孤独ではない」，「自己存在満足度」，「自己能力発揮度」もほぼ同じ傾向を示す．「社会的不可欠性」と「社会的貢献度」の2要因は，50歳後半で共に一番高い数値を示している．

次いで高齢者の自我像を性年齢別に列挙してみてみたい．

[1]「生きがい感」は，女性より男性の方が高い数値となっている．そのうち70～74歳の男性が一番高く，逆に85歳以上の女性が一番生きがい感が低くなっている．

[2]「生活満足度」は65～69歳と75～79歳において女性の方が満足度が高いが，それ以外は男性の方が高くなっている．表では80歳代前半が男女とも一番高くなっている．

[3]「孤独ではない」は，60歳後半期と85歳以降においては男性の方が値が大きいが，それ以外のコーホートにおいては女性の方が高くなっている．「孤独ではない」を強く主張しているのは80歳前半の年代層である．逆に85歳以上の女性，60歳後半の女性，70歳後半の男性において低くなっている．

[4]「家族に誇り」は，コーホートをみると65歳～84歳層まで女性の方

が誇りを抱く割合が高いが，それ以降は男性の方が高くなっている．全体では80歳前半の時期の女性において一番高い値がみられる．逆に低いのは70歳後半の時期の男性や60歳後半の時期の男性である．

表・7　性別にみた成人と高齢者の自我像

		生きがい感	生活満足度	孤独ではない	家族に誇り	自己存在満足感	自己能力発揮度	社会的不可欠性	社会的貢献度
全体	成　人	0.7686	0.6030	1.1840	1.0208	0.6338	−0.0471	−0.1224	−0.1333
	高齢者	1.1989	1.3780	1.3034	0.2833	1.1875	0.3273	−0.2204	−0.3360
年齢別	20〜24歳	0.0870	0.0870	0.5217	0.5581	0.0652	−0.6522	−0.5435	−0.5652
	25〜29歳	0.5366	0.7750	1.1500	0.8158	0.6829	−0.3500	−0.1220	−0.2250
	30〜34歳	0.2031	0.0938	1.1111	0.6557	0.2222	−0.5238	−0.5484	−0.4839
	35〜39歳	0.5810	0.3868	1.2075	0.9615	0.5660	−0.2170	−0.0288	0.0095
	40〜44歳	0.8983	0.6129	1.2542	1.0656	0.6500	0.0500	−0.3167	−0.3443
	45〜49歳	1.0444	0.6593	1.3295	1.2235	0.6703	0.1667	0.0000	−0.0787
	50〜54歳	1.0263	0.8421	1.3014	1.2973	0.8667	0.3649	0.0959	0.1389
	55〜59歳	1.0469	0.8906	1.2000	1.1500	0.8226	0.3607	0.2131	0.1500
	60〜64歳	1.2075	1.1346	1.2826	1.1556	1.0208	0.0833	−0.1064	−0.0455
	65〜69歳	1.2059	1.1584	1.2447	1.1579	1.0785	0.2713	−0.3316	−0.3850
	70〜74歳	1.1818	1.3846	1.3235	1.2639	1.1250	0.2672	−0.3511	−0.4000
	75〜79歳	1.3269	1.5315	1.2990	1.3654	1.3100	0.5408	−0.0515	−0.2577
	80〜84歳	1.2833	1.7143	1.5192	1.6071	1.4035	0.3962	0.1296	−0.1346
	85歳以上	0.6000	1.6129	1.1538	1.3667	1.3462	0.0000	−0.0357	−0.3448
65〜69歳	男性	1.2391	1.1034	1.2857	1.0833	1.1860	0.3253	−0.3049	−0.0732
	女性	1.1712	1.1930	1.2115	1.2095	0.9905	0.2286	−0.3524	−0.6286
70〜74歳	男性	1.4314	1.4902	1.3137	1.2321	1.2449	0.5400	−0.4200	−0.1224
	女性	1.0435	1.3261	1.3294	1.2841	1.0575	0.0988	−0.3086	−0.5679
75〜79歳	男性	1.3333	1.4000	1.2439	1.0625	1.2045	0.5227	0.1364	0.0698
	女性	1.3214	1.6393	1.3393	1.6250	1.3929	0.5556	−0.2075	−0.5185
80〜84歳	男性	1.4000	1.7500	1.4286	1.4783	1.4400	0.6087	0.0870	0.1364
	女性	1.2000	1.6875	1.5806	1.6970	1.3750	0.2333	0.1613	−0.3333
85歳以上	男性	0.6154	1.7692	1.4167	1.4286	1.4000	0.0000	−0.3333	−0.4615
	女性	0.5882	1.5000	0.9286	1.3125	1.3125	0.0000	0.1875	−0.2500

(備考) 数値は中位値である．

⑤「自己存在満足感」は，70歳後半を除けばいずれも男性の方が値が高くなっている．85歳以下では減少するが，それ以下の年齢では，加齢とともに自己存在の満足度は高くなる傾向がみられる．したがって高齢者

のなかでは60歳後半の層の女性が一番満足度が低いし，80歳前半期の男性において一番高い値がみられる．

⑥「自己能力発揮度」は，おしなべて高齢者の場合，能力発揮が高いと自己診断するものは少ない．80歳前半の男性，70歳後半の女性，70歳前半の男性などでやや高くなっている．逆に低いのは85歳以上や70歳前半の女性などである．

⑦「社会的不可欠性」については全体的にマイナスの値を示すものが多いなかで，75～79歳の男性，80～84歳の男性・女性，85歳以上の女性においてプラスの数値がみられる．高齢者のなかでは80歳前半や85歳以上の女性が高い数値となっている．低いのは70歳前半の男性においてである．

⑧「社会的貢献度」は75～79歳と80～84歳の男性だけがプラスの数値となっている．65～69歳の女性が，ついで70歳前半の女性で低い値となっている．

② 地域別にみた自我像

次に，地域別に高齢者の特徴をみてみたい．表・8より地域別・性別に高齢者の自我像の特徴をみると以下のようになる．

①「生きがい感」では，畑作農村，旧市街区，山村2において女性の方が高い数値を示す．それ以外の地域は，男性の方が値が高い．全体では，畑作農村の女性の生きがい感が一番高く，逆に漁村の女性の生きがい感が一番低い．

②「生活満足度」では新興団地，水田農村，漁村の男性において生活満足度が高く，それ以外の旧市街区，畑作農村，山村1，山村2，商店街区において女性の方が高い数値を示す．そのうち畑作農村の女性が一番高い数値であって，逆に商店街区の男性が一番低い．

③「孤独ではない」では，山村1と漁村以外は，すべて女性の方が高い数値となっている．新興団地の女性が一番高く，次いで畑作農村や山村2の女性である．男性では山村1，山村2，漁村で高い．逆に商店街区の男性・女性，旧市街区の男性・女性，漁村の女性，水田農村の男性・女性などで低い．

④「家族に誇り」では商店街区，山村1，漁村の地域で男性が家族に誇

第3章　老人意識の地域比較と老人差別

りを抱いているが，それ以外の地域ではむしろ女性の方が高い数値となっている．一番高い数値なのは，畑作農村の女性である．反対に，低い数値は商店街区となっている．

表・8　地区別・性別にみた高齢者の自我像

		生きがい感	生活満足度	孤独ではない	家族に誇り	自己存在満足感	自己能力発揮度	社会的不可欠性	社会的貢献度
商店街区	男性	0.8400	0.9615	0.7500	0.8846	1.0000	0.2500	−0.2917	−0.4167
	女性	0.7885	1.1509	1.0833	0.7647	0.9804	−0.4800	−0.6400	−0.7400
旧市街区	男性	1.2727	1.3438	1.1250	1.0000	1.0645	0.3000	−0.3000	0.0667
	女性	1.3077	1.4359	1.1667	1.3421	0.8158	0.1282	−0.7368	−0.7568
新興団地	男性	1.4667	1.2903	1.3793	1.0938	1.3000	0.1724	−0.4333	0.1333
	女性	0.7333	1.0645	1.6207	1.5667	0.8333	−0.0800	−0.4643	−0.7500
水田農村	男性	1.3929	1.4483	1.1818	1.3600	1.1739	0.6667	−0.1304	0.1739
	女性	1.3542	1.4468	1.2391	1.6383	1.2979	0.9130	0.3261	0.3696
畑作農村	男性	1.4091	1.5000	1.3684	1.4545	1.1500	0.4000	−0.8000	−0.3500
	女性	1.8846	1.8214	1.6000	1.8333	1.8095	0.9000	0.0000	−0.2500
山村1	男性	1.4473	1.4054	1.5946	1.1538	1.2973	0.4857	−0.2222	−0.0571
	女性	1.3429	1.4722	1.3235	1.0690	1.3438	0.1333	−0.3871	−0.8333
山村2	男性	1.2667	1.4074	1.4815	1.1923	1.5556	0.7407	0.5769	−0.3200
	女性	1.2889	1.4091	1.5610	1.5682	1.4186	0.4500	0.1795	−0.7000
漁村	男性	1.0435	1.6087	1.4737	1.4348	1.3811	0.4545	−0.0455	0.2273
	女性	0.5789	1.4146	1.0789	1.3514	0.9167	0.2973	−0.1389	−0.7568

⑤「自己存在満足感」では，水田農村，畑作農村，山村1において女性が高くなっているが，それ以外は男性の方が高い数値を示す．全体で，高い数値を示すのは，畑作農村の女性，山村2の男性などである．逆に旧市街区，新興団地，漁村，商店街区の女性において低い．

⑥「自己能力発揮度」では，水田農村と畑作農村を除くとすべて男性の方が自己能力発揮について高い数値を示す．高い数値を示すのは畑作農村の女性，水田農村の女性，山村2の男性である．逆に低いのは商店街区の女性，新興団地の女性，旧市街区の女性である．

⑦「社会的不可欠性」では，水田農村と畑作農村を除けば，残りの地域ではすべて男性の方が高い数値を示す．高いのは水田農村，山村2の男

性，畑作農村の女性であって，逆に低いのは旧市街区，商店街区，新興団地など都市部の女性と畑作農村の男性である．

⑧ 最後の「社会的貢献度」では，水田農村と畑作農村の2地域において女性の方が貢献度を感じている人が多いが，後はすべて男性において高くなっている．全体的に高いのは水田の女性と男性，漁村の男性，新興団地の男性，旧市街区の男性である．反対に低いのは山村1の女性をトップにして旧市街区女性，新興団地女性，商店街区女性，漁村女性，山村2の女性などである．

他方，地域別・世代別に高齢者の自我像をみると，表·9のようになる．

① 「生きがい感」の要因については，どの地域においても高齢者の方が高い数値を示し，なかでも畑作農村の高齢者の数値が一番高い．高いのは水田農村，山村1といった地域で，逆に低いのは漁村や商店街区といった地域であった．

表·9 地区別にみた成人と高齢者の自我像

		生きがい感	生活満足度	孤独ではない	家族に誇り	自己存在満足感	自己能力発揮度	社会的不可欠性	社会的貢献度
商店街区	成　人	0.4594	0.4000	1.0946	0.7059	0.5342	−0.1644	−0.0548	0.0000
	高齢者	0.8052	1.0886	0.9722	0.8052	0.9868	−0.2432	−0.5270	−0.6351
旧市街区	成　人	0.7722	0.5185	0.9103	1.0000	0.5443	−0.0127	−0.5190	−0.3165
	高齢者	1.2917	1.3944	1.1471	1.1857	0.9275	0.2029	−0.5441	−0.3881
新興団地	成　人	0.5750	0.5926	1.1392	1.0130	0.7160	−0.0506	0.0000	0.0000
	高齢者	1.1000	1.1774	1.5000	1.3226	1.0667	0.0556	−0.4483	−0.2931
水田農村	成　人	1.1667	1.1127	1.3000	1.1304	1.1268	0.4085	0.0845	0.0141
	高齢者	1.3684	1.4474	1.2206	1.5417	1.2571	0.8286	0.1739	0.3043
畑作農村	成　人	0.7846	0.6818	1.1250	1.1111	0.3385	−0.1746	−0.2258	−0.4426
	高齢者	1.6667	1.6875	1.4872	1.6522	1.4878	0.6500	−0.4000	−0.3000
山村 1	成　人	0.7500	0.3108	1.1875	1.0563	0.3472	−0.3836	−0.2113	−0.1528
	高齢者	1.3973	1.4384	1.4648	1.1176	1.3188	0.3231	−0.2985	−0.4154
山村 2	成　人	0.9663	0.6628	1.3704	1.2000	0.6706	0.0238	0.1098	0.0375
	高齢者	1.2895	1.4167	1.5294	1.4367	1.4714	0.5672	0.3385	−0.5538
漁　村	成　人	0.6622	0.5753	1.3521	0.9296	0.7639	−0.0417	−0.1806	−0.2714
	高齢者	0.7541	1.4844	1.2105	1.3833	1.0877	0.3559	−0.1034	−0.3898

②「生活満足度」においても高齢者の方が成人より高い数値を示している．この要因では畑作農村，漁村，水田農村，山村1，山村2といった農山漁村で生活満足度が高いことがわかる．低くなっているのは，都市部であって，商店街区や新興団地の高齢者においてである．

③「孤独ではない」という要因は，商店街区，水田農村，漁村を除けば，すべて高齢者が高い数値を示している．そして，この要因の場合，山村2と新興団地，畑作農村の高齢者が高い．逆に低いのは，商店街区の高齢者，旧市街区の高齢者などである．

④「家族に誇り」という要因でいえば，やはり高齢者の方が高い．ここでも畑作農村，水田農村，山村2といった地域が高いし，逆に都市の商店街区，旧市街区などで低くなっている．ただここでは山村1の高齢者が商店街区についで低い数値となっていることが注目される．

⑤「自己存在満足感」という要因では，どの地域であっても高齢者の方が高い数値を示している．そのうち，一番高いのは畑作農村であり，その他では山村2や山村1などである．逆に低いのは，旧市街区や商店街区や新興団地といった都市部の高齢者である．

⑥「自己能力発揮度」という要因については，これまでの要因と比べて数値が全体的に低くなり，それだけ自分の能力を発揮していると自己評価する人が少ないことを意味する．マイナスの数値も現れる．この要因は商店街区を除けばすべて高齢者の方で数値が高くなっている．このなかで高い値を示すのは，水田農村，畑作農村，山村2といった農山村である．低いのは旧市街区，新興団地などの都市部の高齢者である．

⑦「社会的不可欠性」という要因で，成人と比べて高齢者の方に高い数値がみられるのは，山村2，漁村，水田農村である．高齢者全体で高い比率を示すのは，山村2や水田農村であって，逆に低い数値は，都市部の旧市街区，商店街区，新興団地である．

⑧「社会的貢献度」という要因は，水田農村と畑作農村において成人よりも高齢者で数値が高くなっている．高い数値は，水田農村において顕著である．低いのは商店街区，山村2である．

最後に成人と高齢者の自我像を世代間比較でいえば，都市部よりも農山

漁村において各自我像の差が大きくなっている．なかでも畑作農村では「生きがい感」，「生活満足度」，「孤独ではない」，「家族に誇り」，「自己存在満足感」，「自己能力発揮度」の6要因において一番差が大きくなっている．

以上，われわれは限られた調査データから高齢者のみる老人線，老人意識，自我像の特徴を捉え，さらに，それらを成人との比較や地域比較から眺めてきた．その特徴を要約すれば次のようである．つまり老人線については，高齢者たちが自分たちよりも高い年齢へ位置づけようとする傾向がみられるということ，むしろ若い年齢の世代の方が低くみるということ，老人意識については，高齢者と成人の双方とも老後開始を身体の不自由としてみるということ，自我像については，成人に比べて高齢者の方が全般的に高く，社会的不可欠性と社会的貢献能力の2要因だけが成人が高かったにすぎないということ，そして，以上の老人線，老人意識，自我像について地域間に違いがあるということ，である．現在の高齢者は，「健康」のことが気がかりぐらいで，若い世代以上に主観的な幸福感を強くもっており，その一方で，「老人」という自我ラベリング防衛的意識をもっているということができる．

4. 高齢者への社会的反作用：老人化のプロセス

ところが，われわれの社会を見渡すと，高齢者が「老人」になったということで何か特別の意味がつけ加えられているようである．なぜなら高齢者になるということは社会的に必要性がなくなったとみなされ，それゆえ社会の第一線から退くべきであるという暗黙の期待が存するからである．また，そうしたものばかりか，高齢者を老人とみなし，社会のなかから隔離しようという意見もないではない[13]．「高齢者なのだから」，「年金で生活すればよいではないか」，「若い人の職場を確保するためには老人は身を引くべきである」，「老後は，家族のなかで扶養されて生活すべきである」，「老人には小遣いはいらない」，「体が弱いのであるから気の毒である」，「もう後輩に任せるべきである」，「そうすることが老人にとってよいことである」等々さまざまな内容の文化規制が高齢者に働きかけ，そして高齢者を「老人」にしている．そこには老人に対して生物学

的な「老い」を迎えたという以上に，まだ生物学的には「老い」の域に達していない人びとにも「あなたは老人になったのだ」と言わさしめるなにか，つまりこの意味からも老人は社会によってつくられるとみるべき観念があるのである．この老人化メカニズムは，当該社会の文化構造と密接に関係しているであろう．

ところで，われわれが調査でみた高齢者像は，主観的幸福感をもち，しかも老人とみられたくない高齢者という像であったが，これをどのように解釈すればよいのであろうか．老人線や老人意識は，例えば山村2の地域にみられたように，地域構造によって強く影響を受けていることがわかる．つまり，地域社会の文化的期待が老人化を促進しているのである．したがって，われわれが老人化についてみるとき，老いを促す社会的・文化的構造を分析しなければならない．具体的には我が国の高齢者を包む社会規範や行動規範などについて見なければならない．

1963年に制定された老人福祉法は，我が国における老人についての福祉政策を定めたものであるが，これはかなり進んだものであった．その理念として，「老人は多年にわたり社会の進展に寄与してきたものとして敬愛され，かつ，健全で安らかな生活を保障されるものとする（第二条）．老人は，老齢に伴って生ずる心身の変化を自覚して，常に心身の健康を保持し，その知識と経験を社会に役立たせるように努めるものとする（第三条）．老人は，その希望と能力とに応じ，適当な仕事に従事する機会その他社会的活動に参与する機会を与えられるものとする」（三条二項）．と謳われている．また，1982年に施行された老人健康法においては，その理念を「国民は，自助と連帯の精神に基づき，自ら加齢に伴って生ずる心身の変化を自覚して常に健康の保持増進に努めるとともに，老人の医療に要する費用を公平に負担するものとする．国民は，年齢，心身の状況等に応じ，職域または地域において，老後における健康の保持をはかるための適切な保険サービスを受ける機会を与えられるものとする」と規定している．これら二つの法律は，老人福祉法が敬老の精神を基調に高齢者の健康な生活の保障と高齢者の有用性の活用，社会への貢献を保障し，そして社会参加の機会の保障を基本理念としている．それを受けて老人健康法の方は，高齢者が自覚的に健康保持に努めるとともに，職場や地域社会が健康保持のためのサービスを提供することを規定している．そして我が国の経済成長のなかで

物的な「豊かさ」が実現した結果として，今日の社会が老人自身にとっては幸福感がもてるものとなっている．つまりこれらの福祉法を基盤にして，いまの日本の社会にも，かつての長老支配にいわれたような「敬老の精神」が存在すると捉えることも可能であろう．勿論，この敬老の精神は，日本文化と近代社会の原理が混合したものであろうが．しかし，他面で先の赤坂憲雄の指摘にみられるように「棄老の精神」が全くないともいえないのが現実である．

　棄老の精神とは，伝統的な社会にあっては間引きの原理，つまり生存条件のなかでの人口抑制策として採られたが，近代社会，特に今日の我が国のような高度な産業社会では，当然ながら伝統社会の間引き原理が採られているわけではない．むしろ，ここでの棄老は，建前と本音の使い分けのような形で現われる．福祉の法律が老人を救済しているようで，内実は，福祉の対象外にしていくような形で行なわれるものである．例えば，最初に述べた「座り込み」事件のように働く意欲をもつ人を「シルバー人材センター」という高齢者の生きがいづくりでのみ捉え，それが高齢者にとって幸福追求であるとみるときのそれである．

　それから先の調査結果からもう一つ視点を引き出せば，次のようになる．すなわち高齢者自身の老人線，老人意識が地域によって相違すること，特に都市と農村で高齢者への社会的期待が異なる点が多いことがわかった．つまり，老人化のメカニズムのなかには地域社会の二つの構造原理（つまり，都市と農村）が関わっているということを意味する．具体的には都市の老人化と農村の老人化のメカニズムである．そして，この二つの地域社会には敬老と棄老の精神（価値）が存在し，都市における敬老の精神と棄老の精神，農村における敬老の精神と棄老の精神の存在が分析可能である．

　次に，老人化を直接促す人や集団や制度（文化）の類型から，大きく私的ラベラーと公的ラベラーとが分類できるであろう．例えば，高齢者にとっての「重要な他者」の存在（家族員や友人など），世間といわれる地域社会，そして自治体や国の施設，制度等が介在するであろう．言葉として，「ボケ老人」，「恍惚の人」，「くそ婆」，「くそ爺」といった差別言語が特定の人から高齢者に投げかけられる時に私的ラベリングが生じているし，法律や制度などによる老人処遇は，公的ラベリングといえるであろう．定年制や伝統として挙行される

「還暦」,「喜寿」といった祝祭も公的ラベリングに他ならない.そして,私的ラベラーによってか,また公的なラベラーによってか,「老人」というラベリングをされた人は,自分自身を「老人」と同定することになる.この決定的役割を果たすのが,社会の側による老人化作用であろう.

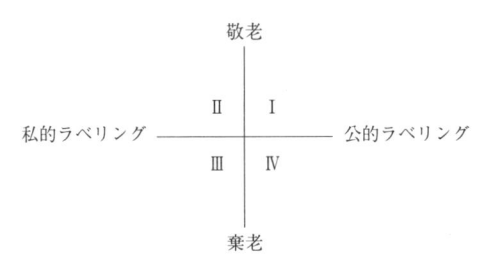

```
                       敬老
                        │
                    Ⅱ  │  Ⅰ
   私的ラベリング ──────┼────── 公的ラベリング
                    Ⅲ  │  Ⅳ
                        │
                       棄老
```

図・1 老人化に関する図式

さらに,高齢者に対するラベリングには敬老型,棄老型があり,前者の敬老型には本音型と建前型とがある.本音型は,知恵の宝庫として真に尊敬の対象とする伝統社会に強くみられる.建前型の方は,それとは逆に,表面的に「敬老」を繕うタイプである.棄老型のなかには不満型,拒絶型,差別型がある.不満型は,行動までは現わさないが態度としては不満感をもって対応するタイプである.拒絶型は,行動として拒否反応を示すタイプである.差別型は,はっきり行動と態度で現わし,排斥行動をとるタイプである.

最後に,老人化自己成就過程としては次のようなプロセス(高齢→退職→身体の衰え→他者認知→老人自身の老いの自己承認過程)をとると予想できるであろう.勿論,ここでいう退職とは定年制に代表される強制的な退職であり,身体の衰えとは,あくまでも社会の「健康価値」に対する相対的な認知でしかない.ステレオタイプ化された「老人」にアイデンティティ(自己同定)した人は,本人の人格や身体の状態とは関係なく,「老人」としての役割を演じ,そのことより「老人」になるのである.

5. 結 語

以上,われわれは限られた調査データから高齢者のみる老人線,老人意識,

自我像の特徴や，それらの老人線，老人意識，自我像を成人や地域との比較から分析した．宮崎県の高齢者は，特別に他県の高齢者と違うわけではないであろう．特徴について述べると，以下のとおりである．老人線については，高齢者たちは自分たちよりも高い年齢へ位置づけようとする傾向がみられ，特に70歳を老人線とみなす高齢者が多い，そして若い年齢においては老人線を低くみる傾向がみられる．次いで老人意識に関しては，高齢者と成人の双方とも老後開始時期を身体が不自由になることをもって解釈している．さらに自我像では，成人に比べて高齢者の方が全般的に数値が高く，社会的不可欠性と社会的貢献能力の2要因だけが成人に比べて低かったということ，そして，以上の老人線，老人意識，自我像について地域間に違いがあるということ，であった．高齢者にとっては健康こそが気がかりぐらいで，自我像は全体的に高く，主観的な幸福感が強い．

だが，「老人」と呼ばれることに対して大概の高齢者が回避行動をとるということは，老人化のメカニズムが作用していることを暗示している．今回の分析では，限られデータによるものであり，それ以上の検討はデータではできなかった．むしろ，ここでは老人化を促すラベリング過程を分析した．つまり，敬老と棄老の価値，私的ラベリングと公的ラベリング，ラベラー類型，地域構造（都市と農村），「若さ」と「老い」という価値（健康価値や美の価値など）の要因から，老人自己成就過程の分析を試論的に行なった．今後，「老人」化についてのエクステンシブな調査を踏まえた分析が必要である．

(1) 宮崎日日新聞の『窓』に掲載された記事である．
(2) わが国でも文部省などでいち早く「老人クラブ」という表現を「高齢者クラブ」と表現し，地域の老人クラブも寿会，長寿会，高齢者クラブなどという呼び方が好まれるようになるのも比較的最近のことのようである．それを受けたかのように1980年に「シルバーマーケット」が，1981年には電通が「熟年」という言葉をはやらせているし，また同年に国鉄の旅行企画の「フルムーン」が登場し，1985年には厚生省が国民に新しい老人をさす言葉として「実年」という言葉を登場させている．
(3) 詳しく取材され，記事になったのは宮崎日日新聞の1989年7月9日号の『「仕事をくれ」老人ら訴え』ぐらいである．
(4) Simone de Beauvoir, *La Vieillesse*, 1970, 朝吹三吉『老い』（上下）（人文書院）1972年．
(5) 宮本常一『忘れられた日本人』（岩波文庫）1984年．
(6) 赤坂憲雄『排除の現象学』（洋泉社）1986年．
(7) 同上11頁．

第3章　老人意識の地域比較と老人差別

(8) 詳しくは本書第2章「ラベリング差別論の展開」と辻正二「万引と公的ラベリング——宮崎市におけるスーパー，商店の万引調査を通して」『宮崎大学教育学部紀要・社会科学』（第61号，1987年3月）を参照．
(9) 辻正二・米村敦子『高齢化地域特性調査に関する研究』（宮崎大学教育学部）1987年3月．
辻正二・米村敦子『高齢化地域特性調査報告書』（宮崎県）1988年3月を参照．
(10) 老人という言葉も，年長者の間では好まれず，代わって実年，高齢者，シルバーなどという言葉が使われることがある．
(11) 調査地について簡単に説明しておくと，商店街区，旧市街区，新興団地区の3地点はいずれも規模の点からみて一番大きい宮崎市のなかから選定した．商店街区は宮崎市内の繁華街を，旧市街区は昭和30年代に住宅地化した地域を，そして新興住宅地はこの10年以内に住宅地化した一番の大型団地を選んでいる．その他の地域は水田地域が宮崎市の近郊の国富町の水田地帯を，畑作地域は川南町の唐瀬原地域（ここは戦後の宮崎県内最大の開拓地）を，山村地域は県内一の高齢化率のもつ北郷村，そしていま一つ須木村を，そして漁村地域としては県内最大の遠洋漁業基地である南郷町の目井津地区を選んだ．
(12) そこに示してある数値については，回答肢で使用した「そう思う」，「どちらかといえばそう思う」，「どちらかといえばそう思わない」，「そうは思わない」に対してそれぞれ「そう思う」には2点，「どちらかといえばそう思う」には1点，「どちらかといえばそう思わない」には－1点，「そうは思わない」には－2点を与え，その中位値（モード）を求め，その数値を示してある．
(13) 例えば，老人病院の報告などには，すべての病院がそうだというわけではないが，なかには高齢者が介護を通して非人間的な処遇を受けているケースが報告されている．大熊一夫『ルポ老人病棟』（朝日新聞社）1988年．

参考文献

(1) R.C. Atchley, *The Sociology of Retirement*, (Scenkman Publishing Company, Inc.) 1976. 牧野拓司訳『退職の社会学』（東洋経済新報社）1979年．
(2) R.H. Binstock, The Aged as Scapegoat, *The Gerontologist*, Vol.23, No.2, 1983.
(3) 大道安次郎『老人社会学の展開』（ミネルヴァ書房）1966年．
(4) L.K. Gerge, *Role Transitions in Later Life*, (Wadsworth Inc.) 1980. 西下彰俊・山本孝史訳『老後』（思索社）1986年．
(5) Beth Hess, Stereotypes of the Aged, *Journal of Communication*, Vol.24, 1974.
(6) 船津衛『自我の社会理論』（恒星社厚生閣）1983年．
(7) 日野原重明「老いの意味するもの——老いの問題」『老いの発見2』（岩波書店）1986年．
(8) 井上俊「老いのイメージ」『老いの発見2』（岩波書店）1986年．
(9) 片多順『老人と文化——老年人類学入門』（日本の中高年7）（垣内出版）1981年．
(10) Sharon R. Kaufman, *The Ageless Self-Sources of Meaning in Later Life*, (The University of Wisconsin Press), 幾島幸子訳『エイジレス・セルフ』（筑摩書房）1986年．
(11) 河畠修『変貌するシルバー・ライフ』（竹内書店新社）1989年．
(12) A.R. Lindesmith, A.L. Strauss, & N.K. Denzin, *Social Psychology* (5th ed.), 1978. 船津衛訳『社会心理学』（恒星社厚生閣）1981年．
(13) M. Lowenthal, Social Isolation and Mental Illness in Old Age, *American Sociological*

　　　　Review, 1964, pp.54-70.
(14) S. Lubomudrov, Congressional Perceptions of the elderly: The Use of Stereotypes in the Legislative Process, *The Gerontologist*, Vol.27, No.1, 1987.
(15) 那須宗一『老人世代論——老人福祉の理論と現状分析』(芦書房) 1962 年.
(16) T. Parsons, *Social Structure and Personality*, 1964, 武田良三監訳『社会構造とパーソナリティ』(新泉社) 1973 年.
(17) M. Rotenberg, *Damnation and Deviance: The Protestant Ethic and the Spirit of Failure*, (Free Press) 1978. 川村邦彦訳『逸脱のアルケオロジー』(平凡社) 1986 年.
(18) D. Schonfield, Who is Stereotyping Whom and Why? *The Gerontologist*, Vol.22, No.3, 1982.
(19) 下仲順子「老年期における自我機能の研究」『社会老年学』No.16, 1982, 27-36 頁.
(20) 副田義也「現代日本における老年観」『老いの発見 2』(岩波書店).
(21) P. Townsend, *The Family Life of People: An Inquiry in East London*, 1963. 山室周平『居宅老人の生活と親族網』, (垣内出版), 1974 年.
(22) J. Tunstall, *Old and Alone: A sociological study of old people*, 1966. 光信隆夫訳『老いと孤独——老年者の社会学的研究』(垣内出版) 1978 年.

第4章 ラベリングと老人呼称

1. はじめに

　先にみたようにラベリング論の立場は，人びとが使って話す言葉が時として極めて大きな影響力をもっているということの警鐘の意図を中軸にもっている．人は，対人的な相互作用過程において他者との間で相互作用を行っている．それがわれわれにとっての人間形成の基盤でもあるし，社会形成の基盤でもある．われわれ人間は，有意味な言語を発明した動物である．われわれの社会の科学・文明・教育などは，どれを取り上げてみても言葉なくして成立しない．ところが，この言語も人びとが相互作用する状況のなかに入ってくると，時として相手を陥れる武器となることがある．つまり，意識的にか無意識的にか人の放つ言葉が，相手を不利な状況に立たせてしまうことが多いのである．ラベリング論は，このレッテルの側面を強調・注視する理論なのである．ここではラベリング論を差別論のなかに広げ解釈するラベリング差別論の角度から，老人言葉（老人呼称）を考察してみたい．
　ここでの老人問題でいうと，言葉による状況規定力は，人びとを「老人」という言葉でもって「老人」というカテゴリーに入れてしまうことを意味する．つまり，意味付与した言葉がその人に付着して，呪縛のように取り憑き，剥がれなくなり，その人をそれ以前とは違う人間にしてしまうとみるのである．ラベリング過程では，実際には付着した言葉を否定しようとする個人と，付着させる側に立つ他者とのせめぎあいが進行していく．この過程で高齢者自身が受容的に変わっていくとき，まだ元気だと思っている高齢者が「老人」になる契機をもつのである．「老人」とは，ラベリング論的にいえば，人びとによって放たれた有意味シンボルによって形成されていくと捉えることができる．
　ところで，しばしば「老人」を指す老人用語は，高齢に達した人たち，なか

でも元気に活躍している高齢者たちから嫌われてきた．例えば，老人クラブは現在では次第に加入率が減少しているが，その理由には「老人クラブ」という名称が関係している．老人クラブというのは，戦後，大阪の老人団体がその名を使ったのを起点としているが，現在では市町村などの行政にとっての高齢者団体の代表格として扱われ，この言葉自体いまでは行政にとっての公式の用語になっている．そして，この老人クラブという用語は，当の高齢者たちには「老人」という用語を直接的に使ってきたが故に嫌われてきた．そのため地域の高齢者クラブ活動というレベルでは，それとは違う別の多様な用語が使われてきた．例えば，社会教育の領域では高齢者活動，高齢者学級という言葉を使ってきたし，地域の高齢者団体の名称でみても，寿会，長寿会，高齢者クラブ，若葉会などという名称が使われてきた．

　我が国では，「老人」という言葉が嫌われているということで，ある時期，厚生省などが「実年」とか「熟年」とか「シルバー」などといった新たな準官製用語の普及を積極的に行ったことがある．最近では，こうした用語の改定についての動きは，やや沈静化した感すらあるが，勿論，「生涯現役」とか「元気老人」など新しいコンセプトは，相変わらず動きをしている．昨年，流行した，赤瀬川原平の書物が源で話題になった「老人力」という言葉は，老人特有の行為（物忘れの多さなど）を「負」としてみるのではなく，むしろ積極的に受容していこうとして使われた言葉であった．こうした言葉の主張は，「老い」を忌み嫌う現代の老人文化に一石を投じ，「老人」という言説を跳ね返す一つの方向性を示したものと評価できる[1]．しかし，そうはいっても言葉のもつ状況規定力は，厳然たるものとして残っているのであって，そこのところを正確に把握することがわれわれのつとめであると思われる．この章では，老人呼称といわれるものを若者と高齢者の調査結果のなかから分析してみたい．その際の目的は以下のようになる．

　　① 老人呼称である老人言葉を「好き」や「嫌い」のレベルでみるとき，老人呼称意識がどうなっているか．
　　② 若者と高齢者の老人言葉に相違があるのかどうか，あるとすればどのような箇所にあるのか．なにが影響しているのかをみてみること．差別的な言葉は，家族や地域社会において差が出てくるのかどうか．

③老人呼称の言葉の連関度をみること．

なお，ここで利用する調査データは，1991年に宮崎市と山口市で実施した学生と高齢者の調査である[2]．

2. 呼び名と蔑視語

人間は，言葉を使って意思疎通をすることのできる動物である．言葉は，われわれが行うコミュニケーションになくてはならないものである．「言葉シンボルは，単に，何かほかのものを表わすだけでない．それはまた，ものごとの人間行動への意味を示し，シンボル化されたものごとに対する行動を組織化するのである[3]」そのことから人びとはカテゴリー的態度をもつようになる．それは「(1) ものごとに名称がつけられ，話され，(2) できごとや対象がグループ化され，分類され，(3) 環境の特性に名称をつけ，分類することによって，新しい行動様式，および環境を操作する新しい可能性が生み出されるようになる[4]」のである．われわれは，ある人を識別するために名前を使って識別する．氏名であれば，家族の出自であったり，洗礼名であったりするが，そうした名前は，その人の社会的位置や地位を示すことにもなるのである．

しかし，呼び名は，その呼び名を使う側と使われる側とで，気にも止めない単なる識別から，はっきりある意図をもって使われ，その人にとって負の影響を及ぼす識別まで多岐にわたって使われる．その結果，こうした言葉のなかには好んで使われる言葉と嫌われる言葉が生まれるのである．この嫌われる言葉には，人びとの間で，単なる識別ではなく，差別語という形で上下関係や差別を意味する言葉の他に，強い偏見から蔑むかたちでなされる言葉，忌み言葉といって，その文化が人びとに使用を控えさせるような言葉などが存在する．忌み言葉の場合，この忌みの禁忌として神聖なものを汚してはならないという「畏れ」と，邪悪なものにけがされてはらないという「怖れ」の双方の意味が含まれていたという．忌み言葉は，大概は宗教的な起源をもっており，特権層の維持のためにそうした言葉を庶民に使わせないようにしたという．我が国においては「ことだま＝言霊」という言葉がこれに当たる．これに対して差別語や蔑視語は，そうした意味合いとは違う．蔑視語を体系的に集め分析した今野

敏彦によると,「蔑視語は情動性の多いレッテル＝シンボル」であるという.そのなかで言語シンボルとしての蔑視語は,制度の権威を正当化するために使用されたり,地位集団の差異を際立たせるために使われるという.さらに,経済的・政治的な秩序との関連で,ステレオタイプ化の傾向をもち,さらに宗教的意味あいを示していると指摘される.今野は「蔑視語は,一定集団内または集団間における優勢者が,自らの特権とその社会的地位および威信を死守するために,自文化と距離のある一群を,侮辱・憎悪・嘲笑・暴力の対象と化する際に用いられ,かれらをよりいっそう従属的地位にとどまらせるようと強いる場合に用いられるものといえよう(5)」と指摘する.

いずれにせよ蔑視語の問題は,状況を規定すること,スティグマの作用をすることである.言葉のもつ魔力は,言葉によって意味づけられ,そのことによる周囲との関係を位置づける働きがあるからである.つまり,このとき言葉のもつ威力は,魔力として相手を威圧し,自分にとって都合のいい状況にもっていくことができるのである.権力者にとって権力をもつがゆえに,言葉が絶対的な力となっていく.

アメリカのスラングのなかにみられる民族的（蔑称）蔑視語を考察したアレンは,身体面の特徴でもって表現されるもの,食べ物の色にたとえるもの,社会的・文化的特徴を揶揄したものに蔑視語を見いだしている.アレンの分類には老人蔑視語は,殆ど含まれていない(6).しかし,エイジズムの研究では,この老人蔑視語については蔑視語が人に対するステレオタイプを生み出す代表的なものだけに,いくつかの研究がある.アレンの分析は民族的蔑称に主たる関心があるので,老人に対する蔑視語が考察されていないが,考察がないからといって,アメリカにおいて老人に対する蔑称がないわけではない.オズグッドも老いや老人にまつわる固定観念や婉曲語法は山ほどあると指摘する.彼はアメリカでは,老人にたいする一般的な表現として「こうるさい年寄り（lod fuddy duddy）」,「かわいらしいおばあさん（little old lady）」,「汚らしい老人（dirty old man）」などがあるとする.老人女性には,「鬼ばばあ（old witch）」,「ばばあ（old bag）」,「がみがみばあさん（old biddy）」」など,老人男性には「変わり者のじいさん（old geezer）」,「意地悪じいさん（old goat）」,「偏屈じいさん（old codgers）」などという呼称があり,医師のあいだでは老人患者を

crock とか vegetable と表現するといっている⁽⁷⁾．そして，アメリカでは「すべての階層を通して最も好まれている言葉は熟年アメリカ人（mature American），高齢市民（senior citizen），退職者（retired person）だった．すべての年齢層は年取った（aged），年寄り（elderly），何か古いもの（old anything）を否定的な言葉とみなしている⁽⁸⁾」という．

今野敏彦は，「蔑視語考」という論文において，我が国における蔑視語を分類している．彼によると我が国の蔑視語は，国民・民族・人種，社会的地位・職業，外観・容貌・顔つき，出自と子と親，能力・教育・技倆，身体的・精神的障害，地域や外集団，年齢，女性の生理的機能や結婚，性質，風俗・風習，刑罰，言語集団，家屋などに関連して使われているという⁽⁹⁾．

では，我が国で老人を指す蔑視語はどのようなものがあるのであろうか．今野によると「年齢集団というものは，一定のヒエラルヒー的構成を示しており，それぞれ一つの階層を形づくっている．そこにおいて，若年層と高齢層にたいしての蔑称が集中する．身体的にも精神的にも未熟な者か，すでに一定の役割を果たしおえた者への蔑称なのである⁽¹⁰⁾」という．実際，「男性一般の年齢に関する蔑視語」として彼が分類したものを拾ってみると，「老い痴る」，「おいらけもの」，「老いそけもの」，「老いどれ」，「老い舌」，「老いさらぼう」，「老いの繰言」，「老いの一徹」，「老いぼれ」，「醜つ翁」，「たががゆるむ」，「狸爺」，「狸親父」，「粒鮫」，「とうが立つ」，「年だくな」，「惚者」，「惚人」，「筵破」，「耄碌」，「焼が回る」，「よぼ」，「よぼくれ」，「老馬」，「老狂」などである．

反対に「女性の年齢に関する蔑視語」にあがってくる言葉としては，「悪婆」，「梅干婆」，「鬼婆」，「雷婆」，「狸婆」，「婆」などがある．女性の場合，職業にまつわるものに加えて，生理的機能にまつわるものも加わるからである．つまり，女性の年齢に関する蔑視語は，性格や状態を指しているのに，男性の蔑視語は，身体的なものが多くなっている．女性の場合，年齢的にみられるとき，敬老の精神が男性より強く働くのかもしれない⁽¹¹⁾．

栗原彬によると，「『老い』ということばがつくる句の用法をみると，その大部分が，『老い』を絶望と忌避の負性を帯びたものとしてとらえていることがわかる⁽¹²⁾」という．例えば，「老いを隠る」，「老いの気」，「老いの繰り言」，「老いの僻み」，「老いをかむ」などである．それに対してプラス・イメージを

喚起する「老い」の用法はきわめて少なく「老いの方人」ぐらいであるという．そして，「『老』のつく二字の漢語について見れば，『家老』，『元老』のように臣下の重要な地位を示すもの，『老生』，『愚老』のように老人の自称，『老蘇』，『老兄』のように先輩を表すもの，『老母』，『老梅』，『老境』のように，年をとった状態を客観的に示す場合，そして，『老実』，『老成』，『老師』，『老宿』（歳を取り，徳を積んだ人），『老手』（熟練した手腕），『老舗』のように，経験の蓄積を表わす用語のほかに，『老死』，『老衰』，『老残』，『老醜』，『老廃』といった負性を宿した一群の語彙が際立っている．なかでも『老残』や『老醜』や『老廃』という語法の特異性は，『幼残』や『若醜』や『壮廃』という言い方が決してありえないことからも明らかである[13]」．

以下では老人を指す言葉の好き，嫌いについて調査したデータを使って，シンボルとしての老人差別言語の動態を探ってみたい．

3. 老人呼称の好感度と嫌悪度の世代間比較

最初に，「老い」をあらわす用語のうち好きな言葉，嫌いな言葉を分析してみたい．設問として「高齢者を意味する言葉には，いろいろありますが，これらのうちあなたが好きな言葉と嫌いな言葉はどのようなものですか．以下のなかから選び，番号で答えてください．（いくつでもいいです）」を使用した．そして，高齢者を意味する言葉である「実年」，「熟年」，「翁」，「高齢者」，「年寄り」，「爺」，「婆」，「老人」，「恍惚の人」，「老女」，「老婆」，「シルバー」，「それ以外」の13の言葉を回答肢として用意し，回答を求めた．

(1) 高齢者を意味する言葉の好感度

表・1 は，若者（学生）と高齢者に高齢者を意味する言葉の好感度を調べたものである．まず，表より若者に好かれる言葉は，「熟年」（39.6％），「実年」（26.9％），「翁」（26.5％），「シルバー」（16.6％），「高齢者」（15.7％）といった言葉である．逆に好感度の低いのは，「老婆」（1.3％），「老女」（1.5％），「老人」（9.3％），「婆」（10.5％），「恍惚の人」（12.7％）「爺」（14.0％），「年寄り」（14.8％）などである．これに対して高齢者が好む言葉では，一番高い比率を示すのは

第4章 ラベリングと老人呼称

表-1 世代間にみた「好きな言葉」

	実数	実年	熟年	翁	高齢者	年寄り	爺	婆	老人	恍惚の人	老女	老婆	シルバー	その他	不明
若者(学生) A	535	26.9	39.6	26.5	15.7	14.8	14.0	10.5	9.3	12.7	1.5	1.3	16.6	1.5	7.7
高齢者 B	656	38.6	46.8	9.9	38.4	11.3	2.0	1.4	7.6	0.5	2.7	0.2	17.2	0.6	8.2
増減率 (B-A)/A		43.5	18.2	-62.6	144.6	-23.6	-85.7	-86.7	-18.3	-96.1	80.0	-84.6	3.6	-60.0	6.5
若者 男性	338	26.0	36.4	29.9	13.3	17.2	16.6	12.1	9.5	11.5	—	1.2	11.5	2.1	8.3
* 女性	194	28.9	45.9	20.6	20.1	10.3	9.3	7.2	8.8	14.9	4.1	1.5	25.3	0.5	6.2
高齢者 男性	335	40.3	47.8	10.7	39.7	11.6	2.4	0.6	9.6	0.6	2.1	0.3	13.4	0.6	6.0
** 女性	315	37.1	46.7	9.2	37.5	10.2	1.6	2.2	5.7	3.2	3.2	—	21.6	0.6	10.5

(備考) * $\chi^2=52.15$ df=12 [**], ** $\chi^2=16.15$ df=12 [ ]

「熟年」(46.8%)という言葉であって，以下「実年」(38.6%)，「高齢者」(38.4%)，「シルバー」(17.2%)といった言葉が続いている．そして，高齢者では「老婆」(0.2%)，「恍惚の人」(0.5%)，「婆」(1.4%)，「爺」(2.0%)，「老女」(2.7%)といった言葉は，好感度が低い．

　好感度を世代的にみてみると，「熟年」という言葉は，若者と高齢者の双方で高比率を示し，一番好まれている言葉であることがわかる．特に高齢者の場合，ほぼ半数の人が好きな言葉として選んでいる．同じく「実年」という言葉も若者，高齢者の双方から好まれている言葉であることがわかる．

　そこで，若者から高齢者になるにつれて言葉の好感度がどうなっているかをみてみよう．表・1 にある増減率は，若者の比率と高齢者の比率の間でどのような差がみられるかをみたものである．この場合の増減率は，若者から高齢者にかけてどのように変化していくかをみることができる．数値の低いものは，若者と高齢者とに差がないことを示し，数値が大きいものは，差が大きいことを示す．それからプラスの数値は，支持が増加したものであるし，減少したものは，支持が減ったものである．プラスの数値を示しているのは，高齢者の方に支持の多いもの，マイナスは若者の方に支持の多いものである．

　まず，これをみると増減率の数値の一番小さいものは，「シルバー」という言葉であることがわかる．「シルバー」という言葉は，世代間の差が少なく，比較的好まれている言葉といえる．同様に「熟年」，「老人」，「年寄り」などといった言葉も世代差が比較的少ない言葉となっている．反対に世代差が大きいのは「高齢者」，「恍惚の人」，「婆」，「爺」，「老婆」，「老女」，「翁」などの言葉であって，この調査では「高齢者」という言葉が世代間で増減差が一番大きかった．「高齢者」という言葉は，若者に比べて高齢者の間で好感度が高いが，若者はそれほど好感度を抱いていない．その他，「翁」という言葉と「恍惚の人」という言葉は，若者において好感度がかなり高かった．「恍惚の人」という言葉に関しては，この言葉が有吉佐和子の小説に由来し，痴呆老人を意味することを知らなかったために高比率になったと考えられる．どちらかといえば，言葉に対するイメージでとらえた結果ではないかと思われる．これに対して高齢者は，「実年」，「熟年」，「高齢者」といった言葉に対する好感度が高く，ある意味では高齢者の場合，この意味内容を理解した上で，現実妥協的な好感度

を示し，どちらかといえば若者以上に官製用語に好感度を示した格好になっていることがわかる．

さらに，性別・世代別にみてみると，若者では女性の方が官製用語を好む傾向がみられ，「実年」，「熟年」，「高齢者」，「シルバー」などの言葉を好む傾向がみられることがわかる．逆に，男性の間では「翁」，「年寄り」，「爺」，「婆」，「老人」などの言葉を好む傾向がみられる．高齢者になると，若者ほどの性差はみられない．ただ，男性の方が高齢者呼称に対してほんの僅かであるが，比率の高い項目が多く，「実年」，「熟年」，「翁」，「高齢者」，「年寄り」，「爺」，「老人」，「老婆」などは，男性に比率が高かった．女性の方で高かったのは「婆」，「恍惚の人」，「老女」，「シルバー」で，「シルバー」については男女差が大きかった．官製用語を好むのは，若者では女性であるが，高齢者の場合は，男性の方が高齢者呼称に寛容なのか，官製用語も男性に支持者が多くなっている．ただし，「シルバー」という言葉だけは女性に多くなっていた．

(2) 高齢者を意味する言葉の嫌悪度

以上，高齢者を指す言葉の好感度をみたのであるが，本章の蔑視語研究の意図からすると，嫌われる言葉をみた方が蔑視語の考察にはより好ましいと思われるので，以下では嫌悪される言葉に絞って分析してみたい．

最初に世代別にみた嫌いな言葉をみてみたい．先にもみたように若者の好感度では，「熟年」，「実年」，「翁」，「シルバー」，「高齢者」といった言葉が好まれ，逆に「老女」を筆頭に，「老人」，「婆」，「恍惚の人」，「爺」，「年寄り」などという言葉が好感度としては低いことがわかったが，はたして嫌悪度においてもその通りなのであろうか．表・2をみると，若者が嫌いな言葉として挙げたのでは，「老婆」という言葉の比率（48.5％）が一番高い値を示しており，以下「年寄り」(38.9％)，「老女」(36.4％)，「婆」(33.6％)，「爺」(30.3％)，「老人」(27.3％)，「シルバー」(26.7％)，「恍惚の人」(17.2％)，「高齢者」(14.8％)，「熟年」(11.2％)，「実年」(7.5％)，「翁」(5.6％)「その他」(0.2％)の順になっていることがわかる．

他方，高齢者においては「恍惚の人」(45.3％)が一番嫌いな言葉として挙がっている．次いで高い比率を示すのは，「婆」(39.3％)や「老婆」(38.7％)

表-2 老人意識類型別にみた「嫌いな言葉」

	実数	実年	熟年	翁	高齢者	年寄り	爺	婆	老人	他処の人	老女	老婆	シルバー	その他	不明
若者A	535	7.5	11.2	5.6	14.8	38.9	30.3	33.6	27.3	17.2	36.4	48.5	26.7	0.2	3.7
高齢者B	656	2.4	3.2	6.1	5.2	23.8	38.1	39.3	24.4	45.3	27.6	38.7	6.4	0.6	10.2
増減率 (B-A) / A		−68.0	−71.4	8.9	−64.9	−38.8	25.7	17.0	−10.6	163.4	−24.2	−20.2	−76.0	200.0	175.7
若者 男性C *	338	9.2	12.1	4.7	16.9	33.1	27.2	30.2	24.9	18.6	32.8	41.1	29.0	−	4.4
女性D	194	4.6	9.8	7.2	11.3	49.5	36.1	40.2	32.0	13.9	43.3	62.4	22.7	0.5	2.1
増減率 (D-C) /C		−50.0	−19.0	53.2	−33.1	49.5	32.7	33.1	28.5	−25.3	32.0	51.8	−21.7	0	−52.3
高齢者 男性E **	335	3.6	4.2	8.7	6.0	26.6	49.0	31.9	28.7	47.2	20.3	27.8	9.3	0.6	8.4
女性F	315	1.3	2.2	3.5	4.4	21.0	26.7	47.6	20.0	44.1	35.9	50.8	3.5	0.6	11.7
増減率 (F-E) / E		−63.9	−47.6	−59.8	−26.7	−21.1	−45.5	49.2	−30.3	−6.6	76.8	82.7	−62.4	−	39.3

(備考) * $\chi^2=32.48$ df=12 [**], ** $\chi^2=96.50$ df=12 [ ]

や「爺」(38.1%) などであり，他では「老女」(27.6%) や「年寄り」(23.8%) などが嫌われる言葉になっている．「シルバー」(6.4%)，「翁」(6.1%)，「高齢者」(5.2%)，「熟年」(3.2%)，「実年」(2.4%) という言葉は，高齢者の方からあまり嫌われていないことがわかる．

　世代間の差でみると，「翁」，「爺」，「婆」，「恍惚の人」，「その他」については若者より高齢者の比率の方が高くなっているが，その他の言葉はいずれも若者の値の方が高くなっている．特に「シルバー」という言葉や「熟年」という言葉，「実年」，「高齢者」という言葉などは，世代間の差が顕著に出ている．特に若者の方がこれらの言葉を嫌っていることがわかる．

　さらに性別でみてみると，若者の方では女性の方で「老婆」(62.4%)，「年寄り」(49.5%)，「老女」(43.3%)，「婆」(40.2%)，「爺」(36.1%) などの比率が高いのに対して，男性の方では女性より高い比率を示すのは「シルバー」(29.0%)，「恍惚の人」(18.6%)，「高齢者」(16.9%)，「実年」(9.2%)，「熟年」(12.1%) だけであった．女性の場合，女性呼称（「婆」，「老婆」などのような）に関して「嫌い」とする比率が高い．男性は，女性に比べて，高齢者言葉として推奨しようとした言葉（つまり，官製用語のような公式の呼称）を「嫌い」と答える傾向がみられた．

　これに対して高齢者の場合をみると，男性の側で高い比率を示すのは「爺」(49.0%)，「恍惚の人」(47.2%)，「老人」(28.7%)，「年寄り」(26.6%) などであり，反対に女性の側で比率の高いのは，「老婆」(50.8%)，「婆」(47.6%)，「老女」(35.9%) などであって，この場合も老人女性の呼称を「嫌い」とする傾向がみられる．この傾向は，若者においてより高齢者において性差が明確であるので，高齢者層で顕著であるといえる．それ以外の言葉でみると，「シルバー」(9.3%)，「高齢者」(6.0%)，「熟年」(4.2%)，「実年」(3.6%) などは男性の方で嫌われており，この点では若者と同じ傾向を示した．

(3) 嫌悪される老人言葉の属性分析

　若者たちは，社会化過程にある．人びとが言葉を習得し，それを意味づけて理解するのは長い学習過程のなかであることはいうまでもないが，そのなかで人びとが育った家庭や地域社会は，学習過程のなかで影響力を強く及ぼす集団

であるといってよい．それ故，われわれは，家族形態と地域類型によってこうした老人呼称の嫌悪度に違いが出るかどうかを分析の俎上においてみたい．

① 家族形態による分析

ここでは核家族と拡大家族の違いが，「嫌い」な言葉という老人呼称の選択にいかに影響を及ぼしているかをみてみたい．

表・3をみてもわかるように，実家が核家族の若者が，拡大家族の若者に比べて嫌いな老人呼称として挙げるものには「実年」，「熟年」，「翁」，「高齢者」，「爺」，「婆」，「老人」，「恍惚の人」，「老女」，「老婆」，「シルバー」，「その他」などであって，逆に拡大家族の若者で比率が高かったのは「年寄り」だけである．核家族の若者の場合，高齢者との生活経験が乏しいという理由が左右しているからであろうか，高齢者を現す言葉を嫌う傾向があるようである．それに対して老人と同居している拡大家族の若者の場合，「年寄り」という言葉を嫌う傾向がみられる．では核家族のうち性別ではどのような特徴がみられるのであろうか．

核家族の女性の方で高い比率を示したのは，「翁」，「年寄り」，「爺」，「婆」，「老人」，「老女」，「老婆」という言葉であって，そのなかで「老婆」という言葉の比率が一番高かった．これに対して男性の場合，「実年」，「熟年」，「高齢者」，「恍惚の人」，「シルバー」という言葉が女性に比べて比率が高かった．概して，女性の場合，蔑視語的な色彩の強い言葉が高い比率を示している．核家族という形態が性別においてはっきり違いを示すのは，「婆」と「老女」と「老婆」という言葉であって，これらの言葉においては女性の老人を現す言葉だけに男性との間で比率の差が激しかった．

それに対して拡大家族の場合では，女性において「年寄り」という言葉を嫌うものが多くみられる．そのことが先にみた核家族に比べて拡大家族が「年寄り」の比率が高かった理由である．それと，いまひとつ違いを示したのは，「翁」という言葉であって，核家族型と性別でみたのと比べて，逆の方向を示していた．つまり，核家族の女性の場合，男性以上に「翁」という言葉を嫌う傾向がみられるのに対して，拡大家族の場合では，女性に比べて男性においてこの言葉を嫌う傾向がみられるのである．

第4章　ラベリングと老人呼称

表・3　性別・家族類型別・地域類型別にみた若者の「嫌いな老人呼称」

		実数	実年	熟年	翁	高齢者	年寄り	爺	婆	老人	恍惚の人	老女	老婆	シルバー	その他	不明
核家族*		385	8.3	11.4	6.0	16.4	38.7	31.4	34.5	29.4	17.4	39.0	50.4	28.8	0.3	3.4
拡大家族		147	5.4	10.9	4.8	10.9	40.1	27.9	32.0	22.4	15.6	30.6	44.9	21.1	—	4.1
核家族	男性	237	9.7	12.2	3.8	19.0	33.3	27.4	29.5	26.2	19.8	34.2	40.9	31.6	—	4.2
	女性	148	6.1	10.1	9.5	12.2	47.3	37.8	42.6	34.5	13.5	46.6	65.5	24.3	0.7	2.0
拡大家族	男性	101	7.9	11.9	6.9	11.9	32.7	26.7	31.7	21.8	15.8	29.7	41.6	22.8	—	5.0
	女性	46	—	8.7	—	8.7	56.5	30.4	32.6	23.9	15.2	32.6	52.2	17.4	—	2.2
都市部**		294	6.5	10.2	5.8	13.6	37.1	32.3	35.7	27.6	16.0	35.7	46.9	25.9	0.3	4.8
農村部		235	8.9	12.8	5.5	16.2	42.1	28.1	31.5	27.7	18.3	37.9	51.5	28.1	0.3	1.7
都市部	男性	177	8.5	11.3	5.1	16.4	31.1	29.9	32.2	26.0	16.9	30.5	37.9	28.8	—	6.2
	女性	117	3.4	8.5	6.8	9.4	46.2	35.9	41.0	29.9	14.5	43.6	60.7	21.4	0.9	2.6
農村部	男性	158	10.1	13.3	4.4	17.1	36.1	24.1	27.8	24.1	20.9	35.4	44.9	29.7	—	1.9
	女性	77	6.5	11.7	7.8	14.3	54.5	36.4	39.0	35.1	13.0	42.9	64.9	24.7	—	1.3

（備考）＊4.98　df＝12〔　〕，＊＊＝5.88　df＝12〔　〕

② 地域類型による分析

ここでは都市部出身と農村部出身の若者の違いが，老人呼称の嫌悪感の選択にどのように影響しているかをみてみたい．

まず，農村と都市との比較でもって嫌悪感の比率の違いをみると，農村部の方で「嫌い」とする比率の高かったのは，「実年」，「熟年」，「高齢者」，「年寄り」「恍惚の人」，「老女」，「老婆」，「シルバー」などという言葉である．それに対して都市部の方で高かったのは，「爺」，「婆」の二つの言葉だけである．残りの「翁」と「老人」という言葉については殆ど差はみられない．

次いで性別にみると，農村部と都市部の女性を比較すると，都市部で多いのは「恍惚の人」や「老女」や「婆」ぐらいで，残りの項目はいずれも農村部の方の女性で比率が高かった．特に「年寄り」という言葉は 54.5% のものが嫌いとしており，都市部の女性（46.2%）ともかなりの開きがある．「老婆」にいたっては 64.9% が嫌うが，都市部では 60.7% である．

「実年」や「熟年」や「高齢者」といった言葉を嫌うのは，比率こそ低いものの男性に多く，特に農村部で多くみられる．農村部の男性には昔ながらの呼び名の方が好まれるのであろうか，公式的な呼称を嫌う傾向が伺える．

③ 高齢者の地域類型による分析

表・4 より，高齢者が嫌う老人呼称をみると，地域的には「爺」という言葉が都市部と農村部とも 38.2% という同一比率でみられるが，この言葉以外はすべて都市部の高齢者の方において比率が高くなっている．特に都市部と農村部で差の大きかったのは，「年寄り」，「実年」，「シルバー」，「老婆」，「恍惚の人」などであった．高齢者の場合，地域的には都市部の方で老人呼称を嫌う傾向が強い．つまり，老人用語については農村部の高齢者の方が受容的な傾向をもっていると考えていいようである．

それをさらに性別にみると，都市部の男性で高いのは，「恍惚の人」，「爺」，「年寄り」，「老人」，「シルバー」などで，逆に女性の方に高かったのは，「婆」，「老女」，「老婆」の三つであった．農村部の男性で比率の高いのは，「爺」（46.9%）が一番高く，以下「恍惚の人」，「老人」などである．女性の場合は，「婆」（50.0%）が高く，以下「老婆」や「老女」などと続いている．性別の差では，都市部とほぼ同じで女性が嫌うのは老人女性を意味する「婆」，「老婆」，

「老女」の三つであった．ただし，「婆」という言葉は，農村部の方で比率が高く，「老女」，「老婆」という言葉は，都市部の高齢者の方で嫌う比率が高かった．

④ 高齢者の年齢による分析

では，高齢者にとって嫌いな老人呼称とはどのようなものであろうか．ここでは高齢者が年齢別にこれらの老人呼称をどのように受けとめているかみることにする．

まず，「実年」という言葉は，「65～69歳」，「70～74歳」の前期高齢層の年代で比率が高い．向老期の「55～59歳」や「60～64歳」の年代において比率が一番低くなっている．つまり，この「実年」という言葉は，まだ若い年代に好まれていることがわかる．嫌っているのはちょうど社会的に高齢者とみなされる年代であることがわかるのである．これに対して「熟年」の方は，やはり前期高齢層の年代に比率が高くなっている．「実年」と比べると比率も高く，「熟年」という言葉は，前期高齢層では「実年」とほぼ同じ傾向をもつ言葉と認知されているようであるが，一番嫌っているのが「70～74歳」となっている．さらに「翁」ということ言葉は，「70～74歳」(7.8%)，「80歳以上」(10.0%)の年代で比率が高い．「高齢者」は，「55～59歳」(9.8%) や「65～69歳」(5.8%) において，「年寄り」は，「55～59歳」(34.1%) や「60～64歳」(26.8%)の若い年代で，「爺」は，「65～69歳」(43.1%) や「55～59歳」(40.9%)の年代で，比率が高くなっている．それから，「老人」という言葉をみると，一番比率の高いのは「55～59歳」(29.5%) の年代で，以下加齢とともに比率が減少する傾向がはっきり読みとれる．「老人」という言葉は，老人を指す最も一般的な老人呼称であるので，自分自身の年齢が上昇するとともに承認する傾向がでてくるということをそのまま示している．また，一番嫌われる言葉であった「恍惚の人」は，「65～69歳」(54.0%) や「55～59歳」(50.0%) において高い比率がみられるし，「老女」は，「55～59歳」(34.8%) や「60～64歳」(34.3%) において，「老婆」は，「65～69歳」(41.6%) や「60～64歳」(40.6%)や「55～59歳」(40.2%) において，「シルバー」は，「80歳以上」(13.0%)や「55～59歳」(9.1%) などにおいて比率が高かった．

興味深いのは，老人呼称の言葉を「嫌い」とみるのは，年齢的には「65～

表4 性別・地域類型別にみた高齢者の「嫌いな老人呼称」

		実数	実年	熟年	翁	高齢者	年寄り	爺	婆	老人	恍惚の人	老女	老婆	シルバー	その他	不明
都市部		511	2.9	3.5	6.5	6.1	27.0	38.2	40.9	25.6	50.7	29.7	41.5	7.2	0.6	8.2
農村部		144	0.7	2.1	4.9	2.1	12.5	38.2	34.0	20.1	26.4	20.1	29.2	3.5	0.7	16.7
都市部	男性	253	4.3	4.7	9.1	7.1	30.4	49.8	35.6	29.6	53.4	22.9	30.8	10.7	0.8	5.9
	女性	253	1.6	2.4	4.0	5.1	23.7	26.9	47.0	21.7	49.0	37.2	52.6	4.0	0.4	9.9
農村部	男性	81	1.2	2.5	7.4	2.5	14.8	46.9	21.0	25.9	28.4	12.3	18.5	4.9	—	14.8
	女性	62	—	1.6	1.6	1.6	9.7	25.8	50.0	12.9	24.2	30.6	43.5	1.6	1.6	19.4

(備考) * $\chi^2=16.46$ df=12 〔 〕

表5 年齢別にみた高齢者の「嫌いな老人言葉」

	実数	実年	熟年	翁	高齢者	年寄り	爺	婆	老人	恍惚の人	老女	老婆	シルバー	その他	不明
高齢者	656	2.4	3.2	6.1	5.2	23.8	38.1	39.3	24.4	45.3	27.6	38.7	6.4	0.6	10.2
55~59歳	132	1.5	2.3	4.5	9.8	34.1	40.9	38.6	29.5	50.0	34.8	40.2	9.1	—	7.6
60~64歳	138	1.4	0.7	5.8	2.9	26.8	37.7	38.4	28.3	41.3	26.8	40.6	4.3	—	8.0
65~69歳	137	3.6	4.4	6.6	5.8	21.9	43.1	45.3	27.0	54.0	34.3	41.6	6.6	2.2	8.0
70~74歳	116	3.4	5.2	7.8	2.6	22.4	39.7	36.2	19.0	40.5	21.6	31.9	6.0	—	12.1
75~79歳	107	0.9	2.8	5.6	5.6	14.0	29.9	41.1	17.8	40.2	19.6	40.2	5.6	0.9	12.1
80歳以上	20	10.0	10.0	10.0	—	15.0	30.0	25.0	15.0	45.0	25.0	40.0	13.0	—	20.0

(備考) * $\chi^2=57.66$ df=60 〔 〕

69歳」の年代や「55～59歳」の年代に多くなっており、特に「爺」、「婆」、「恍惚の人」、「老婆」という言葉は、「65～69歳」の年代で僅かであるが比率が高かった。社会的な老人線が影響しているのか、概して65歳を超えた年齢線の箇所で、老人呼称を「嫌う」傾向が出ている。

⑤ 高齢者の老人自己認知による分析

ではこの老人呼称を老人認知度のレベル（つまり、老人になったと自ら認める人、老人になったとは認めない人）でみてみよう[14]。表・6をみると、「なったと思う」人と「なったと思わない」人とを比べると、自分を老人になったと思う人は、老人呼称のほとんどにおいて「なったとは思わない」人と比べて比率が低く、特に差の大きな項目は、「老人」や「年寄り」や「恍惚の人」などであった。概して、老人に「なったと思う」人は、老人呼称に関しては寛容になる傾向がみられる。

次に、老人と呼ばれて「気になる」かどうか聞いた調査項目とのクロスでみると、「呼ばれて気になる」という項目と「呼ばれて気にならない」という項目、「どちらともいえない」という項目の三つで比較すると、やはり比率の高いのは「呼ばれて気になる」という項目となっている。「気になる」人ほど蔑視語としての性格の強い言葉を嫌う傾向がみられる。例えば、「恍惚の人」では、「気になる」という人では50.4%、「どちらでもない」という人は、44.8%、「気にならない」という人で、41.5%とになっている。同様に、「年寄り」、「婆」、「老人」、「老女」、「老婆」などという言葉も「気になる」と答えた人に高い比率がみられる。これに対して「どちらともいえない」という回答が高いのは「翁」であった。「気にならない」と回答した人はほとんどの言葉で低い比率となっている。むしろ興味深いのは「気になる」から「気にならない」に移るにつれて「不明」回答が増加していることである。老人と呼ばれて「気にならない」人は、老人呼称においても「嫌い」な言葉が減っていくのである。

4. 嫌われる老人言葉を通してみた差別言語の考察

これらは老人を指す用語として使用されているのであるが、それらの言葉の

表・6 老人自己成就意識と老人と呼ばれて「気になる」意識からみた高齢者の「嫌いな老人言葉」

	実数	実年	熟年	翁	高齢者	年寄り	爺	婆	老人	恍惚の人	老女	老婆	シルバー	その他	不明
高齢者	656	2.4	3.2	6.1	5.2	23.8	38.1	39.3	24.4	45.3	27.6	38.7	6.4	0.6	10.2
老人に「なった」と思う	305	2.3	3.6	5.9	4.3	16.4	34.4	37.0	14.8	39.7	22.6	36.7	5.2	1.3	14.4
老人に「なった」と思わない	348	2.6	2.9	6.0	5.7	30.2	41.4	41.4	32.8	50.0	31.9	40.2	7.6	—	6.3
老人と「呼ばれて気になる」	242	2.9	2.9	6.6	7.9	31.0	45.0	45.9	40.1	50.4	34.3	45.0	6.6	0.8	4.1
どちらともいえない	87	1.1	1.1	8.0	3.4	20.7	34.5	41.4	17.2	44.8	32.2	44.8	5.7	—	14.9
老人と「呼ばれて気にならない」	381	2.5	4.1	5.3	3.8	19.8	34.9	34.3	15.1	41.5	21.7	32.4	6.3	0.6	12.9

間の意味連関を若者と高齢者がどのようにみているのか，相関関係の連関をみることから，探ってみたい．

図・1，図・2は，回答項目として用意した12の老人呼称の言葉を若者と高齢者に関しての相関関係で求め，そのうち有意度の認められるものを示したものである．実線，二重線，三重線はそれぞれ相関係数の値が「0.1～0.2未満」，「0.2～0.4未満」，「0.4以上」を示している．

まず，若者についてみてみたい．三重線は「爺」と「婆」との間，「老婆」と「老女」との間，「実年」と「熟年」との間にみられ，実際，相関係数がそれぞれ，0.8979，0.6450，0.5278という値を示していた．今回の調査では，若者にとって「爺」と「婆」，「老女」と「老婆」，「実年」と「熟年」とがよく似た言

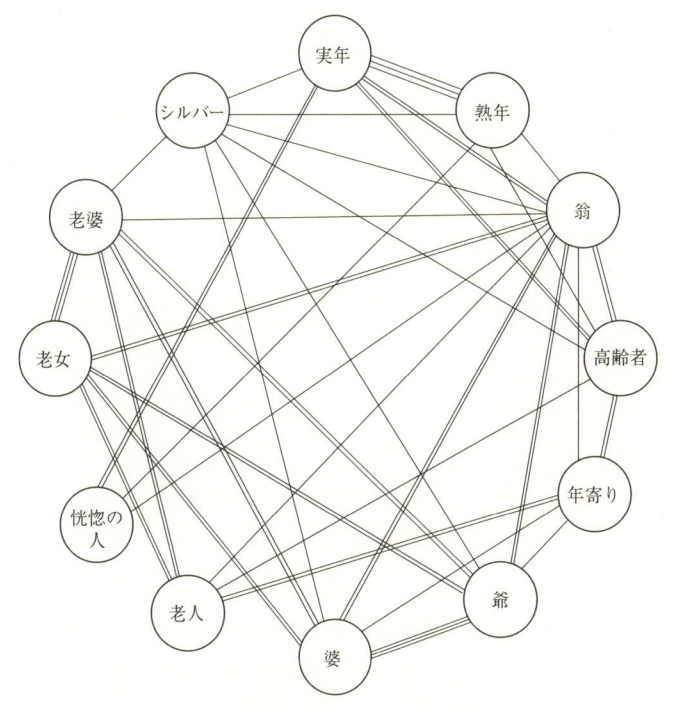

(備考) 1本線は0.1～0.2未満，2本線 0.2～0.4　3本線は，0.4以上

図・1　若者の嫌いな言葉の相関図

葉の性格をもっていると考えられたことが分かる．それから二重線をみてみると，「実年」が「翁」，「高齢者」，「恍惚の人」の間で，「翁」が「老女」，「高齢者」，「爺」，「婆」との間で，「高齢者」が「年寄り」，「翁」，「実年」との間で，「年寄り」は「老人」と「高齢者」との間で，「爺」は，「翁」，「老女」，「老婆」との間で，「婆」は，「翁」と「老女」と「老婆」との間で，「老人」は「年寄り」と「老女」と「老婆」との間で，「恍惚の人」は，「実年」との間でのみ，「老女」は「翁」と「爺」と「婆」と「老人」との間で，「老婆」は，「老人」と「爺」と「婆」との間で確認できた．「シルバー」については二重線は一本もなかった．

　その他，一本線でみると，「実年」が「シルバー」との間で，「熟年」が「翁」と「高齢者」と「恍惚の人」と「シルバー」との間で，「翁」が「熟年」と「シルバー」と「老婆」と「恍惚の人」と「老人」と「年寄り」との間で，「高齢者」が「熟年」と「老人」と「シルバー」との間で，「年寄り」が「翁」と「婆」と「爺」との間で，「爺」が「シルバー」と「年寄り」との間で，「婆」が「シルバー」と「年寄り」との間で，「老人」が「翁」との間で，「恍惚の人」が「熟年」と「翁」との間で，「老女」がなしで，「老婆」が「翁」と「シルバー」との間で，「シルバー」が「実年」と「熟年」と「翁」と「高齢者」と「爺」と「婆」と「老婆」との間で一本線を示している．

　若者の場合，「爺」と「婆」，「老婆」と「老女」，「実年」と「熟年」との結びつきが強く働いている．特に「爺」と「婆」とが0.8979の相関係数を示している．二本線以上が出ている言葉についてみると，「翁」と「老女」から五本，「実年」と「爺」と「婆」と「老婆」からが四本，「高齢者」と「老人」からが三本，「年寄り」からが二本，「熟年」と「恍惚の人」からが一本，「シルバー」からはゼロとなっていて，明らかに若者の嫌いな老人呼称の相関図のなかでは「翁」と「老女」を極とする意識構造が成り立っていることが分かる．「翁」の極からみると，「翁」と「実年」と「高齢者」，「翁」と「爺」と「老女」，「翁」と「爺」と「婆」とが結びついた構造をもっているし，「老女」の極からみると，「老婆」と「老女」と「老人」，「老婆」と「爺」と「婆」，「老女」と「翁」と「爺」と「婆」とが結びついた構造をもっている．これに対して，「老人」という言葉は，「婆」，「爺」，「シルバー」，「実年」，「熟年」とも相関をもたず，むしろ「老女」や「年寄り」や「老婆」と関連をもっていることが分かる．以上からみると，

若者の場合，嫌いな言葉として認知する際，言葉の表面的なレベルで捉えていることが分かる．

次に，高齢者の場合を図・2からみてみたい．高齢者の場合，三重線をみると，やはり若者と同様に「実年」と「熟年」の間，「老婆」と「老女」の間が，「爺」と「婆」との間にみられる．相関係数は，「実年」と「熟年」との間で突出し，0.8127を示し，「老婆」と「老女」との間で，0.5866,「爺」と「婆」との間で 0.5365 の値であった．つまり，高齢者にとって「実年」と「熟年」は非常によく似た言葉として認識されていることがわかる．「老女」と「老婆」,「婆」と「爺」もよく似た言葉の性格をもっていると考えられたことがわかる．それから二重線をみてみると，まず「実年」に関しては「翁」と「高齢者」と「シルバー」との間にみられる．それから「熟年」に関しては「翁」と「高齢者」と「シルバー」との間に二重線がみられる．「翁」に関しては「高齢者」と「年寄り」と「シルバー」と「実年」との間にみられる．「高齢者」に関しては「翁」と「熟年」と「実年」と「シルバー」との間で二重線が確認できる．それから「年寄り」に関しては「翁」と「老人」との間において二重線がみられるし，「婆」に関しては「老女」と「老婆」との間において，そして「老人」に関しては「年寄り」との間において，「恍惚の人」に関しては「老女」との間において，「老女」に関しては「婆」と「恍惚の人」との間で，「老婆」に関しては「婆」との間で，「シルバー」に関しては「実年」との間で二重線が確認できた．「爺」については二重線は一本もなかった．

その他，一本線でみると，「実年」が「恍惚の人」との間で，「熟年」が「年寄り」との間で，「翁」が「爺」と「婆」と「老人」と「恍惚の人」と「老女」と「老婆」との間で，「高齢者」が「爺」と「婆」と「老人」と「恍惚の人」と「老婆」との間で，「年寄り」が「熟年」と「老女」と「老婆」と「シルバー」との間で，「爺」が「翁」と「高齢者」と「老女」と「老婆」との間で，「婆」が「翁」と「高齢者」との間で，「老人」が「翁」と「高齢者」と「老女」との間で，「恍惚の人」が「実年」と「翁」と「高齢者」と「老婆」と「シルバー」との間で，「老女」が「翁」と「年寄り」と「爺」と「老人」と「シルバー」との間で，「老婆」が「翁」と「高齢者」と「年寄り」と「爺」と「恍惚の人」と「シルバー」との間で，「シルバー」が「老婆」と「老女」と「年寄り」と「恍惚の人」との間で一

本線を示している.

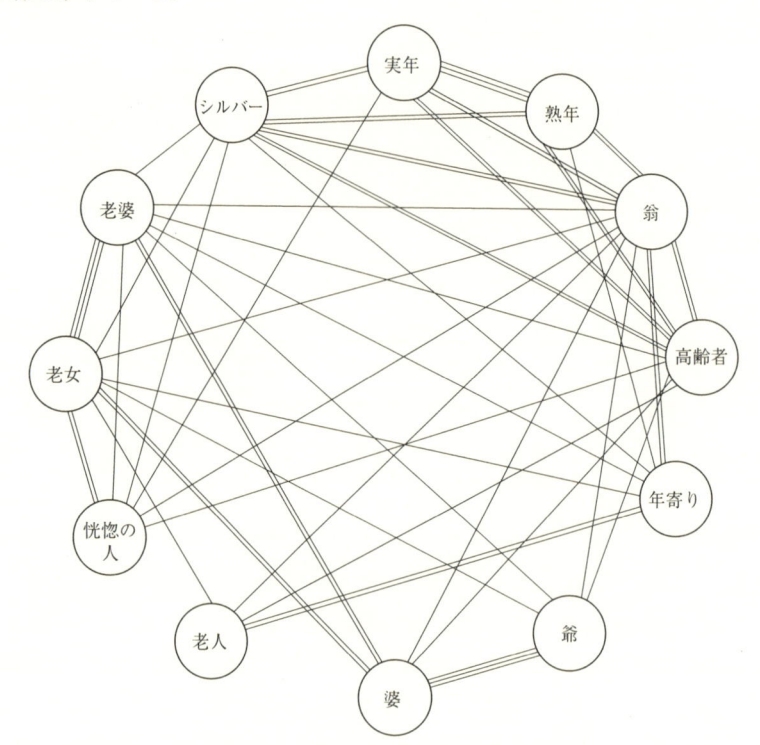

(備考) 1本線は 0.1～0.2 未満, 2本線 0.2～0.4　3本線は, 0.4 以上

図・2　高齢者の嫌いな言葉の相関図

　以上からみると高齢者の場合,「実年」と「熟年」,「老婆」と「老女」,「爺」と「婆」との結びつきが強く働いている．若者の場合と同様に, 相関係数の高い二本線以上の結びつきが出ている言葉についてみると,「翁」から五本,「実年」と「熟年」と「高齢者」と「シルバー」からが四本,「婆」と「老女」とからが三本,「年寄り」,「老婆」からが二本,「爺」と「老人」,「恍惚の人」からが一本となっていて, 明らかに高齢者の嫌いな老人呼称の相関図のなかでは「翁」を極する意識構造が成り立っていることが分かる．図・2 からみても「熟年」,「実年」,「翁」,「高齢者」,「シルバー」の五つの言葉のまとまりが一つの極をつくっていることが分かる．それと,「老女」と「老婆」と「婆」, それに付属

する形で「老女」と「恍惚の人」,「婆」と「爺」とが結びついた構造となっている.

5. まとめ

　以上,われわれの社会が「老い」をどのようにみているのかを,若者と高齢者の双方の意識調査を手がかりにして探ってきた.ここで概略的なまとめでもって締めくくりたい.
　今回,われわれは,「老婆」,「老女」,「爺」,「恍惚の人」といった蔑視的に解釈される言葉から「高齢者」や「翁」や「実年」や「熟年」など,蔑視語からは中立的かもしくは非蔑視語的なニュアンスをもつ老人呼称までを分析してみたわけであるが,世代的にも,年齢的にも,地域類型的にも,家族類型的にも,若干の差をみつけることができた.それを列挙すれば以下のようになる.
　(1) 高齢者は,「実年」,「熟年」,「高齢者」といった言葉に対する好感度が高く,ある意味では高齢者の場合,言葉通りの意味内容を理解した上で,現実妥協的な好感度を示し,どちらかといえば若者以上に官製用語に好感度を示した格好になっていることがわかる.
　性別でみても,若者は,女性の方が官製用語を好む傾向がみられ,「実年」,「熟年」,「高齢者」,「シルバー」などの言葉を「好き」とするものが,男性よりも女性に多い.高齢者の方が概して高齢者用語に対して好感度が高かった.高齢者の女性の方で男性より好感度が高かったのは,「シルバー」という言葉ぐらいであった.
　(2) 高齢者の場合,地域的には都市部の方で老人呼称を嫌う傾向が強い.つまり,老人用語については農村部の高齢者の方が受容的な傾向をもっていると考えていいようである.
　(3) 社会的な老人線が影響しているためなのか,概して65歳を超えた年齢線の箇所で,老人呼称を「嫌う」傾向が出ている.
　(4) 老人を現す言葉の好感度や嫌悪度でみても,若者は言葉のもつイメージにとらわれるということ,高齢者の場合でも新しく官製用語として使われだしたものに好感度を示すことがわかった.それからすれば老人用語

も人びとによってつくられ，決して普遍的に好まれたり，嫌われたりする言葉ではないということである．

　われわれの社会は，いま確実に高齢社会，超高齢社会に向かって進行しているわけであるが，老人呼称については，世代的に認識の違いが現れており，若者は，自分にとってまだ時間的に距離があるがゆえに，意外と表面的な言葉の理解をしやすい．これに対して，高齢者の方は，我が国の場合，まだエイジズムへの批判意識が強くないので，従来通りの老人呼称より新たな言葉の選択の方に賛同をしているようである．しかし，これも，今後高齢者自身の意識の変化のなかで老人呼称に対する意識も変化するのであろうと思われる．

　勿論，以上の結果を一般化するにはまだ注意深くみなければならないと思われる．ここで分析したデータが実際調査された当時は，「実年」や「熟年」，「シルバー」など老人用語の改訂・改革が叫ばれていたときであった．したがって，いま現在調査してみて同じ調査結果を得るとは決していえないかもしれない．ただ，エイジズムに対する状況はそれほど変化していないので，老人呼称の分析からみた老人差別の特徴はつかめたと解釈してよいのではなかろうかと思う．いずれにせよ別の機会にエイジズムの観点に立った老人呼称の詳細な検討が必要であろう．

（1）赤瀬川原平『老人力』（筑摩書房）1998年，赤瀬川原平『老人力のふしぎ』（朝日選書）1998年．
（2）ここで使用する調査データは，宮崎大学，宮崎女子短期大学，山口大学の3大学の1年生を対象として1990年12月から1991年5月にかけて実施した「若者の高齢者に関する意識調査」と宮崎市在住の55歳以上の向老期，高齢期の年代について郵送法で実施した「地域における高齢者の意識調査」に基づいている．
（3）Alfred R. Lindesmith, Anselm L. Strauss, Norman K. Denzin, *Social Psychology*, 5th edition (Holt, Rinehart and Winston) 1978, 船津衛訳『社会心理学』（恒星社厚生閣）1981年．
（4）同上書．
（5）今野敏彦『蔑視語』（明石書店）1988年, 18頁．
（6）Irving Lewis Allen, *Unkindwords -Ethnic Labeling from Redskin to WASP*, 1990, 岩崎裕保編訳『アメリカの蔑視語』（明石書店）1994年．
（7）Nancy J. Osgood., 1992, *Suicide In Later Life*, (Lexington Books), 野坂秀雄訳『老人と自殺』（春秋社）1994年, 49頁．
（8）Erdman B. Palmore, *Ageism: Negative and Positive*, (Springer Publishing Company) 1990, 奥山正司・秋葉聡・片多順訳『エイジズム』（法政大学出版局）1995年, 106頁．
（9）今野敏彦，前掲書18-19頁．
（10）同上30頁．

第4章　ラベリングと老人呼称　　　　　　　　　　113

(11) この事実から，そのまま女性老人に関する蔑称は，少ないと解釈すべきであろうか．今野の分析には，蔑視語に限った分析がなされているために人びとが使用する言葉全体や漢字全体から位置づけられた蔑視語の分析ではない．例えば，漢字における女偏と男偏の使われ方をみると，明らかに女偏には「姦」，「妨」，「妖」，「妄」，「奴」などにみられるように，男偏に比べて蔑視語が多い．
(12) 栗原彬「〈老い〉と〈老いる〉のドラマトゥルギー」『老いの人類学』(『老いの発見1』，岩波書店) 1986年，16頁．
(13) 同上16頁．
(14) 「老人認知」という言い方は，ここでの行論の関係上使っているが，他の章ではこのことを「老人自己成就」と呼んで分析している．

参考文献

(1) 柴谷篤弘・池田清彦編『差別ということば』(明石書店) 1992年.
(2) 塩見鮮一郎『言語と差別』(新泉社) 1990年.
(3) 星野命「あくたいもくたい考」『現代のエスプリ』No.85, 1974年.
(4) 楳垣実『日本の忌みことば』(岩崎美術社) 1985年.
(5) E.Goffman, *Stigma : Notes on the Management of Spoiled Identity*, (Prentice-Hall) 1963. 石黒毅『スティグマの社会学』(せりか書房) 1970年.
(6) 出口顕『名前のアルケオロジー』(紀伊国屋書店) 1995年.
(7) S. I. ハヤカワ『ことばと人間』(紀伊国屋書店) 1980年.
(8) 森幹郎『老人問題解説事典』(中央法規出版) 1984年.

第5章 若者の老人差別意識の分析

1. はじめに

人間には「生」があるようにまた「死」もある．この両極のなかにわれわれの人生がある[1]．だが，人間社会は，人間の社会的な有用性から，人間の資源としての価値や労働の結果としての財に対して，差異化や位階化をおこなってきた．年齢も，そうした社会的有用性の価値から判断されてきたのである．例えば，人口論でいう年少人口，生産年齢人口，老年人口という言葉で区別されるとき，生産年齢人口に対して，年少人口も老年人口も従属人口として分析されることになる．ここには確かに価値中立的な配慮が窺えるが，明らかに，子どもや老人は，生産年齢人口層による被扶養者層とみられているのであって，背後には有用価値が潜んでいることがわかる．加齢は一定年齢までは望ましいとみられるが，ある時期を過ぎると，老年になったということで何か特別の意味がつけ加えられる．そして，尊敬と軽視の二種類の対象でもってみられるのである．高齢者に対する社会の処遇法は，敬老と棄老のヴァリエーションによって示されてきたといえる．概して歴史的にみれば，伝統的な社会は長老の情をもって高齢者を敬い慕う社会であったが，その反対に，高齢者を殺害したり，棄老する社会もあった．サムナーは，堕胎，幼児殺し，老人殺害（killing the old）を論じるなかで，老人に対して尊敬と軽蔑という二種類のモーレスが存したことを指摘している．一つは老人が独占的な，かつ因習的な尊敬をもって処遇されるというモーレス，いま一つは「負担になる人びとが彼ら自身の行為かもしくはかれらの親族の行為によって殺害されねばならないという教理のモーレス[2]」であったという．また，我が国の隠居制を研究した穂積陳重も，歴史的な老人退隠の習俗として食老俗，殺老俗，棄老俗を挙げている[3]．だが，実際には伝統社会においてサムナーがいうところの軽蔑のモーレスは，概して

第5章 若者の老人差別意識の分析

あまり惹起しなかった。それは、伝統社会そのものが年長者の知恵や情報に大きく依存した社会であったからである。

これに対して現在の高度に発展した社会は、どちらかといえば若者中心の社会となってきたといってよい。しかもそれは二重の意味でそうなのである。今日の若者をめぐる状況を考えてみると、まず第一に彼らを包み込んでいる家族の変動が進み、平均寿命が伸び、女性の職場進出による共働き家族の増加、出生率の減少、さらには核家族化や小家族化をもたらしている。このことは家族にとって子どもや若者を大事な家族員として保護の対象とすることになった。また、社会にとっても、こうした少子化は、人口の再生産能力を弱化せざるを得ないので、若い年代層は以前の社会以上に貴重な人材とみなされることになる。

他方で、若者は、社会の革新的な担い手であり、また産業社会の労働の担い手である。安い労働で過酷な労働に耐え、また若者が産業の技術開発で創造的な仕事を果たすことができるということで、社会は、若者を産業社会の後継者として大切に扱ってきた。たとえば新規に採用した新入社員が、まだ学生の気持ちが残ってモラトリアム的であって、企業戦士として即戦力として使えない場合、会社は、会社のなかの教育施設で教育をおこなうことによって、新入社員を戦力に使えるように仕上げていくのである。しかも、産業社会は、消費社会への担い手として若者に大きく依存せざるをえない側面をもっている。そのために、若者を責任ある地位からいつまでもモラトリアムのままでいる地位へと追いやってきたのである。栗原は、若者が主要な消費顧客層になったこと、日進月歩の技術革新による世代の逆転現象、戦中派壮年層の〈老い〉の意味の伝達の失敗と「若さ」価値の称揚が「今日では、若さと老いとの価値の格差は開く一方である[4]」という。そして、若者が〈老い〉の意識を取りこむこともきわめて困難な状況にあるという。

この産業社会では、身体の老化もさることながら、定年退職制によって不要な人材がつくられるのである。職業からの離脱(退職)は、文字通りの隠居を意味する。穂積陳重は、当時の家体制を維持するものとして隠居制度の必要性を説いたが、「泰西諸國に於ける養老年金制度は個人制社会に於ける隠居制度に非ずや[5]」といって、国家による年金制度を国の隠居制度であるといった。確かに社会保障制度、福祉制度など国家による老人への処遇は、かつての社会

と比べれば飛躍的に進んだといえる．しかし，その一方で，金子善彦の『老人虐待』やさらには柴田博・芳賀博・古谷野亘・長田久雄の『間違いだらけの老人像』といった表題の書物の出版，老人病院の非人間的な処遇の実態をレポートしている大熊一夫の『ルポ老人病棟』からもわかるように，我が国の現在の老人に対する処遇は，決して敬老に篤い社会とはいえなくなっているのではあるまいか[6]．

　現在の場合，かつての社会のように殺老，排斥による棄老など少なくなった．むしろ，国家による老人福祉や社会保障制度，また敬老精神の啓蒙等がなされており，こうしたものとの対比で老人差別や棄老がなされているといった方がよいであろう．例えば，隠退の根拠としての合理化には，しばしば次のような言葉が使われてきた．つまり，「高齢者なのだから」，「年金で生活すればよいではないか」，「若い人の職場を確保するためには老人は身を引くべきである」，「老後は，家族のなかで扶養されて生活すべきである」，「老人には小遣いはいらない」，「体が弱いのであるから気の毒である」，「もう後輩に任せるべきである」，「そうすることが老人にとってよいことである」等々．同情を込めた棄老といってよいのかもしれない．

　われわれの観点からは，このようなさまざまな内容の文化規制が高齢者に働きかけ，そして高齢者を「老人」にしているとみたい[7]．そこには老人に対して生物学的な「老い」を迎えたという以上に，まだ生物学的には「老い」の域に達していない人びとにも「あなたは老人になったのだ」といわさしめる何か，つまりこの意味からも老人は社会によってつくられるとみるべき観念がある．この老人化メカニズムは，当該社会の文化構造と密接に関係しているであろう．われわれは，ここでは三つの要因を中心にして若者の老人像，特に棄老や差別感をみてみたい．つまり，① この文化構造に反映されているものとして性役割のなかにみられる老人処遇観，② 老人を結果的に排出する家族構造としての核家族，③ 老人を社会的に棄民化する都市構造の三要素を，ここでは中心的に分析枠組として使ってみたい．

　伝統的な社会では，女性は家事行為を専担するべき存在とみなされていたし，老人扶養も家事とみられ，それをすることは妻，嫁，また娘としての当然の任務と考えられてきた．女性は，家族のなかで家事を通しての奉仕者とみなされ

ていた.そして,こうした地位に甘んじなければならなかったのは,家族成員の多い祖父母との同居生活をしている直系家族や,それ以外の親族と生活している複合家族のような拡大家族においてであったと思われる.

　赤坂憲雄によれば,現代の「核家族」が老人を親和力をもって包容する空間ではなくなったという[8].「核家族は生きること・老いること・病むこと・そして死ぬことといった,もっとも直接的かつ自然的な家族としての営みの多くを,みずからの手で全うすることができない[9]」のであり,常にありとあらゆるものが核家族によって委託され,老人の世話でさえも病院・福祉・介護・施設といった形で外在化されるという.

　そこから一つ視点を引き出せば,次のようになる.伝統社会では農業を基盤としていたので,地域社会といっても農村地域のような社会で,老人を大切にしてきた.つまり,老人化のメカニズムのなかには地域社会の二つの構造原理(つまり,都市と農村)が関わっているということを意味する.そして,その二つの地域社会には敬老と棄老の精神(価値)の認知や処遇において相違が存する.

　本章の目的は,老人とは対極的な地位を占めている若者の老人に対する意識を分析することにより,老人化というメカニズムの実証的な研究を意図している.そのために,大学生の棄老に対する意識,老人差別感情や意識を分析することによって,老人化を促すメカニズムを捉えてみたい.

　調査は,宮崎大学,宮崎女子短期大学,山口大学の3大学の1年生を対象として,1990年12月から1991年5月にかけて実施した「若者の高齢者に関する意識調査」である.調査法は集合面接法である.回収数は535人で,そのうち男性が338人,女性が194人,不明3人であった[10].

2. 棄老意識と棄老類型

　われわれの社会では,老人差別は,「姥捨山」に代表されるように,棄老という形でなされてきた.ここでは若者(大学生)の棄老意識の所在とその特徴をみてみたい.最初に敬老と棄老の存在についての認知からみてみよう.

(1) 敬老と棄老の認知

① 敬老精神

「あなたは，いまの日本の社会には敬老の精神があると思われますか」という設問で敬老精神の存在をみたところ，「ある」と答えていた者が 24.3％，それに対して「ない」と答えた者は 74.6％であった．つまり，七割以上の学生がいまの日本には敬老精神がないとみているのである．表・1 からみても明らかなように，この認知においては性別の差はあまりみられなかった．同じく，出身地域別の 2 類型でみても，都市部と農村部で差はみられなかった．ただ，出身地域を「都心」，「市街地」，「新興団地」，「近郊農村」，「純農村」にわけてみてみると，若干であるが，「新興団地」，「近郊農村」のような新しく形成された地域や変動の著しい地域社会で，敬老精神が「無い」とする学生がやや多くなっていた．

表・1 属性別にみた敬老の精神の有無

			実数	敬老精神の有無			老いの排除の有無		
				ある	ない	不明	ある	ない	不明
	全 体		535	24.3	74.6	1.1	15.3	54.8	29.9
性別	男性		338	23.7	74.6	1.8	13.0	50.6	36.4
	女性		194	25.3	74.7	—	19.1	61.9	19.1
家族別	核家族		385	24.7	74.5	0.8	14.5	54.0	31.4
	拡大家族		147	23.1	74.8	2.0	17.0	56.5	26.5
性別・家族別	男性	核家族	237	22.8	75.9	1.3	11.8	51.1	37.1
		拡大家族	101	25.7	71.3	3.0	15.8	49.5	34.7
	女性	核家族	148	27.7	72.3	—	18.9	58.8	22.3
		拡大家族	46	17.4	82.6	—	19.6	71.7	8.7
地域別	都市部		294	24.1	74.5	1.4	16.0	55.1	28.9
	農村部		235	24.3	74.9	0.9	14.5	54.5	31.1
出身地域類型	都市中心部		338	28.6	71.4	—	22.9	65.7	11.4
	市街地部		194	27.2	68.5	4.3	9.8	52.2	38.0
	新興団地部		338	21.6	78.4	—	18.0	54.5	27.5
	近郊農村部		194	21.5	77.7	0.8	13.1	55.4	31.5
	純農村部		194	27.6	71.4	1.0	16.2	53.3	30.5
性別・地域別	男性	都市	177	23.7	74.0	2.3	13.6	53.1	33.3
		農村	158	23.4	75.3	1.3	12.7	48.1	39.2
	女性	都市	117	24.8	75.2	—	19.7	58.1	22.2
		農村	77	26.0	74.0	—	18.2	67.5	14.3

家族の場合，核家族に若干敬老の精神が「ある」と答えたものが多いが，性別・家族別では核家族の女性のうちで敬老の精神が「ある」とするものが27.7％と，一番多く，ついで男性の拡大家族に25.7％認められた．男性の核家族や女性の拡大家族に「ない」とするものの比率が高い．特に女性の拡大家族の場合に多かった．

このように敬老の精神の存在を認めるものが少ないのであるが，それならば，老人への排斥に対する認識はどうであろうか．

② 老いの排除に関する認知

調査のなかでは「いまの社会には人間の老いを排除するような仕組みがあると思いますか」という設問を使って，社会全般のもつ棄老のメカニズムの認知を調べてみた．無記入の回答が多かったので，設問としては多少難解であったのかもしれない．まず，全体では，老人を排除する仕組みが「ある」と回答したのは15.3％，逆に「ない」と回答したのが54.8％と，半数以上が老いを排除する仕組みがないとみていた．

性別では「ある」とみるのは女性（19.1％）に多く，男性（13.0％）に少なかった．家族では，拡大家族に多く，特に女性の拡大家族，そして女性の核家族に多くみられた．

地域別では都市部の方が農村部に比べて僅かではあるが，排除の存在を認める比率が高い．出身地でみると，都市中心部や新興団地などで排除の存在を認める比率が高い．市街地部や近郊農村ではやや少なかった．さらに，性別地域別では，性別の差の影響で農村部の女性と都市部の女性に老いの排除の存在を認める比率が高かった．

上でみた設問は，もう一つ設問を試みていた．つまり，老いを排除する仕組みが「ある」と答えた人に，その具体的な理由を「自由回答」で求めた．そこから棄老認知の具体的な内容を調べてみよう．535名中，この回答をしていたのは116名であって，ここではその代表的な意見を性別に拾って列挙してみよう．

〈男性の場合〉

① 「うまく説明できないが，確かにあると思う」（男性20歳，近郊農

村，祖父母との同居経験なし，核家族）

②「年齢制限など．文化の中心が若者中心になりすぎている」（男性20歳，新興団地，祖父母との同居経験なし，核家族）

③「シルバーシート．老人ホーム（お年寄りを若者から隔離するところ）」（男性19歳，市街地，祖父母との同居経験有り，核家族）

④「よく感じるのが，バスに乗ったときだ．よくバスの運転手が，まるで『チェッ，ババアとっととうせろ』とでもいうような感じで接しているのをみかける」（男性20歳，近郊農村，祖父母との同居経験なし，核家族）

⑤「あまり親切にしないで，邪魔者あつかいするところ」（男性20歳，純農村，祖父母との同居経験なし，核家族）

⑥「一般の人は老人を軽蔑しているように思われる」（男性19歳，純農村，祖父母との同居経験なし，核家族）

⑦「老人ホームはほとんど町中より遠い山のなかにある」（男性21歳，近郊農村，祖父母との同居経験有り，拡大家族）

⑧「老人福祉に対して国家は積極的に関与しようとしていない．また，国民の意識の上で老人に対する尊敬の念が薄らいでいる．あるいは，老人との接触する場が少なすぎる」（男性20歳，近郊農村，祖父母との同居経験有り，拡大家族）

⑨「慣習的になにか『老い』によって，行為が制限されているような気がする」（男性18歳，純農村，祖父母との同居経験なし，核家族）

⑩「仕事に重心をおいている人が多いので，それが出来なくなるとあとは用無しみたいな風潮があるし，国の保障もまた不十分だと思うし土地は高いし，余裕がないから老いるのはみじめだ」（男性19歳，市街地，祖父母との同居経験有り，核家族）

〈女性の場合〉

①「お年寄りを社会に加えようとしていない．老人ホームなどに追いやっている．その後も知らない顔をしている」（女性19歳，市街地部，祖父母との同居経験なし，核家族）

②「洋服の種類が少ない（服の色，柄，布地の材料等，老人の物はパタ

ーンが限られているように思うので,)」(女性20歳,市街地部,不明,核家族)

③「一般に,老人はきたないとみられているところがあるように思う」(女性19歳,近郊農村,祖父母との同居経験有り,拡大家族)

④「65歳定年,職安に行っても仕事がない.子どもが年老いた親を老人ホームにすぐ入れること」(女性19歳,新興団地,祖父母との同居経験有り,拡大家族)

⑤「みんな老いをさけるため,スポーツや趣味,また女性の場合,お化粧などで若く見せようとしている」(女性19歳,新興団地,祖父母との同居経験有り,核家族)

⑥「シルバー,シルバーという言葉を多く使っているようなところ」(女性19歳,市街地,祖父母との同居経験なし,核家族)

⑦「お年寄りの豊富な知識を生かせる場所が与えられていない」(女性18歳,新興団地,祖父母との同居経験なし,核家族)

⑧「年老いた人をどこかにまとめておこう……施設に追いやるところ.それがすべて悪いとも言い切れないけれども」(女性20歳,都心部,祖父母との同居経験なし,核家族)

これら学生の回答を列挙してみると,全体的には,漠然として感じているもの,ただ老人ホームやシルバーといった言葉を挙げるもの,そして排除の側面を的確に回答するものなどタイプはいくつかに分かれるが,男性と女性とではだいぶ違っている.男性の場合,ドライで,差別的な表現をズバリいってのけているが,女性の場合は女性らしく敬語的表現であったり,ファッションからみているものなどが目につく.全般的にはいまの若者の表現方法か,それとも即物的になっているのか,言葉のニュアンスに実感が伴っていないものが多い.若い大学生が挙げる棄老認知は,素朴といえば素朴といえるような内容で,老人をあまりみていないためかもしれない.

自分の親や祖父母は,大切にするが,他の老人となると,老人に対するストレートな排斥感が出てくるケースもみられた.つまり,若者に個人主義化や自己中心の傾向が確認できるのである.やはり栗原がいうように〈老い〉を青年

たちが取りこむのは難しくなっているのかもしれない．そこで，棄老意識をみてみよう．

(2) 棄老観類型による分析

まず，棄老観を分析するために次のような設問を用意した．「深沢七郎の『楢山節考』という小説は，かつての日本の民衆にみられた姥捨ての慣行を題材にしていますが，その物語では一家の主人である息子が母親を背負って山に登り，母親を置き去りにしてきます．このような慣行が貧しい民衆のなかではあったわけですが，あなたはこのことについてどう思いますか」そして，具体的には「子どもが親を棄てるということは人間として絶対すべきではない」，「やはりすべきではないと思う」，「当時としては仕方なかったと思う」，「子孫が生き残っていくためには当然だと思う」，「わからない」という設問を使って調べてみた．

今回の調査では，「人間として絶対すべきではない」が35.5％と，一番多くなっており，以下では「当時としては仕方なかった」34.4％，「すべきではない」が23.0％，「生き残るためには当然」が1.1％，「わからない」が4.3％となっていた．

表・2 より，棄老観の各タイプの支持層をみてみると，男性は「当時としては仕方なかった」が一番多く，以下「絶対すべきではない」，「すべきではない」「生き残るためには当然」となる．これに対して女性は「絶対すべきではない」が一番多く，以下「当時としては仕方なかった」，「すべきではない」に続く．女性の場合，「生き残るためには当然」という見解は皆無であった．このように性別で棄老観に違いがみられた．男性の現実主義的な見解の現れかもしれないが，棄老意識については女性より男性の方がやや強い．

次に地域別でみると，都市部出身者では「当時としては仕方なかった」が一番多く，以下「絶対すべきではない」，「すべきではない」，「生き残るためには当然」となる．これに対して農村部は「絶対すべきではない」が一番多く，以下「当時としては仕方なかった」，「すべきではない」，「生き残るためには当然」の順であって，明らかに都市の方がやや棄老に対して促進傾向を示している．

次に家族類型では，核家族では「絶対すべきではない」が一番多く，以下

「当時としては仕方なかった」,「すべきではない」,「生き残るためには当然」となる.これに対して拡大家族は,「当時としては仕方なかった」が一番多く,以下「絶対すべきではない」,「すべきではない」,「生き残るためには当然」の順であって,核家族の方が棄老に対する肯定的な意見が少なく,逆に拡大家族の方が多かった.これら五つの棄老観について,それぞれの意見ごとに,主たる支持層をひろってみたい.

「絶対すべきでない」は,女性・農村出身・核家族以外でみると,出身地域

表・2 属性別にみた棄老観

		人間として絶対すべきではない	すべきではない	当時としては仕方なかった	生き残るためには当然だ	わからない	不明
	全体	35.5	23.0	34.4	1.1	4.3	1.7
性別	男性	32.8	21.9	36.7	1.8	5.6	1.2
	女性	40.2	24.7	30.4	—	2.1	2.6
出身地別	都市	34.7	21.1	37.4	1.4	3.7	1.7
	農村	36.2	25.5	31.1	0.9	4.7	1.7
家族別	核家族	37.4	22.1	33.2	0.8	4.7	1.8
	拡大家族	30.6	25.2	37.4	2.0	3.4	1.4
性別・家族別	男性 核家族	34.2	20.3	36.3	1.3	6.3	1.7
	男性 拡大家族	29.7	25.7	37.6	3.0	4.0	—
	女性 核家族	42.6	25.0	28.4	—	2.0	2.0
	女性 拡大家族	32.6	23.9	37.0	—	2.2	4.3
性別・地域別	男性 都市	32.2	20.3	40.1	2.3	4.0	1.1
	男性 農村	32.9	24.1	33.5	1.3	7.0	1.3
	女性 都市	38.5	22.2	33.3	—	3.4	2.6
	女性 農村	42.9	28.6	26.0	—	—	2.6
地域別	都市中心	40.0	11.4	48.6	—	—	—
	市街地	27.2	22.8	42.4	2.2	4.3	1.1
	新興団地	37.7	22.2	32.3	1.2	4.2	2.4
	近郊農村	40.0	23.1	30.0	1.5	4.6	0.8
	純農村	31.4	28.6	32.4	—	4.8	2.9
敬老精神有無	ある	37.7	23.1	31.5	—	4.6	3.1
	ない	35.1	23.1	35.1	1.5	4.0	1.3
老人が好き	好き	41.7	20.8	29.2	2.1	2.1	4.2
	どちらか好き	35.9	22.2	35.9	0.3	4.3	1.5
	どちらか嫌い	30.1	29.0	33.3	1.1	6.5	—
	嫌い	20.0	20.0	40.0	20.0	—	—

では都心部と近郊農村の出身者,敬老精神の有無では「ある」としたもの,そして老人について「好き」と答えた人に多くみられる.「すべきではない」と答えた学生の場合,やはり女性で,農村部で,拡大家族で,男性女性の拡大家族で,地域別では農村出身の女性,それも純農村出身者に多い.老人が「どちらかといえば嫌い」と答えたものに「すべきではない」とするものが多い.「当時としては仕方なかった」と答えた部分でみると,男性,都市部,拡大家族などで多いが,特に都心部や市街地部,そして都市部,老人が嫌いと答えたものに多かった.「生き残るためには当然だ」とするものは,老人が「嫌い」という回答に顕著にみられ,男性,拡大家族,市街地などにややみられる.

最後の「わからない」と答えた学生は,男性,核家族の男性,農村の男性で多く,「どちらかといえば嫌い」に多かった.

3. 棄老者類型の構成:タテマエとホンネの分析

だが,以上の姥捨て慣行への意識は,場合によってはきれいごとで回答できる.しばしば排斥とか差別を考える場合,タテマエとホンネとが違うといわれる.そして,こうした側面こそ分析の対象とすべきであると論じられてきた.ここではこのタテマエとホンネに少しでも近づくために,技術的な工夫をしてみたい.つまり,「老人が好き」という設問と棄老観類型の設問を使って,老人への「好き」「嫌い」といった感情的な要素を組み込んで新たに「棄老者類型」を構成した[11].便宜的に再構成した「棄老者類型」の説明をしておこう.

まず,「棄老者類型」のうち第一のタイプとして挙がってくるのは,老人を好きと答えており,姥捨てについては絶対否定の回答をしているタイプである.このタイプは,老人が好きであり,老人が老いたからといって棄老することに対して人間として絶対反対の立場を主張するタイプである.ここではこのタイプを「友愛型」と呼んでおきたい.全体では半数には満たないものの,一番多くみられたタイプである.

第二のタイプは,老人は嫌いと答えているが,棄老については反対する意見をもつタイプである.これは第一のタイプほど強く棄老を否定することはしないが,棄老に対していわゆるタテマエの形で反対の立場をとるタイプである.

第5章 若者の老人差別意識の分析　　　125

ここでは「原則反対型」と呼んでおきたい．全体では一割強しかみられなかった．

　第三のタイプは，老人は好きと答えているが，棄老については肯定しているタイプである．時代や状況を見計らって，当時としては棄老をせざるを得なかったとして，強い意識を働かせて，現実主義の立場から，棄老を肯定する立場である．ここではこのタイプを「現実型」と呼んでおきたい．自我像が強いタイプで，今回の調査では三割弱みられ，二番目に多いタイプとなっている．

　第四のタイプは，老人が嫌いで，棄老についても時代のなかで当然であったとするタイプ．現実主義で，棄老に対して肯定的な意見をもって臨むタイプであって，ここでは「棄老型」と呼んでおきたい．このタイプは，7％しかみられないが，極端な排斥主義につながるだけに，一割弱の存在であっても，積極的に啓蒙・啓発の対象となる層といえる．

　最後のタイプは，老人については好きないし嫌いと答えているが，棄老の見解に対して自分で肯定か否定かができず，結局「わからない」と答えるタイプで，優柔不断な態度をとるタイプである．ここでは「態度保留型」と呼んでおきたい．全体では4％みられた．

　次に，これらの各類型の属性別の特徴を見てみると，表・3のようになる．

　まず，「友愛型」は，祖父母との同居経験をもっており，女性であって，地域では農村部の近郊農村の出身で，家族形態では核家族にみられる．階層帰属意識は「中の上」や「中の中」の意識をもっており，老人は75歳からと考え，老後の開始を「子の独立」，「年金生活」と考えがちで，ボランティア活動に参加の意欲をもっている学生像が浮かび上がってくる．

　これに対して「原則反対型」の場合は，祖父母との同居経験がはっきりしない．つまり，直接このタイプに反映していないのである．いずれにせよ男性であって，やはり農村部の近郊農村の出身で，家族形態では核家族，階層帰属意識では「下の下」の意識をもち，老人年齢を75歳以上と考え，老人の開始を「配偶者の死」とか「身体の不自由」で考える学生に多い．このタイプの場合は，ボランティア活動への参加をあまりしてはいない．

　また，「現実型」の場合も「原則反対型」と同じく祖父母との同居経験ということは関係していない．やはり男性に多く，出身は都心部ないし市街地部で

あって，家族の形態では拡大家族，階層帰属意識でみると「上の上」ないし「下の上」の意識の持ち主であって，ボランティア活動に対しては参加意思をもっており，65歳以上からが老人年齢とみる人たちに，このタイプは多い．

表・3 棄老者類型の属性別所在

属性	友愛型	原則反対型	現実型	棄老型	態度保留型
性別	女性	男性	男性	男性	男性
地域類型別	農村部	農村部	都市部	都市部	—
出身地別	近郊農村	近郊農村	都心部, 市街地部	都心部	近郊農村, 市街地部
家族	核家族	核家族	拡大家族	拡大家族	核家族
階層帰属意識	中の上, 中の中	下の下	上の上, 下の上	下の下, 上の下	中の下, 上の下
祖父母との同居経験	ある	—	—	なし	ある
ボランティア参加意思	ある	なし	ある	なし	なし
老人年齢	75歳以上	75歳以上	65歳以上	55歳以上	55歳以上
老後開始	子の独立, 年金生活	配偶者の死, 身体の不自由	子の独立, 身体の不自由	主座の委譲	年金生活

「棄老型」は，はっきり祖父母との同居経験の有無が関係し，同居経験をもつ人にこのタイプが多くなっている．このタイプは男性であり，都市部の都心部の出身で，家族は拡大家族で，階層帰属意識は「下の下」ないし「上の下」の意識の持ち主であって，老人年齢も55歳以上から「老人」を想定する．老後の開始を「主座の委譲」（=「家事の依存」）とみている．そして，ボランティア活動に対して，参加意思をもっていない．

「態度保留型」の場合は，「わからない」と答えたタイプであるだけに，ある程度まで二重忠誠に陥ったのであろうか，まずこのタイプは，祖父母との同居経験をもっており，男性で，地域としては近郊農村や市街地部出身で，家族は核家族で，階層の帰属意識では「中の下」や「上の下」の意識層にみられ，老人年齢は55歳以上と早く考え，老後開始も年金生活と考える学生に多かった．そして，ボランティア活動への参加意思をもっていない者に多かった．

4. 老人への差別感情

ところで，都市空間が老人を排斥するとすれば，どのような心理的なメカニズムが働くのであろうか．まず，最初に，大学生の老人への差別感情を摘出してみたい．

(1) 差別感情の連関構造

ここでは，こうした差別感情を捉えるために，次のような文章題の設問を用意した．「百貨店街のある都心を老人の団体が 20～30 人大挙して歩いていました．老人たちのなかには腰の曲がった人もいます．着ている服も質素で，周りの美しい建物やナウイ若者のファッションとは大部違います」，「このような光景をみた場合，あなたは，この老人たちをどのように思いますか」，そして，この文章題に対して六つの設問，つまり「(1)『いやだな』と思う」，「(2)『きたならしい』と思う」，「(3)『場違い』であると思う」，「(4) 老人も結構『元気だな』と思う」，「(5) 老人は，都心のような便利なところで住むべきだと思う」，「(6) 老人は，できれば静かな所で生活すべきで，このようなごみごみしたところはふさわしくない」を用意した．そして，この設問に対し「そう思う」，「どちらかといえばそう思う」，「どちらかといえばそうは思わない」，「そうは思わない」という回答肢を使った．これら六つの設問の狙いと特徴を述べれば，(1)～(6) の設問は，地域のなかでも最も都市化した都心を想定し，そこに団体をなして歩く老人に対する若者の反応を〈可視性〉から〈処遇観〉にわたって捉え，深層構造を追求することである．まず，(1)，(2)，(3) は，いずれもが老人を否定的に評価した項目で，感性的な評価となっている．(1) は，自己との一体性についての関係における拒絶をあらわし，(2) は審美的な面からの貶価的評価であって，(3) は都心という場所に対しての不適合性・非符合性を指している設問である．三つとも多少は排斥的な評価を含んでいる．(4) の設問の方は，これとは違って肯定的な評価である．ただし，「元気だな」という言葉には，権威への依存や尊重，場合によっては憧憬を現すこともあるが，ここでの場合は，むしろ，いまの若者がしばしば言葉にする，老人が「可愛い」といった「対等な位置に立った肯定的評価」とみる方がよいであろう．この (4) に

対しては，(5)と(6)とは距離化を図る目安を与えるものであり，空間的な処遇観を現している．(5)は，都心という地域とそこの利便性を強調している．反対に(6)の方は，従来からの老人処遇観であるところの，老人は都心の「ごみごみしたところより，静かで，田舎のような所に住んだ方がよい」という見解を示している．つまり，この(5)と(6)の設問は，評価という点では没価値的な評価であって，老人への明示的な差別感情を表示していない設問であるが，結果的には望ましい生活地域を指示している．その意味で世間一般の老人に対する「思いやり」の処遇観を示している．つまり，静かな所で生活すべきという回答と，同様に「ごみごみ」した都心の街中は好ましくないという回答でもある．しかし，この静かな所に老人は住んだほうが良いという見解こそ，建て前と本音を使い分けたこれまでの社会的弱者への処遇観であるといえる．

まず，表・4からそれぞれの特徴をみてみよう．数値は「そう思う」と「どちらかといえばそう思う」の合計値が示してある．

① 「いやだな」と思う．

学生のうち「いやだ」という否定的な評価は2割強である．この意見は，男性が27.5%，女性が13.4%となっており，男子学生の方に「いやだ」とストレートに認知するものが多かった．他の属性でみると，「いやだな」とみるのは拡大家族の男性（32.7%），都心中心部（34.3%）などで顕著である．

② 「汚らしい」と思う．

同じく，否定的な評価であるが，審美的な面を加味しての「汚らしい」という否定的評価をするものは9.2%と，1割を満たない．ここでも男性の方が多く，12%の男性がそう見ている．この設問が多くみられたのは拡大家族に男性（15.8%），農村出身の男性（13.3%），市街地部（13.0%）に顕著である．

③ 「場違い」であると思う．

この設問に対して半数近くの44.5%が「場違い」と答えている．都市空間のなかでのアンバランスさを「場違い」と認識しているわけであるが，意外と排斥的評価と見ていないのかもしれない．この排斥的評価の多くみられるのは，男性（48.2%），拡大家族の男性（50.5%），農村の男性（48.7%），

第5章 若者の老人差別意識の分析　　　　　　　　　　　129

近郊農村（47.7%）などである．
④「元気だな」
　全体の76.6%が「元気だな」と回答しており，女性（84.0%），拡大家族の女性（89.1%），農村の女性（89.6%），核家族の女性（82.4%）に多かった．対等な立場からの肯定的評価は多かった．どの属性も女性の支持が大きく影響していた．

表・4　属性別にみた差別感情

			いやだな	汚らしい	場違いだ	元気だな	便利な所に住むべき	静かな所に住むべき
全体			22.4	9.2	44.5	76.6	15.0	71.8
性別	男性		27.5	12.7	48.2	72.8	13.6	74.0
	女性		13.4	2.6	38.7	84.0	17.5	68.0
出身地別	都市		23.5	8.5	43.5	74.8	16.7	66.7
	農村		20.4	9.4	46.0	79.6	12.8	77.9
家族別	核家族		21.0	8.3	44.4	75.8	15.6	70.1
	拡大家族		25.9	10.9	45.6	79.6	13.6	76.2
性別・家族別	男性	核家族	25.3	11.4	47.3	71.7	13.9	72.6
		拡大家族	32.7	15.8	50.5	75.2	12.9	77.2
	女性	核家族	14.2	3.4	39.9	82.4	18.2	66.2
		拡大家族	10.9	—	34.8	89.1	15.2	73.9
性別・地域別	男性	都市	27.7	11.9	47.5	71.2	16.4	70.6
		農村	26.6	13.3	48.7	74.7	10.1	77.2
	女性	都市	17.1	3.4	37.6	70.3	17.1	60.7
		農村	7.8	1.3	40.3	89.6	18.2	79.2
出身地類型		都心	34.3	5.7	42.9	80.0	20.0	68.6
		市街地	26.1	13.0	42.4	73.9	19.6	64.1
		新興団地	19.8	6.6	44.3	74.3	14.4	67.7
		近郊農村	22.3	9.2	47.7	80.0	9.2	80.0
		純農村	18.1	9.5	43.8	79.0	17.1	75.2

（備考）数値は，「そう思う」と「どちらかといえばそう思う」の合計値である．

⑤「便利な所に住むべき」
　この設問では15.0%しか「そう思う」と回答する者はいなかった．多かったのは都市中心部（20.0%），市街地部（19.6%），核家族の女性（18.2%），農村の女性（18.2%），女性（17.5%）などである．
⑥「静かな所で生活すべき」

全体では71.8%が静かな所で生活すべきと回答している．多いのは近郊農村（80.0%），農村の女性（79.2%），農村（77.9%），拡大家族の男性（77.2%），農村の男性（77.2%），純農村（75.2%）などである．

以上の六つの項目相互の関係をみると，「元気だな」と「静かな所に」の比率は七割以上の学生が支持し，「場違いだ」は四割強が支持しているが，残りの「いやだな」，「便利な所に住むべき」は二割前後しかみられなかった．特に「汚らしい」とみるのは9%にしかすぎない．老人たちの都心でのそうした光景を「汚らしい」として感じたり，「いやだな」と感じるのは，差別感情のレベルでは激しいだけに，こうした設問に肯定的な態度を示すのが少ないのは当然といえる．それに比べると「場違いだ」に半数近くが肯定したことは興味深い．勿論，この設問への肯定が場の構造からの排斥感を現しているとは認知されていないのかもしれないが，排斥感であることには違いない．それと，「静かな所に住むべき」が多く，「便利な所に住むべき」が少ないことである．これなどは世間一般の老人期待感（つまり，老人は静かな所で生活する方がよいといったもの）が反映しているのであろう．設問の意味からは，老人が身体的な不自由さから便利な所にこそ住むべきであるという解釈がほしいのであるが，結果は意外にも社会的な老人期待感で応えられた格好であった．⑤と⑥は，望ましい老人の居住地域を訊くことによって距離化を測ることを意図して使ったものであるが，調査からは地域類型が特徴を示した．つまり，それは「便利に住むべき」に関しては都心部や市街地部が多かったし，「静かな所で」に関しては近郊農村や農村部に多くみられた．これは回答者の自分の居住地域の肯定と重複しているのである．ただ，こうした自分の居住地への吸引的要素を考慮に入れたとしても，排斥・距離化的な解釈がなされていることも重視しなければならない．

(2) 相関分析による要因分析

次に，これら差別感情の6要因の結びつきの度合（連関度）を知るために，ここではこれらの6要因間の相関分析を試みた．その相関係数を表示したものが表·5である．

まず，最初にこの表から相関度の高いセルを順に拾ってみると，まず一番高

いのは「汚らしい」と「いやだな」との間で 0.59161 の相関係数がみられる。以下「場違いだ」と「いやだな」(0.45951),「汚らしい」と「場違いだ」(0.34967),「場違いだ」と「静かな所に」(0.31908),「便利な所に」と「静かな所に」(−0.28491),「いやだな」と「静かな所に」(0.22647),「元気だな」と「便利な所に」(0.15724),「汚らしい」と「静かな所に」(0.15605),「便利な所に」と「場違いだ」(−0.12998),「いやだな」と「元気だな」(−0.12859),「汚らしい」と「元気だな」(−0.11265) の順となっている。

表・5 相関図

	いやだな	汚らしい	場違い	元気だな	便利な所に	静かな所に
いやだな	1.00000					
汚らなしい	0.59161*	1.00000				
場違い	0.45951*	0.34967*	1.00000			
元気だな	−0.12859*	−0.11265*	−0.06100	1.00000		
便利な所に	−0.05963	−0.02714	−0.12998*	0.15724*	1.00000	
静かな所に	0.22647*	0.15605*	0.31908*	0.04912	−0.28491*	1.00000

(備考) *印は5%で有意である。

　要因間のなかから強い結びつきを示す項目を抽出してみると,「汚らしい」,「いやだな」,「場違いだ」,「静かな所に」という四つの項目の結びつきが確認できる。ここには老人差別の連関が良く読み取れる。つまり,「汚らしい」,「いやだな」,「場違いだ」,「静かな所に」の相互間が連関していることを現している。知覚的レベル, 評価, 場所の距離化等を考えてみれば,「汚らしい」→「いやだな」→「場違いだ」→「静かな所に」という連関が予想できるのである。この関連を内容的に表現すれば, 審美的な面からの貶価的な評価があって, 自己との一体性を峻別しての拒絶があり, 都市という場所との不適合性が表明され, その結果としての静かな所への処遇が働くという格好になっている。もしかしたら「汚らしい」という価値が始動要因として働くところに, 現在社会の差別の論理の根底が秘められているのかもしれない。

　これに対して,「元気だな」,「便利な所に」,「いやだな」(逆相関),「汚らしい」(逆相関) の 4 項目が結びついている。こちらは老人たちを元気だなと肯定的にかつ友好的に評価する学生は, 便利なところに住むべきであると考え,

また感情的には「いやだな」とか「汚らしい」とは思わない傾向があることを示している．

以上二つの要因連関は，差別意識へのプラス方向とマイナス方向を示しているので興味深い．

表·6 棄老観類型別にみた老人イメージ

	いやだな	汚らしい	場違い	元気だな	便利な所に	静かな所に
友愛型	16.3	6.4	40.3	79.3	15.5	71.4
原則反対型	40.7	8.5	61.1	69.5	15.3	76.3
現実型	20.1	10.1	43.6	79.9	15.4	72.5
棄老型	52.6	28.9	60.5	60.5	10.6	73.6
態度保留型	22.7	9.1	45.5	81.8	9.1	59.1

（備考）数値は，「そう思う」と「どちらかといえばそう思う」の合計値である．

ところで，表·6は，前述した5種類の棄老類型ごとに，差別意識の内容を探ったものである．「いやだな」と「汚らしい」という感情的・感覚的な否定項目に対しては「棄老型」が高い数値を示し，「棄老型」の具体的な意識内容とその妥当性を示している．「場違い」の項目については，「棄老型」よりやや「原則反対型」の方が多くなっている．「元気だな」という項目については，「友愛型」以上に，「わからない」と答えた「態度保留型」や「現実型」が多くなっていた．「便利な所に」に関しては「友愛型」，「現実型」，「原則反対型」に多かった．これらの3タイプが棄老型に比べて多いということで，老人の居住地として利便性が必要であるという認識が，若者の間でも若干見られることがわかる．しかし「静かな所に」と比べると比率はきわめて少ない．「静かな所に」の回答では「棄老型」がやや高いものの，「原則反対型」が一番高い比率を示していた．

(3) 差別意識の強度

さらに，大学生の差別意識の強度をみてみたい．ここでは差別意識の強度を分析的に測定することにしたい．使用したのは上記で相関度が強く認められた「いやだな」，「汚らしい」，「場違いだ」，「静かな所に」の項目に対してである．この構成にあたっては四つの設問をそれぞれ「思う」(「思う」＋「どちらかと

いえばそう思う」）と「思わない」（「思わない」＋「どちらかといえばそうは思わない」）という二つのカテゴリーに分類し，それらを再構成することによって，五つの種類からなる「差別意識の強度」項目を構成した．以下差別意識度と呼びたい．表・7は，今回調査した項目のなかから26の項目を選んで，この差別意識度との相関関係を求めたものである[12]．

表・7　差別意識度との相関関係

	要因（設問）		設問のカテゴリー	差別意識の強度
1	祖父母との同居経験		「ある」……「ない」	−0.01622
2	老人が好き		「好き」……「嫌い」	−0.18661**
3	老後時の同居希望		「同居したい」……「したくない」	0.00441
4	老親の世話		「するのは当り前」……「必要はない」	−0.09773*
5	高齢化社会への関心		「非常にある」……「関心がない」	−0.09323
6	老後の不安感		「感じている」……「感じていない」	−0.05486
7	老人年齢		「65歳以上」……「80歳以上」	0.03639
8	敬老精神の有無		「ある」……「ない」	−0.02116
9	ボランティア参加意思		「ある」……「ない」	−0.16775**
10	相談相手の有無		「いる」……「いない」	−0.08329
11	自我像項目	生きがい感がある	「そう思う」……「そうは思わない」	−0.02656
12		生活に満足している	「そう思う」……「そうは思わない」	−0.03053
13		孤独ではない	「そう思う」……「そうは思わない」	−0.14115**
14		自分の存在に満足	「そう思う」……「そうは思わない」	−0.03233
15		家族に誇り	「そう思う」……「そうは思わない」	−0.11710*
16		能力が発揮できている	「そう思う」……「そうは思わない」	−0.04829
17		社会的に不可欠である	「そう思う」……「そうは思わない」	0.00685
19		社会的に貢献能力有り	「そう思う」……「そうは思わない」	−0.03210
20	宗教への関心		「ある」……「ない」	−0.09885*
21	棄老類型		「友愛」……「態度保留」	−0.11826*
22	老いの排除の仕組み		「ある」……「ない」	−0.03868
23	性別		「男性」……「女性」	0.17450**
24	地域類型		「都市」……「農村」	−0.03659
25	家族形態		「核家族」……「拡大家族」	−0.02560
26	階層帰属意識		「上の上」……「下の下」	−0.05864

（備考）*は「5％で有意」，**は「1％で有意」を現している．

これらのうち5%以下で有意相関を示している項目をみると，表・7のなかでは「老人が好き」(−0.18661)，「老親の世話」(−0.09773)，「ボランティア活動参加意思」(−0.16775)，「孤独ではない」(−0.14115)，「家族に誇り」(−0.11710)，「宗教への関心」(−0.09885)，「性別」(0.17450)，「棄老類型」(−0.11826) という8項目に相関度が認められるものの，これらを相関度の高いものから降順に並べてみると，「老人が好き」，「性別」，「ボランティア活動への参加」，「孤独ではない」，「棄老類型」，「家族への誇り」，「宗教への関心」，「老親の世話」となっている．つまり，この差別意識度に対して相関度を示した学生の属性や意識は，まず老人が嫌いということが一番相関しており，次いで男性であること，ボランティア活動への参加意思をもっていないこと，孤独であること，棄老意識をもっていること，家族への誇りをもっていないこと，宗教への関心をもっていないこと，無理してまで親の世話をする必要がないと考えていることが分かる．この差別意識の強度は「敬老の精神」や「老いの排除」についての認知，家族形態，地域類型，階層帰属意識といった要因とは相関関係を示していない．ここでみている差別意識度の強弱は，直接には社会における敬老精神の認知とか，老いを排斥している仕組みについての認知には関係していない．同様に，家族形態や地域類型や階層帰属意識といったものに対しても相関していなかった．

以上は，差別の意識に結びつく要因を相関関係分析から求めたものであるが，付加的に，差別意識度の所在を探ってみたい．ここではそのために差別意識の強度を点数化して調べることにしたい．表・8は，「強度5」に5点，「強度4」に4点，「強度3」に3点，「強度2」に2点，「強度1」に1点を与え，その中位値を求めたものである．それでみると，学生の差別意識の平均点は2.502点である．そして，それぞれ属性別に高い点数を拾ってみると，特に高い得点を示したものは，男性が2.646点，拡大家族が2.585点，拡大家族の男性が2.762点，農村出身の男性が2.669点，都市出身の男性が2.607点，近郊農村出身が2.592点となっている．一番高い得点を示したのは，拡大家族の男性であった．性別では男性，家族では拡大家族，地域別では農村が差別意識の得点が高くなっている．

それから平均値2.502点より高い得点を示した属性を拾ってみると，「老人

第5章　若者の老人差別意識の分析　　　　　　　　135

が嫌い」,「棄老型の男性」,「棄老型」,「下の下」,「都市部の男性」,「原則反対型の男性」,「どちらかといえば老人が嫌い」,「原則反対型」,「拡大家族の男性」,「原則反対型の女性」,「上の下」,「近郊農村の男性」,「農村部の男性」,「態度保留型の男性」,「男性」,「純農村の男性」,「ボランティア活動参加意思なし」,「市街地部の男性」,「都市部の男性」,「核家族の男性」,「近郊農村」,「拡大家族」,「態度保留型の男性」,「中の下」,「新興団地の男性」,「農村部」,「老いの排除がない」,「祖父母との生活経験がある」,「都心部」,「敬老精神がない」,「中の下」,「市街地部」となる．

表・8　属性別にみた差別意識の強度（点数化）

属性			中位値	属性		中位値
全体			2.502	階層帰属意識	上の上	2.077
性別	男性		2.646		上の下	2.697
	女性		2.247		中の上	2.512
家族形態	核家族		2.468		中の中	2.440
	拡大家族		2.585		中の下	2.553
性別・家族別	男性	核家族	2.595		下の上	2.500
		拡大家族	2.762		下の下	3.091
	女性	核家族	2.264	祖父母との	生活経験有り	2.523
		拡大家族	2.196		生活経験なし	2.488
地域別	都市部		2.454	ボランティア	参加する	2.311
	農村部		2.543		参加しない	2.630
性別・地域別	男性	都市部	2.607	棄老類型別	友愛型	2.360
		農村部	2.669		原則反対型	2.864
	女性	都市部	2.221		現実型	2.466
		農村部	2.286		棄老型	3.158
出身地域別	都心部		2.514		態度保留型	2.500
	市街地部		2.511	老人が好き	好き	2.237
	新興団地部		2.411		どちらか好き	2.448
	近郊農村		2.592		どちらか嫌い	2.871
	純農村		2.481		嫌い	3.600
敬老精神有無	ある		2.473	老いの排除	ある	2.425
	ない		2.514		ない	2.528

このように差別意識の強さは，老人が嫌いということ，男性であること，ボランティア活動への参加意思をもっていないこと，孤独であること，棄老意識をもっていること，家族への誇りをもっていないこと，宗教への関心をもって

いないこと，無理してまで親の世話をする必要がないと考えていることと関連しているが，さらに加えると地域では農村，特に近郊農村，家族では拡大家族，帰属意識では「下の下」，「上の下」，「中の下」，そして祖父母との生活経験ありと関連していることがわかる．そして，僅かではあるが，敬老精神がないと答えた者や老人への排除の存在がないと答えたものに，差別意識がやや高くみられた．

5. 結　語

　本章は，ラベリング論の観点から高齢者を老人にする老人化プロセスを捉えるために，「若さ」を表象する若者の代表として大学生の老人意識を分析した．ここでは大学生の集合的な意識を捉えるために，老人差別意識と目される設問を用意し，棄老感，棄老類型，老人差別意識等を分析した．その結果，いくつかの知見を見いだすことができたように思われる．

　まず，今回の調査からは老人に対する差別意識や棄老類型が，性別では男性の方に老人への差別感が強く，性別役割による老人処遇感が反映していることが分かった．しかし，家族や地域の要因は必ずしも仮説に従うものではなかった．つまり，核家族形態で生活していた学生の方が老人を排斥するという仮説は認められなかった．かえって高齢者と同居しているケースである拡大家族において，学生の差別意識も強く，また棄老型も比率的に多かったのである．拡大家族における学生の方が差別意識が強いということは，拡大家族の子どもの方が他の場合より緊張度が高いということ[13]，と関係するのであろうか．実際，祖父母との同居経験についての設問でも同じことがみられた．つまり，今回の調査では祖父母との同居経験と差別感情との間には有意な形の相関関係が認められなかったが，同居経験をもつ学生に老人差別の感情をもつものが多くみられたのである．もちろん，今回の場合，1年以内の生活経験であるからもっと長期の同居経験では違うかもしれない．ただ，ここでのインプリケーションからは，若者が祖父母との同居を通して老人の現実の実態を知り，それ故になにがしかの軽視観がでてくるのかもしれない．

　また，地域の要因との関係では，棄老者類型については仮説と同じく，「友

愛型」や「原則反対型」が農村部で多く，逆に「現実型」や「棄老型」が都市部で多かった．ところが差別意識の強度では農村部の方が高く，逆に都市部の方で低かったので，仮説とは違った傾向を示していることが分かる．特に出身地別では近郊農村の学生が「友愛型」で，差別意識が強いという特徴的な傾向を示した．

それから，棄老者類型の5タイプのなかでは友愛型が半数強みられ，以下「現実型」，「原則反対型」，「棄老型」，「態度保留型」の順であったが，棄老型が7％みられたこと，そして「現実型」や「原則反対型」がそれぞれ三割弱，一割強みられたことは，留意してよいであろう．「現実型」と「原則反対型」は，どちらがより差別タイプであるかは評価が分かれるであろうが，ここでの調査では差別意識との関係で「原則反対型」の方が差別の強度が高いという結果を示した．

全体的には，今回の調査では，差別意識の強かったのは，男性，老人が嫌い，拡大家族，農村部，階層帰属意識は各階層の「下」の部分などであった．学生でいえば，積極的でない「孤立」した不満層であって，つまりどちらかといえば後ろ向きの志向性をもつものに差別感が強まる傾向があることがわかった．

（1）本章は1990年度文部省科学研究費「老人処遇過程における社会学的研究」の助成を受けてなされたものの一部である．
（2）W.G. Sumner. *Folkways.*, p.309.
（3）穂積陳重『隠居論』1915年（湯沢雍彦「家族・婚姻」研究文献選集2，1989年，クレス出版）
（4）栗原彬『やさしさのゆくえ＝現代青年論』（筑摩書房）1981年，67頁．
（5）穂積陳重，上掲書717頁．
（6）金子善彦『老人虐待』（星和書店）1987年，柴田博・芳賀博・古谷野亘・長田久雄『間違いだらけの老人像』（川島書店）1985年．
（7）老人化の視点については，以下を参照のこと．辻正二「老人化に関する社会学的一考察」『宮崎大学教育学部紀要・社会科学』第67号，1990年3月，1-21頁．
（8）赤坂憲雄『排除の現象学』（洋泉社）1986年．
（9）同上11頁．
（10）標本特性として簡単に今回の調査対象属性を示すと，全体では都市出身者55.0％（都心部6.5％，市街地部17.2％，新興団地部31.2％），農村出身者43.9％（近郊農村24.3％，純農村19.6％），不明1.1％であり，核家族が72.0％，拡大家族が27.5％，不明0.6％となっている．以上を性別に示すと，男性の方は都市出身者が52.4％，農村出身者が46.7％，不明が0.9％，核家族が70.1％，拡大家族が29.9％となっている．他方，女性の方では，都市出身者が60.3％，農村出身者が39.7％，核家族が76.3％，拡大家族が23.7％となっている．

(11) ここで使用した設問は「老人が好き」と「棄老観類型」の二つの設問である．まず，「棄老観類型」の五つの回答肢を，棄老に反対する意見（「絶対すべきでない」＋「すべきでない」），それから棄老を肯定する意見（「しかたない」と「当然であった」），そして「わからない」という三つに分け，この三つの回答肢と「老人が好き」の「好き」，「嫌い」とを組み合わせて，「友愛型」，「原則反対型」，「現実型」，「棄老型」，「態度保留型」の五つのタイプに再構成した．
(12) 「強度5」は「いやだな」，「汚らしい」，「場違いだ」，「静かな所で」の4設問とも「思う」と答えたものを，「強度4」は「思う」が三つ，「強度3」は「思う」が二つ，「強度2」は「思う」が一つ，「強度1」は「思わない」が四つで，「思う」が全くないものを指して使っている．
(13) ホワイティング夫妻が分析した拡大家族の子どもたちは，核家族の子どもたちよりも権威的‐攻撃的であったという．B.B. Whiting, and W.M. Whiting, *Children of Six Culture : A Psycho-Cultural Analysis*（Harvard）1975，綾部恒雄監修，名和敏子訳『六つの文化の子供たち』（誠信書房）1978年．

参考文献

（1）大道安次郎『老人社会学の展開』（ミネルヴァ書房）1966年．
（2）L.K. Gerge, *Role Transitions in Later Life*, （Wadsworth Inc.）1980，西下彰俊・山本孝史訳『老後』（思索社），1986年．
（3）兼子宙『老いを生きる』（大日本図書）1988年．
（4）栗原彬「〈老い〉と〈老いる〉のドラマトゥルギー」『老いの発見1』（岩波書店）1986年．
（5）中野収『若者文化人類学――異人としての若者論』（東京書籍）1991年．
（6）那須宗一『老人世代論――老人福祉の理論と現状分析』（芦書房）1962年．
（7）ノルベルト・エリアス，中居実訳『死にゆく者の孤独』（法政大学出版）1990年．
（8）I. Rosow, *Socialization to Old Age*, 1974（University of California Press），嵯峨座晴夫監訳『高齢者の社会学』1983（早稲田大学出版）．

第6章　若者の老人差別意識の分析（続）

1. はじめに

　前章では大学生の高齢者観，差別感情を分析したのであるが，いくつかの知見を見いだすことができた．しかし，それをもって，そこでの知見が一般的に妥当するとみるのはまだ早計であろう．そこで，この章では4年後にほぼ同様の質問項目で実施した調査の分析から，再度若者の老人差別意識をみる．つまり，大学生の棄老に対する意識，老人差別感情や意識を分析することによって，老人化を促すメカニズムを捉えたり，若者の高齢者の好感度や高齢社会像，老人イメージ，さらには老人ホームに対するイメージと入居意志などを分析するなかで，若者の老人差別意識をみることを課題とする．
　ところで，現在の多くの若者は，核家族で育ってきた．祖父母との同居経験は少なくなっているはずである．また，都市に生まれ，都市型の生活経験しかしていない若者も多くなっている．こうしたことも老人への差別感に関係しているのではないかと思われる．それから都市と農村で老人の対応が異なるのではないか，そうだとすると若者のなかにもそうした意識の反映がみられるのではないか．以上のことを考慮に入れて，この章の課題をとらえてみたい．主に，次のような見地からここでの課題に迫りたい．
　　　① 若者の高齢者への好意度や敬老精神の有無や高齢者排除の有無の認知度みることから，若者が高齢社会をどうみているか．
　　　② 若者に見る老人イメージの質的分析と差別意識の分析から若者の老人差別の実際を探ること．
　　　③ 老人ホームのイメージや入居意識の分析からいまの若者が老人ホームを棄老とみているかどうかを探ること．
　そして，以上の課題から若者の老人差別の動態を考察したい．分析に利用す

るデータは，山口大学の1年生と山口県立衛生看護学院の1年生を対象として，1995年1月から2月にかけて実施した「若者の高齢者に関する意識調査」である[1]．調査法は集合面接法である．有効数は180人であった[2]．それから，この調査そのものの企画が，若者の高齢・高齢者意識と高齢者の生活意識を分析する目的でなされたので，ここでは同年に実施した山口市内の高齢者調査と比較考察も行う．

2. 若者の老人に対する好意度，敬老と排斥の認知

最初に若者の老人に対する好意度，そして現在の社会が高齢者を敬っている社会であるかどうか，さらに差別の存在についての認知度をみてみよう．

(1) 調査者属性の素描

この調査対象である学生，看護学生の育った家族，地域環境を最初に触れておきたい．有効総数の180人の内訳は，大学生が97人，看護学生が83人で，性別でみると男性が58人，女性が121人で，不明が1人であった．山口大学の学生の97人のうち，男性が60.4％（58人），女性が39.6％（38人）であった．調査時に実家が核家族のものが57.8％，拡大家族のものが38.3％である．四割の拡大家族というのは，平均的比率に比べればやや多いといえるであろう．

それから，出身地域は都市中心部，市街地部，新興団地部，近郊農村（漁村も含む），純農村，不明がそれぞれ，7.8％，17.8％，19.4％，20.0％，30.6％，4.4％であった．農村部の出身が平均より多くなっている．大学別では看護学生の出身地域が近郊農村20.5％，純農村が39.8％，山口大学の学生の出身地域が近郊農村19.6％，純農村が22.7％であるから，看護学生の方が僅かながら農村部出身者が多くなっている．その分，性別でも，女子学生の農村部出身者の占める割合が高くなっている（女子学生55.4％，男子学生41.4％）．

地方大学の特徴かもしれないが，大学生といっても農村部と拡大家族出身の学生の比率がやや高いといえるであろう．

(2) 老人に対する好意度

そこで，最初に現在の若者が高齢者に対して好意をどのように感じているのであろうか．表・1 は，「あなたは老人が好きですか」という設問でその度合をみたものである．今回の調査では「好きである」が 25.6％，「どちらかといえば好きである」が 53.9％みられ，全体では約八割弱の学生が老人を「好き」と答えている．前回の調査と比べると，「好きである」という回答が多く，逆に「どちらかといえば好きである」という回答が減少している．ただし，全体では「好き」という回答が前回でも八割弱で，比率的には差はみられなかった．この年代の学生の八割近くのものが老人を「好き」と感じていると考えてよいであろう．前回と今回の二つの調査からみて，こうした若者の老人に対する好意度は，大体八割が好意をもっていると解してよいであろう．

これを性別でみると，「好きである」（「好きである」と「どちらかといえば好きである」の合計）が女性では 82.4％みられるに対して男性では 72.4％と，女性の方に「好き」と答えるものが多いことがわかる．反対に「嫌い」（「嫌いである」と「どちらかといえば嫌いである」の合計）の方は，男性が 27.6％に対して，女性が 13.4％である．男性の方が高齢者を「嫌い」と答えるものが多くなっている．女性の置かれた立場が，高齢者に対して好感度を維持させているのである．

次いで，家族類型別をみてみたい．現在の社会は，若者が育つ環境はますます核家族になっている．つまり，高齢者と生活を共にしない若者が多くなっている．家族形態が高齢者への好意をどのようにしているのであろうか．今回の調査では現在の家族形態が「核家族」の学生（76.0％）に比べて，「拡大家族」（82.6％）の学生の方が高齢者を「好き」と回答するものが多かった．前回の調査では，この「好き」とする回答が「核家族」で 79.0％，「拡大家族」で 80.8％であったので，拡大家族の生活経験のある学生の方が高齢者に対して好感度をもっているようである．

このことを直接みたものが「祖父母との同居経験」に関する設問である．今回の調査の若者は 55.0％が同居経験をもっている．特に山口大学の学生の場合，祖父母との同居経験をもつのが 49.0％であるのに，看護学生の場合は，61.4％みられた．

そこで，祖父母との同居経験が高齢者に対する好感度にどう影響をしているのかみてみたい．経験が「ある」と答えた学生の場合，32.0％が「好きである」と答えており，「ない」と答えた学生では「好きである」という回答が17.5％で，積極的な好意度でははっきりした差がでている．「どちらかといえば好き」のレベルを加えてみると，「好き」という回答は83.0％になり，「ない」と答えた学生の回答の75.0％よりも多くなっている．その点では，祖父母との同居経験が高齢者に対する好意度を促すという有意な関係を認めることができたと思われる．

表・1　属性別にみた学生の「老人好意度」

		実数	好きである	どちらかといえば好き	どちらかといえば嫌い	嫌いである	不明
1991年調査		535	17.9	61.5	17.4	1.9	1.3
1995年調査		180	25.6	53.9	17.8	0.6	2.2
祖父母と同居経験の有無*	ある	100	32.0	51.0	13.0	−	4.0
	ない	80	17.5	57.5	23.8	1.3	−
性別**	男性	58	12.1	60.3	27.6	−	−
	女性	119	32.8	49.6	13.4	0.8	3.4
家族類型***	核家族	104	21.2	54.8	22.1	1.0	1.0
	拡大家族	69	34.8	47.8	13.0	−	4.3
地域類型****	都市	81	25.9	51.9	19.8	−	2.5
	農村	91	27.5	52.7	16.5	1.1	2.2

（備考）　*：$x^2=8.04$　df=3　0.045　[*]，　**：$x^2=12.11$　df=3　0.007　[**]
：$x^2=6.03$　df=3, 0.1102，　*：$x^2=1.25$, df=3　0.7421

　次に，地域別に都市出身と農村出身でこの好意度が違うのであろうか．概して農村出身の学生の場合，家族形態が拡大家族で，それゆえに祖父母との同居経験をもっている．それからすれば都市部に比べて農村部出身の学生の方が高齢者に対する好意度をもつ傾向があるといえるのであろうか．表・1からみると，「都市部」出身の学生が，高齢者を「好き」と回答した比率は合算値で77.8％である．これに対して「農村部」出身の学生では，その比率が80.2％になっている．僅かだけ「農村部」の学生の方が「好き」とするものが多かっ

た．ただし，有意差が確認できるほどのものではなかった．

(3) 敬老精神の認知

次に，敬老精神の存在をみてみよう．今回の調査では，敬老精神が「ある」と答えていた者は35.0％，それに対して「ない」と答えた者は63.3％であった．つまり，6割以上の学生がいまの日本には敬老精神が「ない」とみているのである．表・2からみても明らかなように，この認知においては性別の差は

表・2 属性別にみた敬老の精神の有無

		実数	敬老精神の有無			老いの排除の有無		
			ある	ない	不明	ある	ない	不明
全体		180	35.0	63.3	1.7	26.1	68.9	5.0
性別*	男性	58	27.6	69.0	3.4	31.0	65.5	3.4
	女性	120	38.3	60.3	0.8	23.3	70.8	5.8
家族別**	核家族	104	33.7	63.5	2.9	27.9	68.3	3.8
	拡大家族	69	36.2	63.8	2.0	23.2	69.6	7.2
性別・家族別	男性 核家族	34	29.4	64.7	5.9	35.3	58.8	5.9
	男性 拡大家族	24	25.0	75.0	—	25.0	75.0	—
	女性 核家族	70	35.7	62.9	1.4	24.3	72.9	2.9
	女性 拡大家族	45	42.2	57.8	—	22.2	66.7	11.1
地域別***	都市部	81	33.3	64.2	2.5	34.6	63.0	2.5*
	農村部	91	36.3	62.9	1.1	18.7	73.6	7.7
出身地類型****	都心部	14	42.9	57.1	—	50.0	50.0	—
	市街地部	32	34.4	62.5	3.1	28.1	68.8	3.1
	新興団地部	35	28.6	68.6	2.9	34.3	62.9	2.9
	近郊農村部	36	33.3	63.9	2.8	11.1	77.8	11.1
	純農村部	55	38.2	61.8	—	23.6	70.9	5.5
性別・地域別	男性 都市	34	17.6	76.5	5.9	41.2	52.9	5.9
	男性 農村	24	41.7	58.3	—	16.7	83.3	—
	女性 都市	47	44.7	55.3	—	29.8	70.2	—
	女性 農村	67	34.3	64.2	1.5	19.4	70.1	10.4

(備考) 敬老精神の有無 *$x^2=1.8$ df=1, 0.1766, **$x^2=0.05$ df=1, 0.8292, ***$x^2=4.94$ df=1, 0.026 (**), ****$x^2=1.13$ df=4, 0.8899, 老いの排除 *$x^2=0.98$, df=1, 0.3234, **$x^2=0.33$, df=1, 0.5674, ***$x^2=4.94$ df=1, 0.0262 (*), ****$x^2=8.79$ df=4, 0.0665

あまりみられなかった．同じく，出身地域別の2類型でみても，都市部と農村部で差はみられなかった．ただ，出身地域を「都心」，「市街地」，「新興団地」，「近郊農村」，「純農村」にわけてみると，若干であるが，「新興団地」，「近郊農村」のような新しく形成された地域や変動の著しい地域社会で，敬老精神が「ない」とする学生がやや多くなっていた．

さらに，家族の場合，拡大家族の若者に敬老の精神が「ある」と答えたものが若干多い．性別・家族別では拡大家族の女性のうちで敬老の精神が「ある」とするものが42.2％と，一番多く，ついで女性の核家族に35.7％と多かった．男性の拡大家族や女性の核家族に「ない」とするものの比率が高い．特に男性の拡大家族の場合に「ない」とするものが多かった．

(4) 老いの排除に関する認知

このように敬老の精神の存在を認めるものが少ないのであるが，それならば，老人への排斥に対する認識はどうであろうか．

調査のなかでは「いまの社会には人間の老いを排除するような仕組みがあると思いますか」という設問を使って，いまの若者が抱いている老人排除システム（排除するような仕組み）の認知を調べてみた．全体では，老人を排除する仕組みが「ある」と回答したのは26.1％，逆に「ない」と回答したのが68.9％と，半数以上の学生が「老いを排除する仕組み」の存在を「ない」と答えていた．

以上のうち老人排除システムが「ある」と認めるのは，まず，性別でみると男性（31.0％）の方に多くみられ，逆に女性（23.3％）の方に少なかった．家族別では，核家族に多く，特に男性の核家族（35.3％）に多くみられた．

地域別では「都市部」（34.6％）の方が農村部（18.7％）に比べて排除の存在を認める比率が高い．しかも地域別では有意差が確認できた．次いで，出身地でみると，「都心部」（50.0％）や「新興団地」（34.3％）などで排除の存在を認める比率が高い．それに対して「近郊農村」や「市街地部」や「純農村」ではやや少なかった．さらに，性別地域別では，性別の差の影響で都市部の男性（41.2％）と都市部の女性（29.8％）に老いの排除の存在を認める比率が高かった．

若者の半数以上が敬老精神が「ない」とみているが，老人排除システムの存在を認めるものは4人に1人である．都市の出身者にこの老人排除システムの存在を認めるものがやや多く認められた．

(5) 自由回答からみた若者が認める老人差別の所在

ところで，以上の老いの排除を，若者はどのような点に認めているのであろうか．自由回答のなかで若者が答えている内容から現在の若者の老人差別への関心度をみてみたい．調査のなかから若者が老人差別を認め，その具体例として挙げたものを以下のような①〜⑪に整序した．

① 退職制度（職業からの排除）

「定年の年齢が若いと思う．事実，定年を迎えてもまだ仕事ができ，また仕事をしたいという人もいる．そういう人から仕事を奪ってしまうことになる」（女性，学生，近郊農村出身，核家族）

「歳をとったら会社などを辞めなければならない」（男性，学生，都心部出身，核家族）

「仕事に就けない」（女性，看護学生，近郊農村，拡大家族）

他では「定年退職の年齢が引き上げられていく点」や「早期の定年退職」や「定年制」という指摘がある．

② 職業差別

「仕事の面で高齢だからといって排除し，役割が喪失する」（女性，看護学生，純農村，拡大家族）

「老人がなかなか仕事につくことができないという環境」（男性，学生，純農村，拡大家族）

さらに「職がない」，「雇用の問題」もある．

③ 企業による降格・疎遠化

「会社などで歳をとると，あまり仕事のない所に回されたりすること」（男性，学生，市街地部，拡大家族）

「例えば，会社の窓ぎわ族」（女性，看護学生，新興団地部，核家族）

「会社等」

④ 尊敬の念がない，嫌う

「お年寄りへの尊敬の気持ちが社会全体的にうすいような気がする」（女性，学生，市街地部，核家族）

「さまざまなところで老人を嫌う人びとが多い」（男性，学生，純農村，核家族）

「老人を尊敬していない面」（女性，看護学生，近郊農村，拡大家族）

「若い世代が老人をいたわる精神がかけている」（女性，看護学生，純農村，核家族）

⑤ 若者中心の社会

「老人の働ける所がない（給料が安い）．若者中心の情報ばかり流れる．老いてしまうと病院や施設に入り社会との関わりが少なくなる」（女性，看護学生）

「若者の老人への差別的見方」（女性，学生，純農村，拡大家族）

⑥ 施設の不足

「公共の施設などは老人に対する気配りが足りない」（男性，学生，市街地部，核家族）

「老人のための公的施設，福祉施設が少ない」（女性，看護学生，純農村，拡大家族）

⑦ バリヤフリーの不備

「老人が外を歩くとき不自由，危険」（男性，学生，市街地部，核家族）

「退職，家以外では健康な人を対象にした構造（バスの乗降口，階段，道路など）」（女性，学生，市街地部，核家族）

⑧ 老人ホームに入れ棄老化すること

「老人ホームに押し込める．」（男性，学生，都心部，拡大家族）

「老人ホーム，精神病院などなくてはならないところだと思うが，ある意味では家庭から排除しているように思う」（女性，看護学生，純農村，核家族）

⑨ 老人との交流のなさ

「核家族化が進むことにより，お年寄りの方たちと積極的に接触する機会が減っていたりすること」（女性，学生，都心部，核家族）

「老人の社会参加を歓迎していない部分が所々にみられる」（男性，学生，都心部，核家族）

⑩ 進歩の早さ
「社会全体のペースが早くて、年寄りはついていけない」(男性、学生、市街地部、核家族)
「都市において老人が暮らしやすいと思えない」(女性、看護学生、市街地部、核家族)
「老人がカルチャーをつくれないようにされている」(男性、学生、市街地部、核家族)
⑪ その他
「年金生活をしている人にはクーラーなどは贅沢品として扱われ、取り上げられるというような厳しい状況」(女性、学生、新興団地、核家族)
「若ければ勝ちのような観念で扱われている報道など、マスコミに関しても．日常生活・会話でも」(女性、看護学生、新興団地、核家族)
「老人の一人暮らしの人にはアパートを貸さなかったり、老人が中心となって社会的に参加するものがほとんどないと思う」(女性、学生、純農村、拡大家族)
「どこにもある．ない社会などは考えられない」(男性、学生、純農村、拡大家族)
「わからないけど『ない』とは言い切れないと思う」(男性、学生、純農村、核家族)

　以上、若者が老人の排除の側面として認めるものをみたのであるが、若者にとって定年制や職業差別というのが差別の側面として一番目につきやすいもののようである．それ以外では施設不足と施設の不備、対人的レベルでの態度や意識（尊敬がない、疎遠化、交流の無さなど)、社会の変化とその早さなどを差別の箇所として認めているようである．つまり、若者たちが挙げた要因の多くは、パルモアが指摘した「否定的エイジズム」の要因と重なるものなのである[4]．

3. 老人イメージの質的分析

　老人イメージは、エイジズムの観点からみると、固定的見方やステレオタイ

プになりやすく，それが態度や差別となって現れやすいといわれる．

そこで，「あなたが抱く老人に対するイメージはどのようなものですか．思いつくものはいくつでもいいですから記入してください」という問いで得た自由回答を分析してみたい．180人中155人（86.1％）からの回答があった．

回答者の回答には，少し長目に文章題で回答したものと一語の言葉で回答したもの，自由連想風に一語を想起する数ほど回答したものなど多様な回答がみられたが，これらをテキストとして質的な分析をしてみたい．具体的には，回答のあった自由回答文の全体をデータとして，そのなかにどのような言葉が多用されているか，その頻度を計測するというやり方で，現在の若者が抱く老人像を探ることにしたい．

表・3はその結果である．表からも明らかなように，まず，この調査で大学生などが老人に抱くイメージとして一番多く使われたのは，「知」という字であった．この「知」については全体で26個の使用頻度があった．多くは，「知識」，「物知り」，「知恵袋」，「知識人」，「知識が豊富」，「何でも知っている」，「生活の知恵」，「知恵者」といった具合に，高齢者の年功による知識・知恵の保有の魅力をあげたものである．伝統的な社会が老人を敬ってきたのもこの年長者の知識の所持に基づいていた．この言葉の使用頻度が一番多いということは，現在の若者にとって，まだ，この知恵者，物知りとしての老人像は決して崩れてはいないことがわかる．表のなかにみられる「経験」（10個）という言葉は，この「知」という言葉に付随して使われているし，「人生」（9個），「豊富」（8個），「先輩」（7個）という言葉も，いずれも同じ系で使われている．具体的には，良き相談相手，人生経験が豊かで，人間ができている．知恵袋，ものしり，知識人，生き字引，知識が豊富，歴史の博物館，何でも知っている，人生の大先輩，経験豊富な人，生活の知恵といった言葉で表現されている．「老人は人生の先輩として人間として多くのことを学ぶことは多いと思う」，「自分達より先に生まれた人だから，知恵も経験もある．学んだり，尊敬すべきである」，「経験が豊富で学ぶべき点が多く，貴重な存在であるといえる」という見方である．したがってこのように見る若者たちは，高齢者を「偉い人」，「尊敬すべきだ」と思う．

しかし反面では「知識・経験はあるが，考え方が古い」とか，「昔からいろ

第6章 若者の老人差別意識の分析（続）

いろな知恵をもっている．反面，古い考えやしきたりにうるさい」とか，「よく知っている．しかし，うるさい時がある」，「豊かな経験を持ちながらも身体的な老いから十分活用できない」ということになろうか．ただしここでのイメージは，いずれも老人像に肯定的と否定的の両イメージをダブらせたものとなっている．

この「知」という言葉に次いで多かったのは，「頑固」という言葉である．全体では 21 個ほど使用されていた．ほとんどが単独の一語でもって提示されていたが，文章題の回答では，「ずうずうしい，傲慢，頑固といったイメージ．でもやさしい人やロマンスグレーっていう感じの人もいる」といった使われ方であった．そしてこの言葉の同じ系として「わがまま」（4 個）,「自己中心的」（2個),「いじっぱり」（1 個）といった言葉が使われている．「仕事を退職して，自分の好きなことに時間をかけられる．人生経験が豊富で物知りだが，頑固な人もいる」，「苦労している，さみしい，病気をしやすい，頑固，物事をよくしている」．この「頑固」のイメージは，ほとんどの場合否定的な意味で使われていることが多い．

次いで多いのが，16 個の使用をみた『優しい』という言葉である．使われ方は，「人情味があって，優しく，ほのぼのしている」，「優しい人」，「自分の祖父や祖母から考えるからかもしれないが，『優しい』というイメージがある」,「優しく，思いやりがあって，家族の中心的存在となる人」，「優しい，穏やか，ゆったり」といったイメージである．このイメージを抱く若者にとって「優しい」ということは「暖かい，ほのぼの，可愛い，淋しい」，「親切である」,「安心できる」であり，「物知り，賢い，働き者，良き助言者」なのである．そして，この極めつけが，昔話の世界を連想させる「白髪で杖を使って歩く．昔の話をしてくれる．優しい」という老人像である．そこには，「家族，精神的な支え」，「精神的に強い人」と映る反面「暖かくて一緒にいると心がなごむ，あるいは落ち着く．身体的にはよぼよぼの感じ」でもあるのである．

4 番目に多かったのが「淋しい（寂しい)」という言葉である．「ほのぼの，どことなく淋しげ」という見方や「社会的に自由な立場にいる人びと．子どもの立場に近い」という見方であるが，典型的な見方は「時代においてけぼりにされる存在」ということになるのであろうか．このイメージの類似例は「孤独

（5個），「生きがい」（4個）という否定的解釈にみられ，その他では「静」（2個），「一人暮らし」（2個）というものに窺える．文章題でみると「腰をまげてとぼとぼと歩いている」，「社会的に疎外感がある，口うるさい，孤独」，「病気持ち，生きがいが少ない」，「どうせもう長くないからと，あきらめのイメージが強い」，「何らかの疾病をもっている結晶能力のかたまり」，「暖かい，よく物事を知っている．忘れっぽい，体力が衰えている」，「一人暮らしの老人が多く，孤独で淋しいといったようなイメージがある」，「生きがいを喪失し，日々ただ生活している」という回答などがあがる．これらは「淋しい」というイメージの延長線に位置づけられるのである．なかには「耳が聞こえにくいからひがみっぽくなったり，口うるさくなったりする．わがまま――自分の長年の生活習慣を絶対に変えようとしない．死を間近に感じているが，死ねないまたは死にたくないという複雑な心境にある．淋しがり．涙もろい」「暗いイメージ」として映る．「経済的に不安．淋しい」ということにもなる．いずれにせよ，このタイプのイメージは，外観からの観察による同情的な見方であるが，全体的には老人像としてやや消極的見方といえるであろう．

表・3　若者が選ぶ老人イメージ（言葉の使用頻度）

順位	言葉	使用頻度	順位	言葉	使用頻度	順位	言葉	使用頻度
1	知	26個	11	先輩	7個	21	元気	3個
2	頑固	21個	12	うるさい	6個	21	温かい	3個
3	優しい	16個	13	病	5個	21	世話	3個
4	淋しい	14個	13	ほのぼの	5個	25	尊敬	2個
5	弱い	12個	13	孤独	5個	25	静	2個
6	経験	10個	17	わがまま	4個	25	ゆったり	2個
7	可愛い	9個	17	穏やか	4個	25	自己中心	2個
7	人生	9個	17	生きがい	4個	25	一人暮らし	2個
9	豊富	8個	17	苦労	4個			
9	身体	8個	21	衰えている	3個			

5番目に多いのが「弱い」という言葉である．この言葉は，「貧弱」，「弱い」，「弱い立場」，「か弱い」という言葉で表現されている．「弱い．目や耳が不自由になってくることで次第に社会から遠のいていってしまう感じがする．生き

がいというか支えとなるものを見つけるのがよい」はこのイメージの代表の一つであろう．若者のイメージでは，「弱い立場である．孤独」とか，「立場が弱い感じがする．今まで頑張ってきた人」というものである．若者の「弱い，淋しい」というイメージに代表されるように，「淋しさ」と結びついている．この言葉の類似した使用が，「身体」（8個），「病」（5個），「衰えている」（3個）であり，さらに「危なっかしい」，「小さい」，「しわしわ」，「年をとっている」，「足腰が悪く身体に何らかの支障がある」，「能力が衰えている」，「体があまり健康でない」というものである．文章題の回答では「身体の自由がきかなくなり，精神的機能も低下して気力が低下し，外見的にもしわが多くなってくる状態」，「身体細胞の衰え，素直」，「身体が思うように動かない」，「かなりの数の病気を一人の老人が持っている．弱い，自由がきかない，孤独，社会を支えているとは思えない」，「よろよろしている．ボケたら困る」「身体機能の低下により活動力が鈍くなる．病気が多い」などが挙げられていた．そしてこの延長には若者らしい，率直な意見が出てくる．「元気でどこも悪いところがない老人が"老人だからといって"若い人に色々と負担させているのが気になる」というものである．「体の自由がきかなくなると，大変だろうという不安」や「急に道を渡ったりして危険」もこのイメージに近い．いずれにせよ，この弱いというイメージは，消極的な評価でなされており，次のよう評価につながっていく．「世話をしてくれる人に負い目を感じながら生活している」，「動けない，つまらない，いじっぱり」というイメージである．

　それから，若者が挙げるイメージとして6番目に多かったのは，「経験」という言葉である．この言葉は一番目の「知」に対応するが，使われ方は，「人生経験」や「苦労」や「人生」と結びついて，「年輪」，「しわしわ」という言葉もこの系の使用例と見てよい．文章題では，「手先が器用，物を大事にして，自分で修理できるものは修理する．早寝早起き・神仏などの信仰が篤い．先祖を敬う．保守的な考え方」，「若い時分一生懸命働いてきて，しかし，今の高度な社会にはついていけないかわいそうな感じ」，「苦労したのだと感じる」，「苦労してきた先輩」などがある．これらは，結局，「戦争のつらさ，悲しさを今につたえる証人」，したがって，「戦争を体験して戦後も苦労してきた人が多い」という感想になっていく．そして，「経験が豊富，頑固，常識をよく知っている，

機能低下」,「仕事も私たちより経験豊富な先輩」であるとみられるのである.

　7番目に多かったのは,「可愛い」という言葉である.この言葉の使用者たちは,女性に多かった.例えば,「可愛い,頑固,わがまま」とか,「優しい,物をよく知っている,話好き,寂しがり屋,可愛い,守ってあげたい」という使用で使われる.それから「可愛いところもあるが,頑固でプライドだけは高く,自分中心に地球が回っているかのような態度や人の文句ばかり言う人もいるというイメージ」というものや「可愛い,今まで過ごしてきた人生が顔にでている.むかつく,頑固,何でも自分がいいと思っている」まであった.そして,次のように「可愛い人は可愛いが,融通のきかない頑固な人は可愛くない」とされ,頑固や融通のなさが可愛くないという言い方がされる.

　以上のほかで多くみられたのは「うるさい」,「ほのぼの」,「世話」,「元気」,「温かい」といった言葉であるが,それらには,「ほのぼの」(5個) の場合,「穏やか,ゆったりとしている」,「ほのぼの,のんびりした生活」,「穏やか,頑固,淋しい」,「年のわりに元気,まだまだ働ける」,「物知り,働き者,優しい,お年玉」,「マイペースだけど周囲の人達にもちゃんと気を配っている」.「元気で明るく挨拶をすればいつも楽しい返事が返ってくる」などがある.その他,「おちつき,優しい,隠居,年輪,おじいちゃん,おばあちゃん,昔話」という具合に連想ゲーム風に回答したものや外面的にみるものが多かった.その一例は,「のろい,同じ事を何度も繰り返す.小さい,頑固,金持ち,怒らせると怖い」,「畑仕事」というものなどという言い方に現れている.

　こうして若者の老人イメージを分析してみると,以下のよう4タイプにまとめることができる.それは,「好意的にみようとするタイプ」,「好意的な面と否定的な両面を示すタイプ」,「否定的にみるタイプ」,「差別的な感情を示すタイプ」である.

　まず,「好意的にみようとするタイプ」というのは先に述べた「知」,「経験」に代表されるし,また「静かである」,「静かに座っている」などにみられるように,否定的解釈を一切表明しないタイプにみられる.さらになかには「老人という言葉自体嫌」という若者もこれに該当する.

　二番目のタイプの「好意的な面と否定的な両面を示すタイプ」というのは,老人イメージを積極面と消極面の両面でみようとするタイプである.先の例で

「淋しい」,「可愛い」というイメージはそれを内包しているし,文章題の例としては,「口うるさい存在と思う反面,あたたかく包んでくれる」というアンビバレントな表現に典型的に現れている.したがって「優しい」とか,「かわいそう」というイメージがでてくるのもこのタイプといえよう.

三番目の「否定的にみるタイプ」というのは,哀れみの感情でもって回答しているタイプで,先に触れた「世話をしてくれる人への負い目を感じながら生活している」,「動けない,」「つまらない」,「いじっぱり」というイメージにあたる.

四番目の「差別的な感情を示すタイプ」というのは,「うるさい」,とか「汚い」とか「古い」として老人を解釈して,「暗い,古い,くどい,汚い,かわいそう」とみる.

これらの他に自分の気持ちを客観的に,冷静に注視した次のような意見もあった.「自分の将来というイメージではなく,あくまで『老人』というイメージでしか見ることができない.だから,ボケの老人を見ると,生理的にみっともないとか,醜いとか思うようになる.がそれとは逆に普通の老人,特に親族などは温かいとか落ち着いているとか思う.偏見だろうか」.

以上,分析した老人イメージは,オズグッドが老いや老人についての固定観念として11種類の神話を挙げたものに近いものがかなり多かった[5].

4. 差別感情と差別強度の分析

(1) 差別感情の抽出

ところで,近代化は,若い労働力を必要とする.安価で効率的な労働力を若い層から補充していく.その意味では,近代化は,それまであった老人の知識や老人の位座を弱体化して,そこに初めて老人問題を生じさせる.とすれば,近代化と同義的な意味をもつ都市化も老人を無価値にし,排除していくという論理を生みだすのではないか.われわれは,そこで,ここでは,都市というものが老人をどのようにするかを,若者の目を通してみてみたい.つまり,若者の都市での差別感情を捉えてみたい.そのために以下のような文章題の設問を用意した.つまり,「百貨店街のある都心を老人の団体が20~30人大挙して歩いて

いました．老人たちのなかには腰の曲がった人もいます．着ている服も質素で，周りの美しい建物やナウイ若者のファッションとは大部違います」「このような光景をみた場合，あなたは，この老人たちをどのように思いますか」という設問である．この文章題に対して六つの設問，すなわち「(1)『いやだな』と思う」，「(2)『汚らしい』と思う」，「(3)『場違い』であると思う」，「(4) 老人も結構『元気だな』と思う」，「(5) 老人は，都心のような便利なところに住むべきだと思う」，「(6) 老人は，できれば静かな所で生活すべきで，このようなごみごみしたところはふさわしくない」を用意した．そして，この設問に対し「そう

表・4　属性別にみた差別感情

			いやだな	汚らしい	場違いだ	元気だな	便利な所に住むべき	静かな所に住むべき
	全体		14.4	5.0	33.9	77.2	21.1	56.7
性別	男性		19.0	8.6	44.8	62.1	27.6	55.2
	女性		11.7	3.3	28.3	84.2	18.3	56.7
出身別	都市		17.3	6.2	35.8	76.5	24.7	49.4
	農村		12.1	4.4	33.0	79.1	19.8	62.6
家族別	核家族		14.4	4.8	36.5	76.0	23.1	53.8
	拡大家族		14.5	5.8	30.4	79.7	20.3	59.4
性別・家族別	男性	核家族	20.6	8.8	50.0	58.8	29.4	50.0
		拡大家族	16.7	8.3	37.5	66.7	25.0	62.5
	女性	核家族	11.4	2.9	30.0	84.3	20.0	55.7
		拡大家族	13.3	4.4	26.7	66.7	17.8	57.8
性別・地域別	男性	都市	20.6	11.8	41.2	61.8	29.4	47.1
		農村	16.7	4.2	50.0	62.5	25.0	66.7
	女性	都市	14.4	2.1	31.9	87.2	21.3	51.1
		農村	10.4	4.5	26.9	85.1	17.9	61.2
出身地類型	都心部		28.6	14.3	42.9	78.6	35.7	50.0
	市街地部		18.8	6.3	34.4	71.9	18.8	53.1
	新興団地部		11.4	2.9	34.3	80.0	25.7	45.7
	近郊農村部		8.3	5.6	27.8	83.3	11.1	72.2
	純農村部		14.5	3.6	36.4	76.4	25.5	56.4

（備考）数値は，「そう思う」と「どちらかといえばそう思う」の合計値である．

思う」,「どちらかといえばそう思う」,「どちらかといえばそうは思わない」,「そうは思わない」という回答肢で回答をしてもらった．この調査項目の狙いは, 前の章で述べたので詳しくはそこに譲りたい.

まず, 表・4 からそれぞれの特徴をみてみよう. 数値は「そう思う」と「どちらかといえばそう思う」の合計値で示してある.

① 「いやだな」

学生のうち「いやだ」という否定的な評価は一割強である．この意見は, 男性が 19.0％, 女性が 11.7％となっており, 男子学生の方に「いやだ」とストレートに認知するものが多かった．他の属性でみると,「いやだな」とみるのは出身地が都心部 (28.6％), 核家族の男性 (20.6％), 都市出身の男性 (20.6％) などである.

② 「汚らしい」

同じく, 否定的な評価であるが, 審美的な面を加味しての「汚らしい」という否定的評価をするものは全体では 5.0％という比率で, 一割に満たない．ここでも男性の方が多く, 8.6％の男性がそう見ている．この設問が多くみられたのは, 都市出身の男性 (11.8％) や都心部 (14.3％) の出身者である.

③ 「場違い」

この設問に対しては 33.9％が「場違い」と答えている．都市空間のなかでのアンバランスさを「場違い」と認識しているわけであるが, 3 分の 1 の若者がこの問いを肯定している．この排斥的評価の多くみられるのは, 男性 (44.8％), 核家族の男性 (50.0％), 農村の男性 (50.0％), 都心部 (42.9％) などである.

④ 「元気だな」

全体の 77.2％が「元気だな」と回答しており, 女性 (84.2％), 核家族の女性 (84.3％), 都市出身の女性 (87.2％), 近郊農村 (83.3％) に多かった. 対等な立場からの肯定的評価は多かった. どの属性も女性の支持が大きく影響していた.

⑤ 「便利な所に住むべき」

この設問では 21.1％しか「そう思う」と回答する者はいなかった. 多

かったのは男性（27.6%），特に都市出身の男性（29.4%）で，出身地類型では都心部（35.7%）を筆頭に，新興団地（25.7%）や純農村（25.5%），家族では核家族（23.1%），核家族の男性（29.4%）などで多かった．

⑥「静かな所に住むべき」

全体では56.7%が静かな所で生活すべきと回答している．多いのは近郊農村（72.2%），農村の男性（66.7%），農村の女性（61.2%），農村（62.6%），拡大家族の男性（62.5%）などである．

以上の項目相互の関係をみると，「元気だな」は七割以上の学生が支持し，「静かな所に住むべき」は五割強の学生が支持し，「場違いだ」は三割強が支持しているが，残りの「便利な所に住むべき」は二割強，「いやだな」は一割強しかみられなかった．特に「汚らしい」とみるのは5%にしかすぎない．老人たちの都心でのそうした光景を「汚らしい」として感じたり，「いやだな」と感じるのは，かなり激しい差別感情を示すことを意味するのでこの設問に肯定的な態度が少ないのは当然といえよう．それに比べると「場違いだ」という項目に半数近くが肯定したことは興味深い．もちろん，若者にとって，この設問への肯定自体が場の構造からの排斥感を現しているとは認知されていないのかも知れないが，排斥感であることには違いない．それと，「静かな所に住むべき」が多く，「便利な所に住むべき」が少ないことである．これなどは世間一般の老人期待感（つまり，老人は静かな所で生活する方がよいといったもの）が反映しているのであろう．設問の意味からは，老人が身体的な不自由さから便利な所にこそ住むべきであるという解釈がほしいのであるが，結果は意外にも社会的な老人期待感で応えられた格好であった．

(2) 相関分析による要因分析

次に，これら差別感情の6要因の結びつきの度合（連関度）を知るために，ここではこれらの6要因間の相関分析を求めた．その相関係数を表示したものが表・5である．

まず，最初に上の表から相関度の高いセルを順々に拾ってみると，この調査において有意の相関が確認できたのは六つのセルであって，高い順から挙げると「汚らしい」と「いやだな」（0.5429），「汚らしい」と「場違いだ」（0.4694），

第6章 若者の老人差別意識の分析（続）

「場違いだ」と「いやだな」(0.4334), 「場違いだ」と「静かな所に」(0.2337),「いやだな」と「静かな所に」(0.1848), 「いやだな」と「元気だな」(-0.1699)となる．今回の場合は，「便利な所に」と「静かな所に」(-0.1467), 「汚らしい」と「元気だな」(-0.1365), 「便利な所に」と「場違いだ」(-0.1148), 「元気だな」と「便利な所に」(0.1057), 「汚らしい」と「静かな所に」(0.0662) の間には有意な相関がでなかった．

表・5 相関図

	いやだな	汚らしい	場違いだ	元気だな	便利な所に	静かな所に
いやだな	1.00000					
汚らしい	0.5429**	1.00000				
場違いだ	0.4334**	0.4694**	1.00000			
元気だな	-0.1699*	-0.1365	-0.0266	1.00000		
便利な所に	-0.0539	-0.0005	-0.1148	0.1057	1.00000	
静かな所に	0.1848*	0.0662	0.2337**	0.1036	-0.1467	1.00000

（備考）*印は5％，**印は1％有意である．

要因間のなかから強い結びつきを示す項目を抽出してみると，前回調査と同様に「汚らしい」，「いやだな」，「場違いだ」，「静かな所に」という4項目の結びつきが確認できる．ここには老人差別の連関が良く読み取れる．つまり，「汚らしい」，「いやだな」，「場違いだ」，「静かな所に」の相互間か連関していることを現している．知覚的レベル，評価，場所の距離化などを考えてみれば，「汚らしい」→「いやだな」→「場違いだ」→「静かな所に」という連関が予想できるのである．この関連を内容的に表現すれば，審美的な面からの貶価的な評価があって，自己との一体性を峻別しての拒絶があり，都市という場所との不適合性が表明され，その結果としての静かな所への処遇が働くという格好になっている．

これに対して，「元気だな」，「便利な所に」，「いやだな」（逆相関），「汚らしい」（逆相関）の4項目が結びついている．こちらは，老人たちを元気だなと肯定的にかつ友好的に評価する学生は，便利なところに住むべきであると考え，また感情的には「いやだな」とか「汚らしい」とは思わない傾向があることを

示している．

　以上二つの要因連関は，差別意識へのプラス方向とマイナス方向を示しているので興味深い．

(3) 差別意識の強度

　さらに，大学生の差別意識の強度をみてみたい．ここでは差別意識の強度を分析的に測定することにしたい．使用したのは上記で相関度が強く認められた「いやだな」，「汚らしい」，「場違いだ」，「静かな所に住むべきだ」の項目である．この構成にあたっては四つの設問をそれぞれ「思う」（「思う」＋「どちらかといえばそう思う」）と「思わない」（「思わない」＋「どちらかといえばそうは思わない」）という二つのカテゴリーに分類し，それらを再構成することによって，五つの種類からなる「差別意識の強度」項目を構成した．以下差別意識度と呼びたい．

　表・6は，今回調査した項目のなかから15項目を選んで，この差別意識度との相関関係を求めたものである．これらのうち5%以下で有意相関を示している項目をみると，「老人が好き」（0.1914），「老親との付き合い方」（0.2381），「ボランティア活動への参加」（0.1970），「老いの排除の仕組み」（−0.1800）という4項目に相関度が認められる．これらを相関度の高いものから降順に並べてみると，「老親との付き合い方」，「ボランティア活動への参加」，「老人が好き」，「老いの排除」となる．

　差別強度の項目の並びは，強度1から強度5となっているので，4項目の相関関係は次のような傾向を示している．

　　①「老人との付き合い方」では，「祖父母や両親とは，いつも一緒に生活できるのがよい」と答えた人ほど，差別意識度が低い傾向がみられ，逆に「祖父母や両親とは，全くつき合わずに生活するのがよい」と答えた人ほど差別意識度が高くなる傾向がみられる．

　　②「ボランティア活動への参加」では，ボランティア活動への参加の意思が「ある」と答えた人ほど，差別意識度が低い傾向がみられる．

　　③「老人が好き」では，老人が「好き」と答えた人ほど，差別意識度が低い傾向がみられる．逆に「嫌い」と答えた人ほど，差別意識度が高

くなる傾向がみられる．

　④「老いの排除」では，老いの排除が「ある」と答えた人ほど，差別意識度が高い傾向がみられる．

　以上からみると，今回の調査では，学生の老人差別意識は，祖父母と一緒に生活した経験があるか，ないかということは関係しないが，祖父母や両親との同居生活志向や老人に対する愛着，ボランティア参加意思の保持，老いの排除の認知といったものと，大いに関係していることがわかった．

　前回の調査では，性別に関して有意の相関がみられたが，今回はみられなかった．ただ，有意さが確認できないまでも，数値としてはかなり高い相関係数がでている．④は，何を示すかとかといえば，差別に敏感な人は，しばしば差別意識に敏感なあまり，差別意識をもちやすいという例証を見事に例示している．

　ところで以上みたところのものは，差別の意識に結びつく要因を相関関係分

表・6　差別意識度との相関関係

	要因（設問）	設問のカテゴリー	差別意識の強度
1	祖父母との同居経験	「ある」……「ない」	−0.0243
2	老人が好き	「好き」……「嫌い」	0.1914*
3	老親との付き合い方	「したい」‥「したくない」	0.2381**
4	老親の世話	「するのは当り前」‥「必要はない」	0.0904
5	高齢化社会への関心	「非常にある」‥「関心がない」	0.0595
6	年金の負担	「進んで払う」‥「払いたくない」	−0.0269
7	老人ホーム入居意識	「絶対入りたい」‥「考えていない」	0.0058
8	老人年齢	「65歳以上」…「80歳以上」	−0.0796
9	敬老精神の有無	「ある」……「ない」	−0.0359
10	ボランティア参加意思	「ある」……「ない」	0.1970*
11	老いの排除の仕組み	「ある」……「ない」	−0.1800*
12	性別	「男性」……「女性」	−0.1142
13	地域類型	「都市」…「農村」	0.0221
14	家族形態	「核家族」…「拡大家族」	−0.02107
15	大学別	「山口大学」……「看護学院」	−0.0642

（備考）*は「5%で有意」，**は「1%で有意」を現している．

析から求めたものであるが，ここでは付加的に，差別意識度の所在についても探ってみたい[6]．そのために差別意識の強度を便宜的に点数化して調べることにしたい．表・7は，「強度5」に5点，「強度4」に4点，「強度3」に3点，「強度2」に2点，「強度1」に1点を与え，その中位値を求めたものである．それでみると，今回の調査における学生の差別意識の平均点は2.14点である．そして，それぞれ属性別に高い点数を拾ってみると，特に高い得点を示したものは男性が2.30点，核家族が2.14点，核家族の男性が2.33点，農村出身の男性が2.43点，都市出身の男性が2.11点，都心部出身者が2.46点となっている．一番高い得点を示したのは，都心部出身の学生であった．性別では男性，家族では核家族，地域別では農村部が差別意識の得点が高くなっている．

表・7 属性別にみた差別意識の強度（点数化）

属性		中位値	属性		中位値
全体		2.14	敬老精神の有無	ある	2.20
性別	男性	2.30		ない	2.13
	女性	2.05	老いの排除	ある	2.45
家族別	核家族	2.14		ない	2.05
	拡大家族	2.12	祖父母との生活経験	有り	217
性別・家族別	男性 核家族	2.33		なし	2.12
	男性 拡大家族	2.12	ボランティア活動参加	参加する	1.97
	女性 核家族	2.04		参加しない	2.38
	女性 拡大家族	2.05		絶対入りたい	2.75
地域別	都市部	2.11	老人ホーム入居意識	できれば入りたい	1.87
	農村部	2.16		できれば入りたくない	2.16
性別・地域別	男性 都市部	2.11		絶対入りたくない	2.09
	男性 農村部	2.43		考えていない	2.18
	女性 都市部	2.04	老人が好き	好き	1.89
	女性 農村部	2.06		どちらか好き	2.10
出身地域類型別	都心部	2.46		どちらか嫌い	2.58
	市街地部	2.13		嫌い	1.00
	新興団地部	1.97			
	近郊農村部	2.17			
	純農村部	2.15			

このように差別意識が強いのは，老人が「どちらかといえば嫌い」であること，老人ホームへ「絶対入りたい」と思っている人，ボランティア活動への参加意思をもっていないこと，老いの排除が「ある」と答えた人で，男性，農村部出身者，出身地域類型では「都心部」出身者であることがわかる．そして，僅かではあるが，農村では近郊農村，そして男性の核家族，祖父母との生活経験が「ある」人，核家族，敬老精神が「あり」と答えた者や老人への排除の存在が「ない」と答えたものに，差別意識がやや高くみられた．

祖父母との生活経験をもつ人に差別意識が若干高くでたのは今回も同様であったが，敬老精神の有無と老人への排除の有無の方は，今回調査は前回調査と反対の結果を示した．敬老精神の有無，老人排除の有無で回答するレベルは認知レベルのものである．こうした認知は状況次第で変化し，差別意識には直接関係しないことがわかる．

5. 若者にとって老人ホームとは

① イメージ

若者にとって老人ホームという施設は，遠い先の存在であるし，おそらくは身近な祖父母の入所や親族のなかの高齢者の入所で知るか，もしくは学校教育やメディアのなかで情報として知るだけで，自分自身の切実な問題として捉えることはできない，そういった距離を置いた存在物にすぎない．それをここではイメージとしてみてみたい．

「楽しい」，「明るい」，「好き」，「近い」，「きれい」，「開放的」，「ほのぼの」，「人間的」，「数が多い」，「静か」，「暗い」，「つらい」，「嫌い」，「遠い」，「こわい」，「汚い」，「閉鎖的」，「じめじめ」，「事務的」，「うるさい」，「きびしい」，「その他」という22ほどの形容詞的な言葉を挙げ，それに複数回答で○をつけてもらった．これらの言葉には「明るい」と「暗い」にみられるように，相反する言葉を入れている．こうしたなかから若者が老人ホームをどのようにみているかをみようとするものである．

全体的な比率をみると，一番多かったのが「さびしい」という言葉のイメージであって，四割の若者がこのイメージでもって老人ホームをみていた．次い

で多かったのが「ほのぼの」というイメージで，全体では 30.6％の若者から支持がみられた．それ以外では「閉鎖的」(22.2％)，「静か」(17.2％)，「明るい」(12.2％)，「暗い」(11.7％) というイメージなどが高位群であった．中位群のイメージをなしたのは，「事務的」(9.4％)，「遠い」(8.9％)，「楽しい」(7.8％)，「嫌い」(7.8％)，「人間的」(7.8％)，「つらい」(7.2％)，「きれい」(6.7％)，「数が多い」(6.1％) である．これに対して低位群のイメージは，「開放的」(3.3％)，「その他」(3.3％)，「汚い」(3.3％)，「じめじめ」(3.3％)，「好き」(2.8％)，「こわい」(2.2％)，「うるさい」(1.1％)，「近い」(0.6％) などである．

つまり，学生が選んだ高位群の特徴は，個人のコミットメントによる評価や態度を要求するものというより，施設そのものを外面的に観察したイメージというもので，それは学生個人が，別の位相に立脚してイメージしたものである．「さびしい」を除けば，「ほのぼの」にしろ，「閉鎖的」にしろ，「静か」や「明るい」や「暗い」にしても，いずれも外面的レベルのイメージである．それに対して，中位群の「事務的」，「遠い」，「楽しい」，「嫌い」，「人間的」，「つらい」，「きれい」などや，低位群の「開放的」，「汚い」，「じめじめ」，「好き」，「こわい」，「うるさい」，「近い」などは，多くはコミットメントした結果の評価である．勿論，中位群，低位群のイメージは，学生でなくても誰でもそうだという意見があるかもしれないが．

ともかく若者にとって老人ホームは，積極的にイメージされる対象ではないことは確かである．

性別にみると，女性の方はプラスイメージの「明るい」，「きれい」，「開放的」，「ほのぼの」，「人間的」などにおいて比率が高く，それと「つらい」，「遠い」，「じめじめ」，「事務的」などの回答も多かった．これに対して男性の方は，「楽しい」というのが若干高かったぐらいで，どちらかといえばマイナスのイメージである「静か」，「暗い」，「嫌い」，「汚い」，「閉鎖的」，「さびしい」，「うるさい」などの比率が高かった．

次いで，出身地域別に比較して顕著に高い比率が認められるものを拾い出すと，以下のようになる．

・都心部は，「静か」(35.7％)，「事務的」(28.6％)，「楽しい」(14.3％) というイメージが他地域に比べて高い値を示していた．以上の他では「明る

い」(21.4%),「人間的」(21.4%),「遠い」(14.5%) といったイメージの比率も高かった.

・市街地部は,「暗い」(18.8%) と「こわい」(6.3%) というイメージが他地域に比べて高い値を示していた. それ以外では「ほのぼの」(31.3%),「閉鎖的」(31.3%),「じめじめ」(6.3%) などの値が高い比率を示した.

・新興団地は,「つらい」(11.4%) と「嫌い」(14.3%) というイメージが高い値を示していた. これ以外では「数が多い」(8.6%),「汚い」(5.7%),「じめじめ」(5.7%),「うるさい」(2.9%) などの値も高かった.

・近郊農村は,「さびしい」(61.1%) というイメージが極端に高い値を示していた. これ以外では「きれい」(11.1%),「数が多い」(8.3%),「遠い」(13.9%),「汚い」(5.6%),「閉鎖的」(27.8%) といったものの数値が高かった.

・純農村は, 他の地域と比べて極端に高い値を示すものはなかった.「明るい」(18.2%),「ほのぼの」(32.7%) が高い値を示しているように, この地域は老人ホームのイメージがプラス的なものであった.

核家族と拡大家族でみると, 拡大家族の学生の方に「楽しい」,「明るい」,「きれい」,「数が多い」,「遠い」,「事務的」といったイメージが高く, 逆に核家族のほうに「ほのぼの」,「静か」,「こわい」,「嫌い」,「汚い」,「じめじめ」,「さびしい」といったイメージが高い. 家族別の場合, 出身地域類型の違いほど大きな違いが出なかったけれども, 概して拡大家族の学生の方が老人ホームがプラス的なイメージをもっていることがわかる.

② 入居意思

では, 彼ら若者が老人ホームに入居することについてどう思っているのであろうか. 最初に老人ホームへの入居意思からみてみたい. 表・8がそれである.

大学生たちに老人ホームそのものがどのように映っているのであろうか. 表・8は, 学生と高齢者の双方について性別, 家族別, 地域別の「老人ホームへの入居意思」をみたものである. 若者の老人ホームへの入居意思は, 全体では「是非とも入りたい」が2.2%,「できれば入りたい」が8.3%となっている. 反対に,「できれば入りたくない」が55.6%,「絶対入りたくない」が12.8%,「まだ考えていない」が21.1%となっており,「是非とも入りたい」,「できれ

ば入りたい」を合計しても，僅かに1割に留まる．それよりも「できれば入りたくない」，「絶対入りたくない」の合計の方が多く，若者の六割近くが老人ホームへ入りたくないと思っている．二割のものが「まだ考えていない」というのは，正直な回答であろうが，ともかく若者たちの間でも老人ホームに対する負のイメージが強くみられるということだけは明らかであった．

では，「入りたくない」（以下，「入りたくない」とは「できれば入りたくない」と「絶対入りたくない」の合計値を意味する）と思う高齢者は，どのような人たちに多いのであろうか．

性別でみてみると，若者で「入りたい」という回答は女性の方にやや多い．これに対して高齢者では男性の方に多かった．「入りたい」という回答は，家

表・8　属性別にみた老人ホームへの入居意思

	学　生	実　数	是非とも入りたい	できれば入りたい	できれば入りたくない	絶対入りたくない	まだ考えていない	不　明
	全　体	180	2.2	8.3	55.6	12.8	21.1	−
性別 *	男　性	58	−	5.2	63.8	13.8	17.2	−
	女　性	119	3.4	10.1	51.3	12.6	22.7	−
家族 **	核家族	104	2.9	7.7	53.8	14.4	21.2	−
	拡大家族	69	1.4	10.1	55.1	11.6	21.7	−
地域 ***	都市部	81	1.2	9.9	59.3	11.1	18.5	−
	農村部	91	3.3	7.7	49.5	15.4	24.2	−

	高齢者	実　数	是非とも入りたい	できれば入りたい	できれば入りたくない	絶対入りたくない	まだ考えていない	不　明
	全　体	81	1.2	9.9	39.1	12.3	32.1	4.9
性別 *	男　性	34	2.9	11.8	35.3	14.7	29.4	5.9
	女　性	47	−	8.5	42.5	10.6	34.0	4.3
家族 **	核家族	63	1.6	6.3	44.4	11.1	30.2	6.3
	拡大家族	14	−	21.4	28.6	14.3	35.7	−
地域 ***	都市部	41	2.4	7.3	43.9	7.3	31.7	7.3
	農村部	29	−	10.3	31.0	17.3	41.4	−

（備考）学生：* χ^2=4.84　df=4,　** χ^2=0.96　df=4,　*** χ^2=3.14　df=4
　　　　高齢者：* χ^2=2.25　df=4,　** χ^2=3.99　df=4,　*** χ^2=3.90　df=4

族別・地域別ともほとんど差はみられなかった．高齢者の方では拡大家族で「入っていい」という人が若干多く，農村部で「まだ考えていない」という回答がやや多くみられた．

③ 老人ホームへの入居理由

そこで，次に，若者が実際に老人ホームへ入居しようと最終判断をするのはどのような理由であろうか．ここでは老人ホームへの入居理由を次のような設問で調べた．つまり，「あなたは，将来，どういう状況の時なら老人ホームに入るとお考えですか」という設問を使い，表・9 のような回答肢でもって調査した．

表・9 老人ホームに入る時の理由

		合計	一人暮らしになった時	身体が不自由になった時	子供が面倒をみないと言った時	親族に勧められた時	町の相談員に勧められた時	進んで老人ホームに入居するつもり	その他	絶対入りたくない	不明
	学生	180	24.4	52.2	14.4	3.3	5.0	1.7	2.8	11.7	1.1
	高齢者	81	16.0	29.6	12.3	3.7	2.5	1.2	8.6	23.5	12.3
学生*	男性	58	29.3	48.3	13.8	3.4	3.4	−	5.2	12.1	1.7
	女性	119	21.0	54.6	14.3	3.4	5.9	2.5	1.7	11.8	0.8
高齢者*	男性	34	20.6	29.4	8.8	2.9	2.9	2.9	5.9	32.4	8.8
	女性	47	12.6	29.8	14.9	4.3	2.1	−	10.6	17.0	14.9
学生**	都市部	81	17.3	63.0	8.6	2.5	3.7	1.2	3.7	11.1	1.2
	農村部	91	29.7	42.9	18.7	4.4	6.6	2.2	2.2	13.2	1.1
高齢者***	都市部	41	26.8	24.4	4.9	4.9	2.4	−	4.9	19.5	17.1
	農村部	29	6.9	31.0	6.9	3.4	−	3.4	17.2	31.6	10.3

(備考)　学生：* $\chi^2=5.13$　df=7,　** $\chi^2=11.29$　df=7
　　　　高齢者：* $\chi^2=4.85$　df=7,　** $\chi^2=11.32$　df=7

単純分析の結果からみると，老人ホームへ入居するのは，まず一番多いのは「身体が不自由になった時」(52.2%)，「一人暮らしになった時」(24.4%)，「子どもが面倒をみないと言った時」(14.4%)，「町の相談員に勧められた時」(5.0%)，「親族に勧められた時」(3.3%)，「その他」(2.8%) の順であった．他方，「絶対入りたくない」(11.7%) という回答は意外と多くみられるが，

「進んで老人ホームに入居するつもり」(1.7%) という回答は僅かしかみられなかった.

これに対して,同時期に調査した山口市の高齢者の場合,「身体が不自由になった時」(29.6%),「絶対に入りたくない」(23.5%),「一人暮らしになった時」(16.0%),「子どもが面倒をみないと言った時」(12.3%) という順になっている.

学生と高齢者のデータを比較すると,比率こそ差がみられるものの,回答項目の順序はほぼ同じ傾向を示していた.若者と高齢者がほぼ同じ傾向を示すということは,老人ホームへの入居に関して世代間の伝達がなされているのかもしれない.

現実には我が国においては,高齢化社会の到来ということで国の施策や地方自治体の積極的な取り組みにより,老人ホームといっても各種のタイプがあり,最近完成しつつある特別養護老人ホームなどは,老人の ATL や QOL に気を配った良質な住居環境を備え,ケアの体制も充実した人間的触れあいに配慮した施設となりつつある.生活環境面では老人の住宅より整っている施設の方が多いぐらいである.しかし,この調査の結果が示すように,若者にしろ高齢者にしろ,老人ホームへの入所意思は積極的イメージで捉えられるものとはなっていない.我が国の場合,北欧の福祉国家ほど施設福祉を徹底化してきたわけではない.そうした施設福祉への地道な試みの不足が,老人ホームを敬遠する背景にあるのかもしれない.我が国ではまだまだ老人ホームに入所させることが,子供たちが見捨てるというイメージに結びつくからではないであろうか.そのあたりが若い学生の意識のなかにも残存しているように思われる.

6. 結　語

本章の課題は,ラベリング差別論の観点から高齢者を老人にする老人化プロセスを捉えるために,次代を担う若者の老人像を分析することにあった.ここでは大学生の集合的な意識を捉えるために,老人に対する好意度,敬老意識や棄老意識と老人排除の認知,排除の内容の分析,老人ホームのイメージ,老人ホームへの入居意思等を分析した.その結果,いくつかの知見を見いだすことができたように思われる.

第6章　若者の老人差別意識の分析（続）

まず，今回の調査からは，

(1) 若者の老人に対する好意度は，今回の調査データをみる限り，前回と違い，拡大家族や農村出身の若者の方が高いことがわかった．

(2) このように敬老の精神の存在を認めるものが少ないのであるが，それならば，老人への排斥に対する認識は全体では，老人を排除する仕組みが「ある」と回答したのは 26.1%，逆に「ない」と回答したのが 68.9% と，半数以上の学生が「老いを排除する仕組み」の存在を「ない」と答えていた．「ある」と認めるのは，男性（31.0%）の方に多くみられ，逆に女性（23.5%）の方に少なかった．家族別では，核家族に多く，特に男性の核家族（35.3%）に多くみられた．地域別では都市部（34.6%）の方が農村部（18.7%）に比べて排除の存在を認める比率が高い．しかも地域別では有意差が確認できた．

(3) 若者が老人の排除の仕組みとして認めるものをみたのであるが，若者にとって定年制や職業差別というのが差別の側面として一番目につきやすいもののようである．それ以外では施設不足と施設の不備，対人的レベルでの態度や意識（尊敬がない，疎遠化，交流のなさ）などである．

(4) これに対して，「元気だな」，「便利な所に」，「いやだな」（逆相関），「汚らしい」（逆相関）の4項目が結びついている．こちらは老人たちを元気だなと肯定的にかつ友好的に評価する学生は，便利なところに住むべきであると考え，また感情的には「いやだな」とか「汚らしい」とは思わない傾向があることを示している．

(5) 今回の調査では，学生の老人差別意識は，祖父母と一緒に生活した経験があるか，ないかということとは関係しないが，祖父母や両親との同居生活志向や老人に対する愛着，ボランティア参加意思の保持，老いの排除の認知といったものと，大いに関係していることがわかった．前回の調査では，性別に関して有意の相関がみられたが，今回はみられなかった．ただ，有意差が確認できないまでも，数値としてはかなり高い相関係数がでている．

(6) 老人ホームへの入居意識

若者にしろ高齢者にしろ，老人ホームへの入所意思は積極的イメージで

捉えられるものにはなっていない．我が国ではまだまだ老人ホームに入所させることが見捨てるというイメージに結びつくからではないであろうか．

　(7) 老人ホームのイメージは男子に比べて女子の方が肯定的なイメージでみる割合が高かった．

　全体の比率をみると，一番多かったのが「さびしい」という言葉のイメージであって，4割の若者がこのイメージでもって老人ホームをみていた．家族類型別の場合，出身地域類型の違いほど大きな違いがでなかったけれども，概して拡大家族の学生の方が老人ホームのイメージがプラスになっていることが分かる．

全体的には，差別意識や棄老類型が，性別では男性の方に老人への差別感が強く，性別役割による老人処遇感が反映していることがわかった．しかし，家族や地域の要因は必ずしも仮説に従うものではなかった．つまり，核家族形態で生活していた学生の方が老人を排斥するという仮説は認められなかった．かえって高齢者と同居しているケースである拡大家族において，学生の差別意識も強く，また棄老型も比率的に多かったのである．拡大家族における学生の方が差別意識が強いということは，拡大家族の子供の方が他の場合より緊張度が高いということと関係するのであろうか．実際，祖父母との同居経験についての設問でも同じことがみられた．つまり，今回の調査では祖父母との同居経験と差別感情との間には有意な形の相関関係が認められなかったが，同居経験をもつ学生に老人差別の感情をもつものが多くみられたのである．もちろん，今回の場合，1年以内の生活経験であるからもっと長期の同居経験では違うかもしれない．ただ，ここでのインプリケーションからは，若者が祖父母との同居を通して老人の現実の実態を知り，それゆえになにがしかの拒絶観がでてきたのかもしれない．

また，地域の要因との関係では，棄老類型については仮説と同じものであったが，差別意識の強度に関しては農村部の方が高く，逆に都市部の方で低かったので，仮説とは違った傾向を示していた．特に出身地別では近郊農村の学生が「友愛型」であるにもかかわらず，差別意識が強いという特徴的な傾向を示した．

第6章　若者の老人差別意識の分析（続）　　　　　　　　　　　169

（1） 本研究は1994年度の山口大学教養部のゼミで企画した調査を素材にして分析したもので，その年度の受講生12名（人文学部学生近江真由美，重岡保則，高橋亜希子，三浦剛，教育学部学生石田哲也，理学部学生中村志麻，工学部学生三木登，黒川光映，佐藤栄介，松尾嘉憲，長野業兵平，農学部学生積山千穂）との共同作品といってよいものである．そのときは，ゼミでの研究発表として若干利用したが，学生のほとんどが1年生ということで，そのまま調査データが公表もされずにゼミでの発表資料でもって終わった．今回，その時のデータを若者の老人差別感の分析という形で再解釈した．
（2） 高齢者の調査は，山口市内の2地区（湯田地区と平川地区）に在住の高齢者を対象に面接調査をしたものである．学生たちがゼミの一環で調査し，まとめようとしたものであるが，1年生ということで，ゼミ発表だけで終わったものである．ここでは彼らの実績としてここに若干記録に残したいということで，調査データを使っている．
（3） 詳しくは第2章と次の論文を参照のこと．辻正二「万引と公的ラベリング——宮崎市におけるスーパー，商店の万引調査を通して」『宮崎大学教育学部紀要・社会科学』第61号，1987年3月，59-75頁．
（4） パルモアは，エイジズムが挙げている高齢者に対する偏見には否定的ステレオタイプと否定的態度があるという．つまり「病気」，「性的不能」，「醜さ」，「知能の衰退」，「精神病」，「無益」，「貧困」，「鬱病」のような否定的ステレオタイプと，否定的態度とが，さらに「雇用」や「政府機関」や「家族」や「住宅」や「ヘルスケア」にみられる否定的差別に認めることができる．Erdman B. Palmore, *Ageism: Negative and Positive*, (Springer Publishing Company) 1990, 奥山正司・秋葉聡・片多順訳『エイジズム』（法政大学出版局）1995年．
（5） オズグッドの挙げている11の神話というのは，「神話1．65歳を過ぎるとだれもが確実に衰える」，「神話2．老人は体力が弱い，あるいは衰弱している」，「神話3．老人は第二の幼児期に入る」，「神話4．老人は性的関心をもたず，魅力もない」，「神話5．老人は気むずかしく，不機嫌である」，「神話6．老人は古風で，保守的で，自分の型にはまっている」，「神話7．老人は物覚えが悪い」，「神話8．老人は非生産的である」，「神話9．老人はみな似たりよったりである」，「神話10．老人は穏やかでのどかな世界に住んでいる」，「神話11．老人はいつの世も変わらない」というものである．Nancy J. Osgood, 1992, *Suicide in Later Life*, (Lexington Books), 野坂秀雄訳『老人と自殺』（春秋社）1994年，67頁．
（6） 「強度5」は「いやだな」，「汚らしい」，「場違いだ」，「静かな所に」の4設問とも「思う」と答えたものを，「強度4」は「思う」が三つ，「強度3」は「思う」が二つ，「強度2」は「思う」が一つ，「強度1」は「思わない」が四つで，「思う」が全くないものを指して使っている．

参考文献

（1） 大道安次郎『老人社会学の展開』（ミネルヴァ書房）1966年．
（2） L.K. Gerge, *Role Transitions in Later Life*, (Wadsworth Inc.) 1980, 西下彰俊・山本孝史訳『老後』（思索社）1990年．
（3） 兼子宙『老いを生きる』（大日本図書）1988年．
（4） 栗原彬「〈老い〉と〈老いる〉のドラマトゥルギー」『老いの発見1』（岩波書店）1986年．
（5） 中野収『若者文化人類学——異人としての若者論』（東京書籍）1991年．
（6） 那須宗一『老人世代論——老人福祉の理論と現状分析』（芦書房）1962年．

(7) ノルベルト・エリアス／中居実訳『死にゆく者の孤独』（法政大学出版局）1990 年.
(8) I. Rosow, *Socialization to Old Age*, 1974（University of California Press），嵯峨座晴夫監訳『高齢者の社会学』（早稲田大学出版）1983 年.
(10) 新村拓『医療化社会の文化誌』（法政大学出版局）1998 年.
(11) 三浦文夫・小笠原祐次編『現代老人ホーム論』（全社協）1981 年.
(12) 石川奈津子『特別養護老人ホームの夜』（築地書館）1995 年.

第7章　高齢者の老人意識と自己ラベリング

1. はじめに

　われわれはこれまで老人化について，地域比較，若者の老人差別意識，世代間比較，老人語の分析などを行ってきたが，本章では老人化の成就過程を高齢者自身の高齢者像，つまり老人意識と自我像の分析を行い，老人意識の内面化のメカニズムを実証的に考察したい．
　これまで老人化のメカニズムについては，いくつかの研究がなされてきた．例えば，栗原彬は，老いのドラマトゥルギー分析によって老いの外在化，老いの客体化，老いの内面化という三段階のドラマの存在を指摘した[1]．彼によると，老いの外在化は，外からのまなざしによって，あらゆる〈老いる〉現象のなかから選び取られた，有徴的な部分を碇泊点として，老いのラベルをはりつけるという仕方で進むという．
　同じく，システム論者のI. ロソーも社会の制度的な影響によって老人文化の曖昧性を指摘するが，その背景に老人の若さへの限りない憧憬，若さへのアイデンティティの存在があるといっている[2]．しかし彼の視点は，構造＝機能主義的な視点が濃厚で，老人の社会化からの老人文化の分析にすぎず，老人文化の曖昧性を指摘するに留まり老人文化を形成する老人のポジティブな側面の考察は明快ではない．ただ，彼においても老い（老人）が地位の低下，ステレオタイプ化，排斥，役割喪失，役割の曖昧さ，若さの自己イメージといった社会の制度的メカニズムによって形成されることを指摘していることは注目してよいであろう．
　キューパーズ（J.A. Kuypers）とベングトソン（V.L. Bengtson）は，ラベリング論をつかった高齢者研究をしている数少ない研究者たちである[3]．彼らは，当初精神障害の生起の分析で使われた「社会的崩壊」論を老人化の分析に

適用している．

　彼らによると，「この理論は個人の自我感覚，自我と社会を仲介する能力，個人的支配への志向性が，加齢とともに経験する社会的ラベリングや価値づけの諸性質の関数であるということを示唆する．さらに，われわれは，高齢者が老後生活で社会的再組織の特質から社会的ラベリングに影響されやすく，依存的になりがちであると論ずる．すなわち，加齢の通常のコースでのある種の社会的条件（役割喪失，曖昧ないし不適切な規範的情報，準拠集団の欠如）は，その個人から，自分が誰で，果たしうるのはどんな役割と行動か，一般に社会的世界において自分にどんな価値があるのか，という循環（フィードバック）を妨害する．このフィードバックの無さが，自己ラベリングの外的資源（それらの多くが，不要としての老人や時代遅れとしての老人というステレオタイプ化された否定的メッセージを交信する）への弱みや依存性を生む[4]」のだという．彼らは，ザスマンにならって，老人形成を7段階の社会的崩壊で考える．つまり，老人形成は，

　(1) 感じやすさ（感受性）の必須条件
　(2) 外的ラベリングへの依存
　(3) 無能力としての社会的ラベリング
　(4) 病的，依存的役割への誘引
　(5) この新しい依存的役割に合致した〈技術〉の学習
　(6) 以前の技術の減退
　(7) 〈病的〉ないし不適格としての自己同一化と自己ラベリングといったラベリング過程が作用しているといっている．

　「精神病者と老人になされる社会的ラベリングは，特有な性格では異なるけれども，双方ともこのきっかけとなる否定的性質に強調をおいている．加えて老人は，曖昧な規定もしくは悪く規定されたラベルをもつことから不利な立場をもつ．つまり，その当の個人は，自らを規定するとき，〈生産的〉役割の喪失を伴う否定的な意味合いのステレオタイプを承認するようになるであろう[5]」という．

　つまり，「高齢者にとってラベリングは，全体的に否定的であって，われわれの社会においては支配的な社会経済的な有用性に根ざしている．無能性という社会的ラベリングの結果は，まわりの環境を処理する心理的装置の欠如，否

定的な自己見解の内面化であり、それゆえに、悪循環の完了なのである[6]」と.

ここでは、キューバーズとベングソンにならって感受性の必須条件、外的ラベリングへの依存、無能力としての社会的ラベリングという側面に注目し、限られた調査データのなかから次のような項目、つまり、① 老人と呼ばれて気になる、② 老人呼称に対する評価、③「老人になったな」という老人自己成就認識、④「老人扱いされて、いやな思いをした」という被害経験、⑤ 若さへの同調性（若々しい服装）の項目に絞って、人が自分自身を老人とみるようになる老人化過程を分析してみたい. つまり、社会的レッテルや社会的抑圧機構によって老人がつくられるという問題意識から、老人の自己レッテル化の側面に目を向ける. そのために向老期 (55～64歳) 世代と高齢期 (65歳以上) 世代という世代変化のなかでのラベリング状況、老人自己意識、老人意識類型の構成、自我像などの関連から分析する.

なお、調査対象者は、宮崎市在住の (1) 都心部（中央西，南，東地区），(2) 旧市街地部（中央北地区．大宮地区），(3) 新興団地部（大塚台，生目台，月見ケ丘），(4) 農村部（北地区，木花地区）の4地域に住む55歳以上の人で、選挙管理名簿から無作為抽出した1,025名である. 調査法としては郵送法を使用した. 有効票の回収数656人で、有効回収率は64.0%であった[7].

2. ラベリングの諸相

(1) 老人と呼ばれて気になる

人びとは「老人」と呼ばれることをどのように思うのであろうか. いいかえれば、「老人」という言葉によるラベリングに対して、どのように感じているかである. 世代別にみると、向老期の48.1%が「気になる」と答えているのに対して、高齢期世代になると58.1%が「気になる」と答えている. つまり、高齢期世代では約六割が「老人」と呼ばれて「気になる」と答え、向老期でもほぼ半数が「気になる」と答えているのである.

(2) 老人呼称に対する評価（嫌いな言葉）

次に、老人という言葉、言辞に対して、どのような好感度をもつかをみてみ

よう．老人を指す言葉は，時代のなかでいろいろと使われてきた．古代の律令では61歳から65歳までを老，66歳以上を耆としていたという[8]が，耆という言葉は今日では使われない．中世では翁が老人を意味する言葉として一般的に使われたという[9]．今日は言葉のもつイメージを考えて「シルバー」，「熟年」などという言葉が使用されだしている．ここでは，高齢者を意味する言葉を挙げ，それに対して「嫌い」と思うものを複数回答で求めた[10]．使ったのは「実年」，「熟年」，「翁」，「高齢者」，「年寄り」，「爺」，「婆」，「老人」，「恍惚の人」，「老女」，「老婆」，「シルバー」，「それ以外」の13種類である．全体からみて，嫌われる言葉の順序は，「恍惚の人」（45.3％），「婆」（39.3％），「老婆」（38.7％），「爺」（38.1％），「老女」（27.6％），「老人」（24.4％），「年寄り」（23.8％）といった具合である．逆に，「実年」（2.4％），「熟年」（3.2％），「高齢者」（5.2％），「翁」（6.1％），「シルバー」（6.4％）といった言葉については比率が低い．これらをみると高齢者たちにとって，古い言葉か，ネガティブな言葉が嫌いな言葉であることがわかる．それに対して比率の低いのは新しい老人呼称であって，価値的な意味合いをもたない言葉となっている．

　性別では老人呼称のうち「爺」は男性で高く，「老婆」，「婆」は女性で高くなっている．「恍惚の人」は小説のなかの人物が男性であったことが関係しているのか，女性より男性において比率が高かった．概して「年寄り」以外の老人呼称はいずれも男性の方で比率が高くなっていた．世代別でみると，男性において差のはっきり出ているのは「年寄り」，「老人」，「老女」，「老婆」，「高齢者」といった言葉が向老期層の方で高くなっており，高齢期層では「恍惚の人」ぐらいであった．女性の方は「老婆」，「婆」を高齢層が嫌っているが，向老期層では「恍惚の人」，「老女」，「老人」，「爺」が高く，嫌われている．それから男女とも「実年」，「熟年」，「翁」という言葉は高齢期層の方で高くなっている．

(3) 老人扱いされていやな経験（被害感覚）をしたことがあるか

　次に，老人として処遇されることに注目しよう．実際，高齢者たちは，いまの社会において老人処遇（老人扱い）をどのように感じているのであろうか．ここでは「あなたは老人扱いされていやな思いをしたことがありますか」という設問を使って，「老人扱い」（老人としての地位処遇）による心理的な被害経

験を聞いてみた．この設問に対しては，まず全体で 17.5％が「ある」と答えており，高齢期の年代では 65～69 歳が 19.0％，70～74 歳が 20.7％，75～79 歳が 29.0％，80 歳以上が 30.0％という具合に，加齢化とともに「老人扱いされていやな経験をした」と答える比率が増加する．これに対して今回の調査では向老期の 55～59 歳は 10.6％，60～64 歳は 8.7％であった．性別では「ある」と答えたのは男性で 15.5％であるのに対して，女性では 19.7％と，女性の方がいやな経験をしている比率が高い．特に後期高齢層の 75～80 歳の女性では 38.6％と高い比率がみられた．つまり，この種の被害感覚は，加齢とともに増加するばかりでなく，そこには性差も反映していることがわかるのである．

(4)「老人になったな」という意識（老人自己成就意識）

老人化処遇の作用する社会では，自分自身を「老人になった」と自己認知（自己成就意識）する時期が訪れる．ところが社会的に仕組まれた老人線は，65 歳からであることが多い．実際の高齢者たちの老人線は「70 歳以上」とみている人が多いのである（この調査では「60 歳以上」14.6％，「65歳以上」が 14.6％，「70 歳以上」が 51.5％，「75 歳以上」が 20％，「80 歳以上」が 8.5％であった）．高齢者は，ある年齢に達すると，こうした老人線や周囲の人びとの眼や期待から自分自身を「老人になった」と自己認知せざるを得なくなる．表・1 と表・2 は，性別，年齢別にこの老人自己成就意識をみたものである．

表・1 年齢別にみた「老人になったな」意識（男性）

	実数	老人になったな		
		思う	思わない	不明
全　　体	335	41.8	57.6	0.6
55～59 歳	70	14.3	84.3	1.4
60～64 歳	70	15.7	84.3	－
65～69 歳	73	38.4	60.3	1.4
70～74 歳	60	70.0	30.0	－
75～79 歳	49	77.6	22.4	－
80 歳以上	12	91.7	8.3	－
向老期	140	15.0	84.3	0.7
高齢期	194	61.3	38.1	0.5

表・2 年齢別にみた「老人になったな」意識（女性）

	実数	老人になったな		
		思う	思わない	不明
全　　体	315	50.8	48.9	0.3
55～59 歳	62	6.5	93.5	－
60～64 歳	68	35.3	64.7	－
65～69 歳	62	45.2	53.2	1.6
70～74 歳	56	80.4	19.6	－
75～79 歳	57	89.5	10.5	－
80 歳以上	7	85.7	14.3	－
向老期	130	21.5	78.5	－
高齢期	182	71.4	28.0	0.5

まず，表・1，表・2 にみられるように「老人になったな」と思うかどうかの設問でみると，男女とも年齢別に相関がみられ，その比率も年齢が上昇するとともに「老人になったな」と思う割合が増加する傾向を示している．ただ男女でみると興味深いものが窺える．それは「老人になったな」という意識が男女で違ったパターンを示していることである．男性の場合，向老期までは 15% にすぎないものが，65 歳を越すと 4 割近くが老人自己成就意識となっているのに対して，女性の場合は 60 歳から急激に増加するパターンとなっている．いま一つは向老期も高齢期も男性より女性の方が「老人になったな」と思うと答えるものが多い，ということである．これは男性に老人自己成就意識を拒絶する力が強いとみるべきか，それとも女性の方が承認する力が強いとみるべきなのであろうか．

(5)「若さ」の承認：若々しい服装をする

次に，ここで調べた高齢者たちの若さへの同調の姿勢をみてみよう．すべての高齢者がそうではないにしろ，若い時期は人びとにとって人生のなかで一番輝いた時期といえるものであろう．生命の瑞々しさを表現する時期でもある．したがって，高齢者が若さへ憧憬の念をもつのは当然である．老年生理学では．高齢者で健康な人ほど，若々しい意識や行動が目立つということであるが，それも当然なのかもしれない．そこでここでは，「若々しい服装をした方がいいと思っている」かどうかを設問として聞いてみた．全体ではこの若々しい服装をすることについての意見で，「大いにそう思う」が 34%，「どちらかといえばそう思う」が 31.1%で，賛成の意見をもっているのは 65.1%である．この設問に対しては年齢では，「55〜59 歳」が 65.1%，「60〜64 歳」が 70.3%，「65〜69 歳」が 62.7%，「70〜74 歳」が 64.7%，「75〜79 歳」が 63.5%，「80 歳以上」が 55%となっており，「60〜64 歳」の年代にやや支持者が多くみられるが，大きな特徴は確認できない．向老期の 67.8%が「若々しい服装をした方がいいと思っている」が，高齢期では 63.1%に留まる．

性別では，この意見の支持者は男性（64.1%）に比べて女性（66.1%）の方に多くなっている．そして．やはり「60〜64 歳」層の男性（67.2%）と女性（73.5%）と多い．65 歳直前の年齢層に多いということは，やはり老人線を意

識してのことであろうか．
　そして，次に「老人になったな」という老人自己成就意識から，この若々しい服装に対する意識を調べてみると，「老人になったな」と「思わない」人では，若々しい服装に対して「大いにそう思う」が39.7％みられ，「老人になったな」と「思う」人の27.9％と，かなりの差がみられた．「どちらかといえばそう思う」という意見を加えると，「思う」人が61％であるのに対して，「思わない」人は，69％が支持者である．老人の自己成就意識を拒絶する人に若さを志向する人が多くなっている．

3. 老人意識形成のメカニズム

次に「老人になったな」という意識の客観的環境，主観的環境を調べてみた

表・3 「調査項目と回答肢」

客観的要因	回答肢（並び順）	主観的要因	回答肢（並び順）
性別	1. 男性 ……… 2. 女性	階層帰属意識	1. 上の上 ……… 7. 下の下
年令別	1. 55歳以上 ……… 7. 80歳以上	敬老精神の有無	1. ある ……… 2. ない
出身地	1. 宮崎市 ……… 3. 県外	老人になったな	1. そう思う ……… 3. そうは思わない
同別居形態	1. 同居 ……… 2. 別居	いやな経験	1. そう思う ……… 3. そうは思わない
家族員数	1. 1人 ……… 7. 7人以上	老人排除認知	1. ある ……… 2. ない
職業	1. 農林業 ……… 9. 無職	老人と呼ばれて気になる	1. ある ……… 2. ない
学歴	1. 9年 ……… 2. 12年以上	若々しい服装をすべき	1. そう思う ……… 4. そう思わない
住まい	1. 持ち家 ……… 6. その他	社会的地位の喪失	1. はい ……… 2. いいえ
居住年数	1. 5年未満 ……… 7. 50年以上	バイオメディカルな地位喪失	1. はい ……… 2. いいえ
世帯収入	1. 5万円未満～ ……… 7. 50万円以上	家族連帯の喪失	1. はい ……… 2. いいえ
親しい人の総数	1. 0人 ……… 7. 51人以上	経済的自立の喪失	1. はい ……… 2. いいえ
親類数	1. 0人 ……… 7. 51人以上	自我像 生きがい感	1. そう思う ……… 4. そう思わない
近所の人の数	1. 0人 ……… 7. 51人以上	生活満足度	1. そう思う ……… 4. そう思わない
友人数	1. 0人 ……… 7. 51人以上	孤独ではない	1. そう思う ……… 4. そう思わない
集団加入数	1. 0個 ……… 6. 5個以上	自戸存在満足度	1. そう思う ……… 4. そう思わない
		家族に誇りをもつ	1. そう思う ……… 4. そう思わない
		自己能力発揮度	1. そう思う ……… 4. そう思わない
		社会的不可欠性	1. そう思う ……… 4. そう思わない
		社会的貢献能力	1. そう思う ……… 4. そう思わない
		ボランティア参加意思	1. はい ……… 2. いいえ

い．表·3 は，高齢者調査で実施した項目とその回答肢の内容を示したものであるが，そのうち約半数が性別や年齢などといった個人の社会的地位属性であり，後の残りは個人の主観的な意識を示している．

(1) 老人意識の客観的基盤

まず，この「老人になったな」という意識がどのような基盤に支えられているかを，今回調査した項目のうちの 15 項目の客観的属性のなかでの相関度から探ることにしたい．表·4 は，その相関係数を示す．15 項目のうち年齢別 (-0.56730)，職業 (-0.28401)，学歴 (0.11349)，居住年数 (-0.11698)，世帯収入 (0.28128)，友人数 (0.10437)，集団加入数 (0.16597) の 7 設問との間に有意の相関度がみられた．高い順に配置すると年齢別，職業別，世帯収入別，集団加入数，居住年数別，学歴別，友人数の順となっている．つまり，年齢別では年長者になるほど，職業別では無職の人ほど，世帯収入では収入の少ない人ほど，集団加入数では加入数の少ない人ほど，居住年数別では居住年数の長い人ほど，学歴では低学歴の人ほど，友人数では友人数の少ない人ほど，ここでの「老人になったな」と意識する割合が増加する傾向がみられたことを意味する．

もう少し詳しくみてみたい．客観的基盤のうち個人のもつ社会関係でみると，まず，身近な対人的で親密なグループであるインフォーマル・グループでは，血縁関係や地縁関係の双方においては相関度はみられないが，友人関係との間でのみ相関度がみられた．この意味は，友人数の増加とともに「老人になったな」と「思わない」人が増加するし，逆に友人数の「無さ」ないし「少なさ」が「老人になったな」と「思う」人を増大させる傾向があることを示している．これに対して血縁とか地縁といった社会関係は，この老人認知意識には相関していないことを示しているのである．他方，公式集団への参加，つまりフォーマル・グループへの参加数をみると，この老人自己成就意識では相関係数が 0.16597 を示し，インフォーマルな関係以上に相関関係をもつことがわかる．集団加入数の少ない人ほど「老人になったな」と思う傾向をもつということである．

(2) 老人意識の主観的意識構造

これに対して，この「老人になったな」という意識の主観的基盤はどうであろうか．表・4のように「階層帰属意識」，「敬老精神」，「老人と呼ばれて気になる」，「老人排除認知」，「若々しい服装意識」，「老後開始規定要因」，「老人自我像」など19項目との間で相関係数を求めてみたところ，階層帰属意識，若々しい服装意識，「いやな経験（被害経験）」，「老人と呼ばれて気になる」，老後開始規定要因の「社会的地位の喪失」，「家族連帯の喪失」，「経済的自立の喪失」，自我像の「生活満足度」，「孤独ではない」，「自己能力発揮度」，「社会的不可欠性」，「社会的貢献能力」，「ボランティア参加意思」の13項目の間で相関度が認められた．相関係数の高いものからみると，「老人と呼ばれて気になる」（-0.34270），「ボランティア参加意思」（-0.24978）．「社会的貢献能力」（-0.18222），「経済的自立の喪失」（0.16268），「若々しい服装意識」

表・4 「老人になったな」意識の客観的基盤と主観的基盤

客観的要因	相関係数	主観的要因		相関係数
性別	-0.07606	階層帰属意識		-0.12690**
年令別	-0.56730**	若々しい服装をすべき		-0.13367**
出身地	0.03949	敬老精神の有無		0.04241
同別居形態	0.08631	いやな経験		0.10779*
家族員数	-0.01575	呼ばれて気になる		-0.34270**
職業	-0.28401**	老人排除認知		0.04974
学歴	0.11349*	社会的地位の喪失		-0.11815
住まい	-0.03737	バイオメディカルな地位喪失		0.09721
居住年数	-0.11698*	家族連帯の喪失		0.11526*
世帯収入	0.28128**	経済的自立の喪失		0.16268**
親しい人の総数	0.08939	自我像	生きがい感	-0.03418
親類数	0.08844		生活満足度	-0.10654*
近所の人の数	0.03952		孤独ではない	-0.12498*
友人数	0.10437*		自戸存在満足度	-0.08668
集団加入数	0.16597**		家族に誇りをもつ	-0.04843
			自己能力発揮度	-0.10844*
			社会的不可欠性	-0.12181*
			社会的貢献能力	-0.18222**
		ボランティア参加意思		-0.24978**

（備考）数値は相関係数で，（**）は1%で有意（*）印は5%で有意を示す．

(−0.13367),「孤独ではない」(−0.12498),「社会的不可欠性」(−0.12181),「社会的地位の喪失」(−0.11815),「家族連帯の喪失」(0.11526),「階層帰属意識」(−0.11200),「自己能力発揮度」(−0.10844),「いやな経験」(0.10779),「生活満足度」(−0.10654) の順となっている．つまり,「老人になったな」と思う人ほど,老人と呼ばれて気になると「思わない」し,「ボランティア活動への参加意思」をもたない．その上「社会的貢献能力」がないと思う人ほど,「老人自己成就意識」との間で高い相関がみられるのである．階層帰属意識において低い意識をもつ人ほど「老人になった」と意識する人が増加する傾向がみられ,「若々しい服装」をすべきという意識をもたない人ほど「老人になったな」と意識する人が増加する傾向がみられるのである．「老人と呼ばれて気になる」人も,老人扱いされて「いやな経験をした」と答える傾向がある．

また,老後開始規定の要因では,「経済的自立の喪失」と一番高い相関度がみられた[11]．つまり,老後の開始を規定する要因を調べたなかでは,「経済的自立の喪失」,「社会的地位の喪失」,「家族連帯の喪失」,「バイオメディカルな地位の喪失」のうち,「経済的自立の喪失」をあげた人ほど「老人になったな」と意識する割合が増加する傾向がみられ,さらに「社会的地位の喪失」や「家族連帯の喪失」との間でも有意の相関度がみられた．ただ「バイオメディカルな地位の喪失」とは相関度がみられなかった．そして,「経済的自立の喪失」と「家族連帯の喪失」は正の相関であるが,「社会的地位の喪失」は逆相関していた．つまり,「老人になったな」と思う人は,経済的な自立を喪失した人であり,家族的連帯を失った人だということである．言い換えれば,老人自己成就意識をもたない人ほど退職や主婦の座を渡すということ,「社会的地位の喪失」をもって老後の開始を考える人が多かったということである．

4. 老人意識類型の分析

以上はラベリングを受けた人が老人意識をもつようになる側面をみたものであるが,ラベリング状況は,現実には他者との相互作用状況で生起している．そこで,自己認知（自己承認）と他者規定の二つが作用しているなかで,老人意識形成がどうなっているかという側面もみておかなければならない．

(1) 老人意識類型の構成

そこで,以上みてきた設問のうち「老人と呼ばれて気になる」という項目と「老人になったな」という項目を使って,新たに老人意識類型を構成した.「老人と呼ばれて気になる」という項目は,他者から老人だと呼ばれ,そのことが気になるということで,他者のラベリングとそれを気にする自己についての設問で,対他存在性と,ラベリングを気にする自己の存在を捉えた項目である.これに対して「老人になったな」という項目は,生活世界で自分自身を老人になったと確認しているかどうかを聞いた設問である.それぞれについて承認と不承認の回答肢があるので,老人意識類型は四つのタイプが可能となる(図・1).

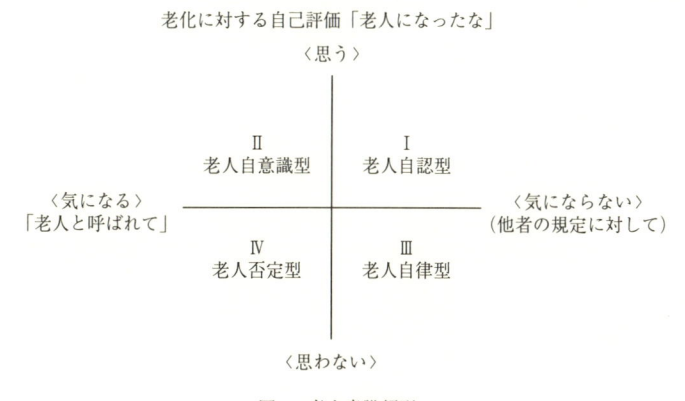

```
             老化に対する自己評価「老人になったな」
                      〈思う〉

                  Ⅱ            Ⅰ
               老人自意識型    老人自認型
〈気になる〉  ─────────────────────  〈気にならない〉
「老人と呼ばれて」                      (他者の規定に対して)
                  Ⅳ            Ⅲ
               老人否定型    老人自律型

                     〈思わない〉
```

図 1 老人意識類型

まず,第Ⅰのタイプは,人から「老人と呼ばれて」「気にならない」,「老人になった」と「思う」,というタイプである.ここでは老人自認型と呼んでおきたい.調査のなかでも全体で 29.6% がこのタイプからなっている.

第Ⅱのタイプは,「老人と呼ばれる」と「気になる」が,自分自身「老人になった」と「思っている」タイプである.ここでは老人自意識型と呼んでおきたい.全体では 1 割(9.9%)にすぎない.老人自意識型が差別に対して一番敏感な層をなしている.

第Ⅲのタイプは,「老人と呼ばれて」も「気にならない」し,「老人になった」とも「思わない」タイプである.ここでは老人自律型と呼んでおきたい.

このタイプは18.8％みられる．

最後のⅣのタイプは，「老人と呼ばれる」と「気になる」が，「老人になった」とも「思わない」タイプで，ここでは老人否定型と呼んでおきたい．全体では，27.0％がこのタイプであった．

(2) 老人意識類型とその諸相の分析

年齢別にみると，この4類型にはある特徴がみられる（表・5）．つまり，「老人自認型」は，「55～59歳」では5.3％しかみられないが，「80歳以上」では65.1％になり，年長者ほど多くなる傾向を示している．そしてこの類型は，60代までは多くないが，70歳を越えると半数以上がこのタイプになることを示す．「老人自意識型」は，「70～74歳」，「75～80歳」にやや多くみられる．これに対して「老人否定型」は，「55～59歳」の年齢層に顕著にみられる．「老人自律型」は，「60～64歳」，「65～69歳」にやや多くなっている．こうしてみると，加齢化とともに「老人否定型」→「老人自律型」→「老人自意識型」→「老人自認型」へと進む傾向をもつことが読み取れる．

表・5 年齢別にみた老人意識類型の構成比率

	実数	老人自認型	老人自意識型	老人自律型	老人否定型	不明
全体	656	29.6	9.9	18.8	27.0	14.8
55～59歳	132	5.3	3.0	23.5	53.0	15.2
60～64歳	138	13.8	6.5	26.1	34.1	19.6
65～69歳	137	24.8	11.7	25.5	28.5	9.5
70～74歳	116	50.0	16.4	10.3	8.6	14.7
75～80歳	107	56.1	15.0	6.5	9.3	13.1
80歳以上	20	65.1	5.0	10.0	—	20.0

表・6は，性別，年齢別，世代別，地域別，世帯構成別，住居形態別，職業別，学歴別，階層帰属別に4類型を構成している主要な特性を摘出したものである．

「老人自認型」は，年齢は「75～79歳」の後期高齢期層に多く，女性に多くみられる．このタイプは地域的には旧市街地に住み，世帯構成は三世代家族のものが多く，持ち家ないし「その他」の住居形態の生活者で，職業は「無職」

ないし「農林水産業」などの第1次産業についているものが多い．学歴のうえでは低学歴層が多い．階層帰属意識は下層の意識をもつものが多く，「下の下」か「下の上」の層に多くなっている．

表・6 老人意識類型の属性別構成

	老人自認型	老人自意識型	老人自律型	老人否定型
性別	女性	女性	男性	男性
年齢	75〜79歳	70〜74歳	60〜64歳	55〜59歳
世代別	後期高齢期	前期高齢期	向老期	向老期
地域別	旧市街地	都心地域	旧市街地	新興団地
世帯構成	三世代家族	単独世帯	核家族	核家族
住居形態	持ち家，その他	持ち家（共同住宅）	その他	民間の借家，社宅
職業	無職，農林漁業	無職，パート，主婦	その他，自営業	事務・技術職，管理専門職
学歴別	低学歴	中学歴	中学歴	高学歴
階層帰属意識	下の下，下の上	下の下	上の下	中の上，上の上

　これに対して「老人自意識型」は，「老人自認型」と同様に女性に多くみられるものの，ただ年齢的にはやや若く，「70〜74歳」の前期高齢期層に比較的多くみられ．地域的には都心地域の生活者にやや多い．しかし，世帯構成では単独世帯で，共同住宅の持ち家に住んでいる人が多かった．そして職業は「その他」，「無職」，「パート」，「専業主婦」に多かった．学歴は中学歴層で，階層帰属意識は「下の下」の階層意識をもっている．第三の「老人自律型」は，男性に多くみられ，年齢としては「60〜64歳」の向老期世代に多い．旧市街地に居住し，世帯構成は核家族，住宅は社宅や官舎や共同住宅の持ち家に住んでいる人が多い．職業は「その他」もしくは「自営業」についており，中学歴で階層帰属意識は「上の下」のものが多かった．

　最後の「老人否定型」は，男性に多く，年齢的には55〜59歳の年代に一番多い．そして以上の意識類型中では一番若い年代層がもっており，居住地は新興団地の生活者に多くみられる．世帯構成は核家族で，住居形態は「民間の借家」，「社宅，官舎」の人が多い．職業は「事務，技術職」や「管理，専門職」についているものが多い．その他では，高学歴層で階層帰属意識は「中の上」か「上の上」のような意識をもつ人びとがこのタイプを構成しているとみてよ

いであろう.

(3) 老人意識類型の基盤と心理的特性

これらの意識層を社会関係の特徴からみると，今回の調査の対象者たちはどうなのだろうか．表・7のインフォーマル・グループとは,「家族の他に家族同様の親しいつきあいをしている人」の数を調べたもので，具体的には血縁としての親類関係，地縁としての近隣関係，友縁としての友人関係をそれぞれ実数の平均値で調べた．これに対してフォーマル・グループとは，地域に存在する公式の団体や集団への参加の数を調べたもので，ここでは17の回答肢に対しての複数回答数の平均値を調べた．

表・7 老人意識類型別にみた社会関係 (平均値)

	実数	インフォーマルな人間関係量				フォーマルな社会関係量
		総数	親類	近隣	友人	
全体	599	17.53	8.07	3.69	5.74	2.77
老人自認型	189	14.20	6.71	3.14	4.39	2.25
老人自意識型	64	17.08	7.13	3.84	6.06	2.63
老人自律型	119	20.15	9.13	3.67	7.18	2.77
老人否定型	173	16.99	7.91	3.65	5.41	2.84

まず，インフォーマル・グループ数から「総数」,「親類」,「近隣」,「友人」の人間関係数をみてみると.「総数」では「老人自律型」が，20.15個と一番多く,「老人自意識型」が17.08個で,「老人否定型」が16.99個となっており，一番年齢の高い層に多くみられた「老人自認型」は14.20個と少ない．内訳でみると,「親類」，つまり血縁関係の数は,「老人自律型」が9.13個と一番多く,「老人否定型」(7.91個),「老人自意識型」(7.13個) とつづき,「老人自認型」(6.71個) で一番少ない．他方「近隣」，つまり地縁関係の数では,「老人自意識型」が3.84個と一番多く,「老人自律型」(3.67個),「老人否定型」(3.65個)，やはり「老人自認型」(3.14個) において一番少なくなっている．ところで,「老人になったな」いう老人意識は，友人関係数との間で僅かに相関関係を示し，友人数の少ないことが,「老人になったな」という意識の増加に結びついていた．とすれば，このインフォーマル・グループ数の間ではどう

だろうか.「友人」, つまり友人関係の数は,「老人自律型」が7.18個と一番多く, 以下,「老人自意識型」(6.06個),「老人否定型」(5.41個), そしてここでも「老人自認型」が4.39個と一番数が少ない.

これに対して団体や集団への参加数であるフォーマル・グループ数の方は, 全体で2.77個, 老人意識類型のなかでは「老人否定型」が2.84個と一番多い. ついで2.77個の「老人自律型」が多い. 残りでは「老人自意識型」が2.63個で,「老人自認型」が一番少なく, 2.25個になっている.

以上をみると,「老人自意識型」の場合は, フォーマル・グループ数が「老人自認型」に次いで少ないが, インフォーマル・グループ数の方は総数にして「老人否定型」より多くなっている. そして,「老人意識類型」のなかで近隣関係の数が3.84個と一番多くなっている.「老人自律型」は, この類型のなかではフォーマル・グループは「老人否定型」についで多いが, インフォーマル・グループで総数が一番多く, 血縁関係と友人関係が一番多いタイプである.「老人否定型」は, フォーマル・グループが一番多いタイプとなっている.

年齢的に高年齢の回答の多い「老人自認型」の場合, フォーマル・グループ数は, 老人意識類型のなかで一番少なく, かつまたインフォーマル・グループの数においても一番少なくなっている.

さらに老後開始規定要因の方から, 以上の老人意識類型の特徴をみてみたい. 表・8をみると,「老人自意識型」は, バイオメディカルな地位の喪失と家族連帯の喪失の二つが高い.「老人否定型」の方は社会的地位の喪失とバイオメディカルな地位の喪失を挙げている.「老人自認型」の方は経済的自立の喪失を挙げている. そして最後の「老人自律型」の場合は, バイオメディカルな地位の喪失という要因を挙げている.

表・8 老人意識類型別にみた老後開始要因

	実数	社会的地位の喪失	バイオメディカルな地位の喪失	家族的連帯の喪失	経済的自立の喪失	その他	不明
全体	656	45.1	57.8	17.7	37.5	1.4	2.1
老人自認型	194	41.2	50.0	20.6	43.8	0.5	4.1
老人自意識型	65	43.1	64.6	23.1	33.8	1.5	—
老人自律型	123	43.1	61.0	17.1	32.5	1.6	2.4
老人否定型	177	51.4	65.5	13.0	31.6	1.7	—

(4) 老人意識類型と差別の認知

　以上の老人意識類型は，差別や排除の認知など老人化のメカニズムにどのように対応しているであろうか．先にラベリングの諸相としてみた項目群のなかから点検してみよう．

　① 姥捨て慣行についての意識

　「深沢七郎の『楢山節考』という小説は，かつての日本の民衆にみられた姥捨ての慣行を題材にしていますが，その物語では一家の主人である息子が母親を背負って山に登り，母親を置き去りにしてきます．このような慣行が貧しい民衆のなかではあったわけですが，あなたはこのことについてどう思いますか」という設問から姥捨て慣行についての意識を調べた．

　表・9 をみると，「老人自意識型」のタイプが差別に対して一番敏感な層をなしていることがわかる．つまり，このタイプに姥捨て慣行に対して積極否定派である「人間として絶対にすべきではない」という意見（69.2％）が一番多くみられるのである．他方，消極的な姥捨て慣行の否定派である「やはりすべきではない」という回答については，「老人自認型」（16.5％）に一番多くなっていた．そして，否定派の二つを加えた値でみると，やはり「老人自意識型」（80.0％），「老人否定型」（76.3％），「老人自認型」（74.7％），「老人自律型」（69.1％）になる．これに対して「当時としては仕方なかった」という現実的で，やや醒めた回答は，「老人自律型」（23.6％）に一番多くみられた．そして「老人否定型」，「老人自認型」が続く．「子孫が生き残るためには当然だ」という回答は，全体では 0.5％みられたが，ここでの 4 類型には該当はなかっ

表・9　老人意識類型別にみた棄老観

	実数	絶対すべきではない	すべきではない	当時としてはしかたない	子孫のためには当然である	わからない	不明
全体	656	58.4	16.0	19.5	0.5	1.0	4.9
老人自認型	194	58.2	16.5	19.1	−	1.0	4.6
老人自意識型	65	69.2	10.8	12.3	−	−	7.7
老人自律型	123	56.9	12.2	23.6	−	1.6	5.7
老人否定型	177	60.5	15.8	21.5	−	1.6	1.7

た．類型のなかに入らない項目に回答があったのでここでは省いてある．ともかく，「老人自意識型」が棄老観において一番棄老を否定する見解をもっているのである．

② 老人排除の認知

次に，老人排除についての認知をみてみよう．「現在の社会に老人を排除する仕組みが存在する」という設問に「ある」と答えたのは全体では 24.1% であるのに，「老人自認型」が 26.8%，「老人自意識型」が 41.5%，「老人否定型」が 24.3%，「老人自律型」が 14.6% となっており，「老人自意識型」にとりわけ老人排除の認知度が高いことがわかる．つまり老人排除の認知で「老人自意識型」のタイプが他と比べて突出しているのである．後の三つのタイプは，「老人自認型」，「老人否定型」，「老人自律型」の順となっている．

③ 老人被害経験

さらに「老人扱いされていやな思いをした」という被害経験についてみても，4類型では「いやな経験」が「ある」と答えたのは「老人自意識型」で 40.0% もみられ，「老人否定型」の 19.8%，「老人自認型」の 14.9%，「老人自律型」の 4.9% と比べると，顕著な差となっている（表・10）．

表・10 老人意識類型別にみた「いやな思い」（被害経験）

	実数	ある	ない	不明
全　　体	656	17.5	81.3	1.2
老人自認型	194	14.9	85.1	—
老人自意識型	65	40.0	58.5	1.5
老人自律型	123	4.9	94.3	0.8
老人否定型	177	19.8	80.2	—

④ 嫌いな言葉

では，老人を意味する言葉について，以上の老人意識類型がどのようなものを嫌うかをみてみよう（表・11）．この「老人否定型」が差別に対して一番否定的なタイプであるだけに，「恍惚の人」，「爺」，「婆」，「老婆」，「老人」，「老女」，「年寄り」といった言葉については一番高い価を示した．つまり，嫌われる言葉のほとんどは，そのまま「老人否定型」において一番嫌われている格好となっている．その他の言葉では，「老人自認型」において「熟年」が，「老人自意識型」において「高齢者」と「実年」が，「老人自律型」において「シルバー」が高かった．

表・11　老人意識類型別にみた「嫌いな言葉」

	実数	実年	熟年	翁	高齢者	年寄り	爺	婆	老人	恍惚の人	老女	老婆	シルバー	その他	不明
全　体	656	2.4	3.2	6.1	5.2	23.8	38.1	39.3	24.4	45.3	27.6	38.7	6.4	0.6	10.2
老人自認型	194	2.6	4.6	5.7	4.1	13.9	36.6	34.5	11.9	38.1	20.6	34.0	4.6	1.0	16.5
老人自意識型	65	3.1	3.1	4.6	7.7	21.5	32.3	43.1	26.2	38.5	24.6	41.5	6.2	3.1	3.1
老人自律型	123	2.4	3.3	4.9	3.3	29.3	32.5	34.1	20.3	47.2	23.6	30.1	8.9	−	6.5
老人否定型	177	2.8	2.8	7.3	7.3	34.5	49.7	46.9	45.2	54.8	37.9	46.3	6.8	−	4.5

⑤ 若さへの同調性

さらに，老人が「若々しい服装をする」ことについての設問でみてみると，「そう思う」と答えたのは，「老人自意識型」と「老人否定型」に多い．それに比べると「老人自律型」が62.6％で，少ないし，「老人自認型」は58.8％しかみられない．つまり，差別に敏感な層ほど若さへの同調性の姿勢を示しているのである．「老人自意識型」が高齢者のなかで社会における若さへの同調性（76.9％）についても一番比率が高かった（表・12）．

表・12　老人意識類型別にみた「若さへの同調」

	実数	大いにそう思う	どちらかといえばそう思う	どちらかといえばそう思わない	決してそうは思わない	わからない	不明
全　体	656	34.0	31.1	13.1	16.9	3.7	1.2
老人自認型	194	24.7	34.0	16.0	19.1	5.2	1.0
老人自意識型	65	40.0	36.9	9.2	10.8	1.5	1.5
老人自律型	123	38.2	24.4	13.0	22.0	2.4	−
老人否定型	177	43.5	32.8	9.6	11.9	1.7	0.6

5. 自我意識と老人化メカニズム

ところで，老人化というメカニズムをみるためには．老人が自分自身を自己ラベリングするメカニズムを解明しなければならない．そこで，次に，自己の自我意識構造の構成と，老人意識と自我の関連についてみてみよう．

(1) 自我意識間の関係

われわれは，自分自身の安定化を周囲との作用と関連づけるなかでつくり上げる．自我とは，自己と他者との相互行為の結果形成されると考えてよいが，ここでは自我構造の構成を「生活，生きがい」項目，「家族」項目，「自己」項目，「社会」項目の観点から便宜的に分析してみたい．つまり，「生きがい感」，「生活満足度」が「生活，生きがい」項目であり，「孤独ではない」，「家族に誇りをもつ」が「家族」項目であり，「自己存在満足度」，「自己能力発揮度への認知」が「自己」項目であり，社会的に自分が不可欠と思う「社会的不可欠性」，社会的に貢献しているという「社会的貢献能力」が「社会」項目である．これをみると＊印のついた相関数は「生きがい感」で五つ，「生活満足度」で四つ，「孤独ではない」で三つ，「家族に誇りをもつ」で四つ，「自分の存在満足度」で五つ，「自己能力発揮度」で四つ，「社会的不可欠性」で三つ，「社会的貢献能力」で二つとなっている．数値の上でみる限りは「生きがい感」と「自己存在満足度」の二つがここでの自我像構造の中心的な要素になっていることがわかる．それに対して，「社会」項目のふたつの要素である「社会的不可欠性」と「社会的貢献能力」は全体のなかでは孤立していることがわかる．表・13は，これらの八つの項目について相関係数を求めたものを示している．

表・13 自我意識の相関マトリックス

	生活要因		家族要因		自己要因		社会要因	
	生きがい感	生活満足度	孤独ではない	家族に誇りをもつ	自己存在満足度	自己能力発揮度	社会的不可欠性	社会的貢献能力
生きがい感	1.00000							
生活満足度	0.5392***	1.00000						
孤独ではない	0.4293**	0.3500	1.00000					
家族に誇り	0.42992**	0.4253**	0.3974*	1.00000				
自己存在満足度	0.5139***	0.5235***	0.3950*	0.4321**	1.00000			
自己能力発揮度	0.4631**	0.3892*	0.2357	0.2906	0.4705**	1.00000		
社会的不可欠性	0.3493*	0.2748	0.2145	0.2261	0.3532	0.4579**	1.00000	
社会的貢献能力	0.3550*	0.1831	0.1920	0.2074	0.2973	0.3625	0.5952***	1.00000

(備考) (*)印は全体の平均値を求め，それを三等分したものである．表の*，**，***はその3等分を示している．*印は 0.3680〜0.4250 の範囲の相関度を，**印は 0.425〜0.4821 の範囲の相関度を，***印は 0.4822 以上の相関度を示している．

表・13 のなかで＊印を示しているのは全相関係数の平均値から三等分したものを尺度化したものであるが，相関している項目を整理すると次のようになる．

　　　＊印を示す項目………生活満足度と自己能力発揮度，孤独ではないと家族
　　　　　　　　　　　　　に誇り，孤独ではないと自己存在満足度→低位の相
　　　　　　　　　　　　　関（計3個）
　　　＊＊印を示す項目……生きがい感と孤独ではない，生きがい感と家族に誇
　　　　　　　　　　　　　り，生きがい感と自己能力発揮度，生活満足度と家
　　　　　　　　　　　　　族に誇り，家族に誇りと自己存在満足度，自己存在
　　　　　　　　　　　　　満足度と自己能力発揮度，自己能力発揮度と社会的
　　　　　　　　　　　　　不可欠性→中位の相関（計7個）
　　　＊＊＊印を示す項目…生きがい感と生活満足度，生きがい感と自己存在満
　　　　　　　　　　　　　足度，生活満足度と自己存在満足度，社会的不可欠
　　　　　　　　　　　　　性と社会的貢献能力→高位の相関（計4個）

　これらをみると，自我構造のなかで生きがい感と生活満足度と自己存在満足度の間で「高位」の相関がみられ，これらの三つの連関が強いことがわかるし，いまひとつは社会的貢献能力と社会的不可欠性の間で「高位」の相関がみられることより，この二つの連関が強いことがわかる．これに対して「家族」の項目である「孤独ではない」と「家族に誇り」があるという項目は，「生きがい感」や「自己存在満足度」や「自己能力発揮度」のような項目との間で「中位」の相関しかみとめられない．これからすればこの調査の対象者たちの自我像は，「生活，生きがい」項目と「社会」項目を中心として，なかでも「生活，生きがい」の中核として構成され，それを支えるものとしての「家族」項目や「自己」項目が配置されていることがわかる．「生活，生きがい」項目を支えているのは，「自己」項目の自己存在満足度であり，「自己」項目の自己能力発揮度は「社会」項目の社会的不可欠性と結ばれるによって「社会」項目とつながっている．「家族」項目は「生活，生きがい」項目との結びつきが一番強く，「家族の誇り」という要因で自己存在満足度と結びつきをもつぐらいである．そして「家族」項目は，「社会」項目との間では結びつきがみられない．

第7章　高齢者の老人意識と自己ラベリング

ところで先に「老人になったな」の主観的環境を考察したが，自我像項目については触れずにきたので，ここでこのテーマを敷衍してみたい．表・4 をみると，「老人になったな」という老人自己成就意識は，生活満足度，孤独ではない，自己能力発揮度，社会的不可欠性，社会的貢献能力の 5 項目と逆相関しており，そのうち一番高い相関度を示したのは社会貢献能力の－0.18222 であった．その他では孤独ではない（－0.12498），社会的不可欠性（－0.10844），生活満足度（－0.10654）の間で相関度をもっている．これからみると老人自己成就意織に関しては「社会的貢献能力」が一番関係し，以下孤独さ，社会的不可欠性という要因が関係していることがわかる．「無能性」，「孤立」，「社会的無用性」という要因は自我構造における「社会」項目と「家族」項目に関するものである．これに対して，自己存在満足度や自己能力発揮度という「自己」項目は，老人自己成熟意識にあまり関係していない．そこで自我構造において老人自己成就意識は，どのようになるかといえば，老人自己成就意識は，「社会」項目を中心に結びつき，「家族」と「生活・生きがい」項目が関連するものの，「自己」との関連を絶たれた形でつくられていることがわかる．

(2) 老人意識類型と自我構造

次に老人の自我像を老人意識類型の各タイプとの関連でみると，表・14 のようになる．「老人自認型」は生きがい感，生活満足度，自己存在満足度，家族に誇り，自分の能力発揮度，社会的不可欠性，社会的貢献能力の 7 要因においていずれも比率が最下位の値を示していた．つまり「孤独ではない」という項目以外はすべて一番低くなっているのがこのタイプの特徴である．「老人自認型」は，自分の存在も，社会的な存在も，家族も，また生活・生きがいの値も最下位となっており，「老人になったな」と認知し，「気にならないと思う」というこの老人自認型そのものが，こうした側面への満足度の低下と結びついていることは留意してよい．

「老人自意識型」は，「孤独ではない」という値が 4 類型になかで一番低い値となっている．そしてこのタイプでは他の自我像項目においても低い．その値は「老人自認型」についで値が低くなっている．つまりこの老人自意識型は，自我像全体では「老人自認型」についで自我像の充実が低く，特に「孤独さ」

を一番感じているタイプとなっている．自我構造のなかでは「孤独さ」からの脱出を求めているタイプといえる．

これに対して「老人自律型」は，生活満足度，孤独ではない，自己存在満足度，自分の能力発揮度の値は四つのタイプのなかで一番高い値を示している．つまり，このタイプは，自己存在に満足度を示したり，自己能力発揮度も高いことから，四つのタイプのなかでは一番個人主義型の傾向を示すタイプといえるであろう．自分の存在が安定しているから孤独さを一番感じてないし，生活の満足度を一番感じているのである．

最後の「老人否定型」の場合は，表・14 からも明らかなように生きがい感，家族に誇り，社会的不可欠性，社会的貢献能力の比率がこの四つのタイプのなかで一番高い値を示している．このタイプの方は社会への貢献能力や不可欠性が高いので，社会生活への関心を一番もっているタイプといえよう．また，その面での充実を一番もっている．そのことから家族も誇りにし，生きがい感も一番もっているタイプとなっている．

表・14　老人意識類型別にみた自我像

	実数	生きがい感	生活満足度	孤独ではない	自己存在満足度	家族に誇り	能力の発揮	社会的不可欠性	社会的貢献能力
全　　体	656	83.6	80.6	83.2	78.0	80.8	57.3	45.0	52.3
老人自認型	194	77.3	75.8	78.9	71.1	77.8	49.0	36.1	42.3
老人自意識型	65	84.6	76.9	75.4	73.8	84.6	56.9	43.1	44.6
老人自律型	123	88.6	90.2	88.6	87.0	78.9	65.0	47.2	63.4
老人否定型	177	88.7	82.5	87.0	83.1	87.6	63.8	54.8	63.8

(備考) 数値は，いずれも「そう思う」と「どちらかといえばそう思う」の合計値である．

以上，我々の社会における老人化処遇の側面を老人自身の自己ラベリングをめぐって分析してきた．いま成人文化のなかに若者文化と老人文化を位置づけ，老人化の意識や自我意識の形成をみると，図・2 のような連関が提示できると思う．若者文化は健康や若さ，新しさを振りかざし，他方の老人文化は古さ，知恵，老いといった価値をもっている．現在の社会は，知恵という価値は老人の占有するものではなくなった．むしろ知恵の研究者（科学者）が輩出して，知恵（知識）について専門化も著しく，知恵はそうした専門化した部門で考究

され，分別されるようになった．加えて，知恵そのものを貯蔵し処理する専門的な機械（コンピュータ）も高度な発達を遂げてきた．市場のなかで人びとさえ消費の対象とする現在の社会では，「古さ」は骨董的価値（これも市場的な希少価値に依存して評価される）ならともかく一般には見向きもされない．新しい，人目を引くものが好まれるのである．この点では現在の社会は，若者のもつ価値に比重をおきがちになる．「若々しさ」，「健康」，「新しさ」などの価値が好まれ，それは若者のもつ価値，つまり若者文化を評価することになる．それだけ高齢者は縁遠い存在となる．

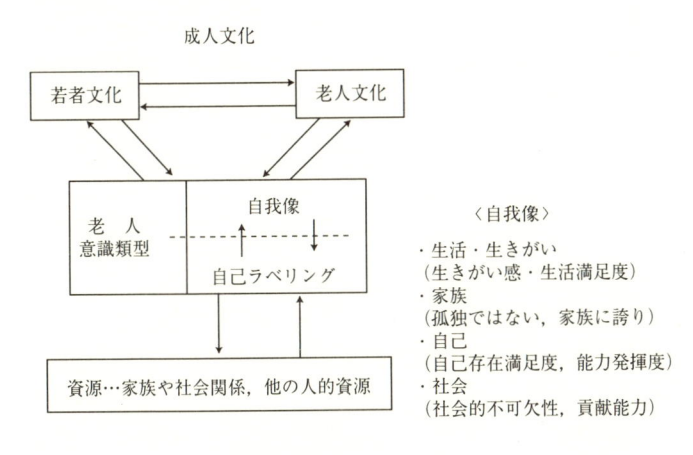

```
                    成人文化
         ┌──────┐       ┌──────┐
         │若者文化│←─────→│老人文化│
         └──────┘       └──────┘
            ↑  ↓           ↑  ↓
         ┌──────┬──────┐        〈自我像〉
         │      │ 自我像│        ・生活・生きがい
         │老 人 │------│          （生きがい感・生活満足度）
         │意識類型│      │        ・家族
         │      │自己ラベリング│     （孤独ではない，家族に誇り）
         └──────┴──────┘        ・自己
                ↑↓                （自己存在満足度，能力発揮度）
         ┌────────────────┐     ・社会
         │資源…家族や社会関係，他の人的資源│  （社会的不可欠性，貢献能力）
         └────────────────┘
```

図・2　老人化メカニズム

　高齢者は，自分のもつ全資源を活用して，この現在という社会に対決する．資源とはこれまで築いた知識や人間とのつきあい，人格，さらに家族，社会関係などである．現在の社会では子育て後，子供たちは独立して出ていくことが一般化してきた．老後生活は配偶者との二人きりの生活，「空き巣」（empty nest）の生活を余儀なくされることが多い．そのなかで高齢者が老後を有意義に生活するためには，自己の意欲とこれまで得てきた社会関係，家族といった要素がどの程度働くかにかかっている．生きがいをもって生きていくこと，退職後に自分の役割が評価されること，社会に貢献しているという意識をもつことは，老人自身の生きがいにとって大切である．

　ここでもみられたように，老人として扱われることや扱われることを気にす

ることなどを考えると，高齢者は，明らかに無能性や孤立感のなかで区別・排除されているように思われる．しかし，この老人への差別は，単に加齢のなかで「若さ」や「健康」価値を満足していない故に生じるのではない．そこには被害経験の多さや老人自己成就意識が，男性よりも女性の方に早くもたらされ，被害感も強いということからも明らかなように，性差別が深層部分で作用しているのである．

「老人と呼ばれて気になる」という老人の態度レベルを追ってみると，ここで分析した「老人意識類型」との関連でみれば，「老人否定型」，「老人自律型」，「老人自意識型」，「老人自認型」といった老人の存在が理念的には予想できる．そして，加齢化とともに「老人否定型」→「老人自律型」→「老人自意識型」→「老人自認型」へと進む傾向が確認できたが，「老人自意識型」が差別を一番認知している層となっていた．「老人自認型」はアンビバレントな意識状況に立たされており，自我構造では，自分の存在も，社会的な存在も，家族も，また生活，生きがいも値が最下位となっていた．外的ラベリングへの依存，無能力としての社会的ラベリングに晒されている層といえるかもしれない．

高齢者が老人意識をもつようになる，あるいはもたされるようになるという老人化自己成就過程としては，高齢者本人が，退職→身体の衰え→他者認知→老人自身の老いの自己承認過程をとるとしても，「無能性」や「経済的依存」といったことや「孤立」ということが媒介していることを考慮に入れる必要があるであろう．

6. 結　語

以上われわれは限られた調査データから向老期，高齢期の年代の抱く老人意識を分析した．今回については老人の自己認知，他者のレッテル化への心理的な反応（気にする），老人扱いされたということで経験した被害感覚，そして若々しい服装に対する承認，不承認などをみてきた．そして，老人意識類型を構成し，その基盤や特徴を分析した．性差別の存在は歴然としていることがわかった．そして，ここで老人意識類型として分析した4類型のうちでは「老人自意識型」が差別意識に対して一番敏感で，この層の意識分析が必要であるこ

第7章　高齢者の老人意識と自己ラベリング

とがわかった.

※本研究は1990年度文部省科学研究費「老人処遇過程における社会学的研究」の助成を受けてなされたものの一部である．本章は，1993年5月に開催された第51回西日本社会学会（於島根大学法文学部）において「老人化処遇過程の研究——老人自己ラベリングの分析を中心として——」と題して発表した原稿を大幅に加筆，訂正したものである．
(1) 栗原彬「〈老い〉と〈老いる〉のドラマトゥルギー」『老いの発見1』（岩波書店）1986年．
(2) I.Rosow, *Socialization to Old Age*, 1974（University of California Press），嵯峨座晴夫監訳『高齢者の社会学』（早稲田大学出版）1983年．
(3) J.A.Kuypers and V.L.Bengtson, Social Breakdown and Competence : A Model of Normal Aging, *Human Develop*. 16 : pp.181-201（1973）.
(4) *ibid.*, p.182.
(5) *ibid.*, p.189.
(6) *ibid.*, p.199.
(7) 調査の標本特性を概括しておくと，性別では男性が335人（51.1%），女性が315人（48.0%），不明が6人（0.9%），地域別では都心地域が161人（24.5%），旧市街地が168人（25.6%），新興住宅地が182人（27.7%），農村地域が144人（22.0%），不明が1人（0.2%），居住歴別では「9年以内」が243人（37.0%），「12年以内」が274人（41.8%），「13年以上」が126人（19.2%），不明が13人（2.0%），出身地別では宮崎市出身者が253人（38.6%），宮崎県内出身者が216人（32.9%），宮崎県外出身者が163人（24.8%），不明が24人（3.7%）であった．
(8) 新村拓『老いと看取りの社会史』（法政大学出版局）1991年，7頁．
(9) 宮田登・中村桂子『老いと「生い」』（藤原書店）1993年，164頁．
(10) ここでの老後開始規定の設問は，「あなたにとって，『老後』とは，どのような時を境にして始まるとお考えですか」というものであり．使った回答肢は，「1．仕事をやめたり，仕事を他の人に任せるようになったとき（退職）」，「2．年をとって，家事を他の人に任せるようになったとき（主座を渡す）」，「3．年をとって身体の自由がきかないと感ずるようになったとき（身体の不自由）」，「4．または夫と死別したとき（配偶者の死）」，「5．子どもが結婚して独立したとき（子供の独立）」，「6．年金が収入をささえるとき（年金生活の開始）」，「7．その他」である．このうち「退職」と「主座を渡すということ」を挙げたものを，ここで「社会地位の喪失」と呼ぶ．以下「身体の不自由」を挙げたものを「バイオメディカルな地位の喪失」，「配偶者の死」と「子供の独立」を「家族連帯の喪失」，「年金生活の開始」を「経済的自立の喪失」と呼んでおきたい．辻正二「エイジングと社会」『いのちと環境』（山口大学教養部総合コース講義録，1993年，第7号）79-91頁．

参考文献

(1) Howard P. Chudacoff, *How Old Are You? : Age Consciousness in American Culture*, 1989, (Princeton University Press).
(2) L.K. Gerge, *Role Transitions in Later Life*, (Wadsworth Inc.) 1980, 西下彰俊・山本孝史訳『老後』（思索社）1990. A. Gubrium and K.Charmaz., *Aging Self and Community*, (Jaip Press Inc.) 1992.

(3) 井上俊「老いのイメージ」『老いの発見2』(岩波書店) 1986.
(4) 片多順『老人と文化——老年人類学入門』(日本の中高年7)(垣内出版) 1981 年.
(5) Sharon. R. Kaufman, *The Ageless Self-Sources of Meaning in Later Life*., (The University of Wisconsin Press), 幾島幸子訳『エイジレス・セルフ』(筑摩書房) 1986 年.
(6) 河畠修『変貌するシルバー・ライフ』(竹内書店新社) 1989 年.
(7) A.R. Lindesmith, A. Strauss, & N.K. Denzin, *Social Psychology* (5th ed.), 1978, 船津衛訳『社会心理学』(恒星社厚生閣) 1981 年.
(8) 新村拓『ホスピスと老人介護の歴史』(法政大学出版局) 1992 年.
(9) 新村拓『死と病と看護の社会史』(法政大学出版局) 1989 年.
(10) 総務庁長官官房老人対策室編『長寿社会と男女の役割と意識』1990 年.

第8章　産業都市における高齢者の自己ラベリング

1. はじめに

　産業化が高度に進んだわれわれの社会は，高齢者を「知恵袋」として尊敬の念をもって処遇することが少なくなった．そこでは「高齢」という事実は，高い価値をもつとは解釈されず，むしろ社会的な引退や隠遁が強要され，人目につかない所で，静かに暮らすべきという暗黙のモレスが作用する．確かに，我が国では敬老精神がキリスト教国より強いのかもしれない．しかし，栗原彬の指摘を待つまでもないが，われわれの社会においても産業化の進行とともに，今日，こうしたモレスが作用し，確実にエイジズムが進行しているといえるのではなかろうか[1]．

　ところで，老人化処遇の作用する社会では，自分自身を「老人になった」と自己認知（ここでは老人自己成就意識と呼んでおきたい）する時期が訪れる．高齢者は，ある年齢に達すると，周囲の人びとの眼や期待，そして自分自身の老人イメージや老人観から，自分自身を「老人になった」と自己認知せざるを得なくなる．われわれが「老い」を自分自身で認めるのは，どのようにしてなのだろうか．老人化の成就過程を老人意識と自我像の分析を行うことから，老人意識の内面化のメカニズムを実証的に考察したい．

　本章では，産業都市での老人自己意識形成をみることが主目標である．ここでは1996年，北九州市八幡東区の尾倉地区を対象にして実施した調査のなかから，産業都市における老人化プロセスについて考察している．八幡東区は，インナーシティで分類すると，産業空洞型のインナーシティ地域に該当するとみてよいが[2]，政令指定都市のなかで高齢化率の一番高い比率（1998年10月現在で23.3％）を示す地域である．ここでの調査対象地は，八幡東区のなかで特にインナーシティ化の進んだ尾倉公民館区（以下尾倉地区と呼ぶ）である[3]．なお

本調査では，この尾倉地区の分析のために，宮崎市で実施した調査項目を比較データとして利用する．宮崎市のデータについては実施時期が1992年でやや古いが，同一項目であり，比較データとして十分な価値があると思われる[4]．

本章の目的は，人が自分自身を老人とみるようになる老人化過程（自己レッテル）を分析することにあるが，老人自己成就意識の分析，老人意識類型の構成と分析，それらを自我像との関連で分析することを通して，老人の自己レッテル化の側面を考察することにある．

2. 老人自己成就意識の分析

最初に，「老人になった」という老人自己成就意識形成過程を，地域比較のなかでみておきたい．ここで，なぜ地域比較の視点を導入するかの根拠を述べると，産業都市八幡で生活してきた高齢者たちは，この老人自己成就意識について他の地域などとは違った意識をもち，さらに年齢別や性別においても違っているのではなかろうかという想定に立っているからである．老人意識は，その社会の老人に対する役割期待，老人像などといった老人処遇過程のなかで形成される．I. ロソーによれば，現代社会の制度的影響を受けて，老人たちが地位の低下，ステレオタイプ，排斥，役割の喪失，役割の曖昧さ，若さの自己イメージといったものを経験したり，身につけるというが[5]，老人という地位取得や老人像の価値の内面化は，当然，その社会のシステムに始源をもち，さらに当該社会の文化構造（特に，老人文化）に結びついたかたちで惹起しているはずである．その意味では，老人自己成就意識は，性別役割，年齢別役割，地域構造などに反映されていると考えられる．

まず，表・1は，「あなたは『老人になった』と思うか」という設問を地域別・性別・年齢別にみたものである．これをみると尾倉地区の高齢者で「思う」と答えたのは55.7％で，「思わない」と答えたものより僅かに多かった．これを性別でみると，「思う」の回答は，男性より女性の方に6％ほど多く，年齢別でみると，「思う」という回答は，年齢が上昇するとともに増加する．しかも，男女別に5歳階層別の推移をみると，加齢と共に「思う」という割合は，増加する．つまり，ここでいう老人自己成就意識は，加齢と密接に関連してい

第 8 章　産業都市における高齢者の自己ラベリング

ることが分かるのである．尾倉地区の数値だけでは一般化できないので，宮崎市のデータを通して考察してみよう．尾倉地区と同様に，「老人になった」という意識が宮崎市でも加齢化とともに増加する傾向が確認でき，この点で，老人自己成就意識が高齢者の間で加齢とともに意識的に内面化される形で進行することは間違いなさそうである．では，性別ではどうだろうか．宮崎のデータでは，女性の方の比率が高い．この点も尾倉地区と同様である．尾倉地区ではやや女性の方に老人自己成就意識の持ち主が多くなっているが，宮崎市では男女の差がでて，女性で顕著な比率（70.9％）を示す．さらに年齢別に男女差をみると，宮崎市ではどの年齢層においても男性より女性の方に老人自己成就意識の比率が高い．つまり，宮崎市では女性の方が男性に比べて「老人になった」という意識を早く身につけ，後期高齢層の年代ではほぼ九割の女性にまでこの意識は拡大する．これに比べると，尾倉地区の場合は，「老人になった」という意識が男女で違ったパターンを示すのである．つまり，「思う」と答えた比率を拾うと，男性の場合，65～69 歳が 36.8％，70～74 歳が 49.1％に留まるが，それが後期高齢期の 75～79 歳層となると，一挙に増加し，八割強を数えるまでになる．しかも，女性の割合よりもかなり高い比率を示す．これに対して女性の場合，65～69 歳では 30.2％に留まっているが，70～74 歳では 67.7％，

表・1　性別・性年齢別にみた老人自己成就意識

		尾倉地区				宮崎市			
		実数	思う	思わない	不明	実数	思う	思わない	不明
全体		368	55.7	41.6	2.7	360	65.0	34.4	0.6
性別*	男性	150	52.7	44.7	2.7	183	59.3	40.1	0.5
	女性	216	58.3	38.9	2.8	175	70.9	28.6	0.6
年齢別**	65～69 歳	120	33.3	65.0	1.7	137	41.6	56.9	1.5
	70～74 歳	150	60.7	36.0	3.3	116	75.0	25.0	—
	75～75 歳	95	77.9	18.9	3.2	107	84.1	15.9	—
65～69 歳	男性	57	36.8	61.4	1.8	73	38.4	60.3	1.4
	女性	63	30.2	68.3	1.6	62	45.2	53.2	1.6
70～74 歳	男性	57	49.1	47.4	3.5	60	70.0	30.0	—
	女性	93	67.7	29.0	3.2	56	80.4	19.6	—
75～79 歳	男性	36	83.3	13.9	2.8	49	77.6	22.4	—
	女性	59	74.6	22.0	3.4	57	89.5	10.5	—

（備考）尾倉地区（* χ^2=1.23　df=1,　** χ^2=48.82　df=2〔**〕），宮崎市（* χ^2=5.31　df=1〔*〕,　** χ^2=53.300　df=2〔**〕）

75〜79歳では74.6%と，70歳以上の年代で2倍強の伸びを示し，それ以後は少ししか増加しない．つまり，以上からみると老人自己成就意識の形成は，尾倉地区の場合では男性の一部で早めに始まるが，それは一部で，過半数以上が老人自己成就意識をもつのは，むしろ女性の方がやや早いということである．インナーシティの高齢者の老人自己成就意識の形成は，70歳以上で惹起し，男性の方は75歳を越えると，一挙に増加する傾向を示しているのである．

以上より産業都市である尾倉地区では老人自己成就意識を形成するメカニズムが，宮崎市とは違っていることが判明する．つまり，尾倉地区には，農村地域を控えた地方中核都市の宮崎市に比べ，老人自己成就意識を抑止する「何か」が働いていると考えることができる．ただし，前期高齢期の初期の段階である65〜69歳では，女性より男性に老人自己成就意識を強化する「何か」が働い

表・2 調査項目と回答肢

客観的要因	回答肢（並び順）	主観的要因	回答肢（並び順）
性　別	1.男性……2.女性	住みやすさ	1.住みやすい…4.住みやすくない
年齢別	1.55歳以上……7.80歳以上	老後の不安感	1.ある………2.ない
居住年数	1.5年未満……7.50年以上	敬老精神の有無	1.ある………2.ない
同別居形態	1.同居………2.別居	いやな経験	1.そう思う…3.そうは思わない
家族員数	1.1人………7.7人以上	老人と呼ばれて気になる	1.ある………2.ない
職業	1.有職………2.無職	老人排除認知	1.ある………2.ない
学歴	1.9年………3.13年以上	社会的地位の喪失	1.はい………2.いいえ
世帯収入	1.5万円未満〜7.50万円以上	家族連帯の喪失	1.はい………2.いいえ
親しい人の総数	1.0人………7.51人以上	バイオメディカルな地位喪失	1.はい………2.いいえ
親類数	1.0人………7.51人以上	経済的自立の喪失	1.はい………2.いいえ
近所の人の数	1.0人………7.51人以上	自我像　生きがい感	1.そう思う…4.そう思わない
友人数	1.0人………7.51人以上	生活満足度	1.そう思う…4.そう思わない
集団加入数	1.0個……6.5個以上	孤独ではない	1.そう思う…4.そう思わない
相談相手の有無	1.いる……2.いない	自己存在満足度	1.そう思う…4.そう思わない
		家族に誇りをもつ	1.そう思う…4.そう思わない
		自己能力発揮度	1.そう思う…4.そう思わない
		社会的不可欠性	1.そう思う…4.そう思わない
		社会の貢献能力	1.そう思う…4.そう思わない
		ボランティア活動参加意思	1.はい………2.いいえ

ているということも注意しなければならない．

　そこで，この「何か」を探るために，老人自己成就意識（つまり「老人になった」という意識）の客観的側面，主観的側面を調べてみたい．表·2 は，高齢者調査で実施した項目とその回答肢の内容を示したものである．調査項目の回答肢 は，例えば，「1. はい …… 2. いいえ」のような並びによって構成されている．これらのうち約半数が性別や年齢などといった個人の社会的地位属性であり，他は個人の主観的な意識を示している．

(1) 老人自己成就意識の客観的基盤

　そこで，さきに触れた尾倉地区で老人自己成就意識を抑止する「何か」，男性に老人自己成就意識を強化する「何か」が，どのような基盤を背景にして存在するかをみてみたい．まず，この「老人になった」という意識がどのような基盤に支えられているかを，今回調査した項目から探りたい．具体的には 14 項目の客観的要因との間での相関度から探ることになる．表·3 は，その相関係数を示したものである．14 項目のうちでは年齢，職業，友人数，集団加入数，学歴，収入，親しい人の総数の，七つの設問との間に，1％〜5％の有意の相関度がみられた．高い順に配置すると，もっとも相関係数の高いのは年齢（−0.306330）である．以下職業（−0.27701），友人数（0.22861），親しい人の数（0.20132），集団加入数（0.19454），学歴（0.18315），世帯収入（0.16663）という順である．つまり，この相関関係の意味するものを具体的に表記すると，尾倉地区の場合，老人自己成就意識は，以下のような傾向をもつことを示している．

　　① 年齢別にみると，この老人自己成就意識は，若い年代の人よりも年長の年代になるほど，この意識をもつ割合が多くなる傾向を示す．

　　② 職業別では，職業をもっている人と比べて，職業をもたない人ほど，この老人自己成就意識をもつ傾向がみられる．

　　③ 友人数でみると，友人数を多くもつ人に比べて，友人数の少ない人ほど，この意識をもつ傾向を示す．

　　④ 親しい人の総数でみると，親しい人の総数の多い人に比べて，親しい人の総数が少ない人ほど，この意識をもつ傾向がみられる．

⑤ 集団加入数でみると，集団加入数を多くもつ人に比べて，集団加入数の少ない人ほど，この意識をもつ傾向がみられる．

⑥ 学歴別でみると，高学歴の人に比べて，低学歴の人ほど，この意識をもつ傾向がみられる．

⑦ 世帯収入でみると，世帯収入の多い人に比べて，世帯収入の少ない人ほど，この意識をもつ傾向がみられる．

つまり，この老人自己成就意識の形成には，加齢（年齢）属性，職業属性，学歴属性，経済的属性（収入），そしてインフォーマルな人間関係属性（友人数，親類数，親しい人の総数），フォーマルな社会関係属性（集団加入数）が関係しているということである．特に，この尾倉地区でみると「老人になった

表・3 「老人になった」意識の客観的基盤と主観的基盤

客観的要因	相関係数		主観的要因		相関係数	
	尾倉地区	宮崎市			尾倉地区	宮崎市
性別	0.01725	−0.05933	住みやすさ		−0.03734	−0.03463
年齢別	−0.30633**	−0.37332**	老後の不安感		−0.03371	0.14531*
居住年数	−0.02043	0.00528	敬老精神の有無		−0.03328	0.08147
同別居形態	0.00479	0.13796*	いやな経験		−0.04320	0.05515
家族員数	0.13521	−0.05043	老人呼ばれて気になる		−0.28456**	−0.25605**
職業	−0.27701**	−0.07795	老人排除認知		0.05713	0.10774
学歴	0.18315**	0.04309	社会的地位の喪失		−0.11282	−0.09512
世帯収入	0.16663*	0.18566**	家族連帯の喪失		−0.04269	−0.02511
親しい人の数	0.20132**	0.16851*	バイオメディカルな地位喪失		0.00836	0.01698
親類数	0.12174	0.13343*	経済的自立の喪失		0.16642*	0.07352
近所の人の数	0.11560	0.08080	自我像	生きがい感	−0.27254**	−0.18026**
友人数	0.22861**	0.15023*		生活満足度	−0.08996	−0.14039*
集団加入数[1]	0.19454**	0.10219		孤独ではない	−0.02273	−0.11903
相談相手の有無	−0.07001	−0.10564		家族に誇りをもつ	−0.03921	−0.06850
				自己存在満足度	−0.14872*	−0.11360
				自己能力発揮度	−0.27629**	−0.09394
				社会の不可欠性	−0.29779**	−0.12305
				社会の貢献能力	−0.21465**	−0.12890
			ボランティア参加意思		−0.20128**	−0.15941*

（備考）数値は相関係数で，（**）は1％で有意（*）印は5％で有意を示す．(1) 集団参加数については調査の回答カテゴリーが違っている．

な」という老人自己成就意識形成の客観的基盤には，加齢，友人関係，職業，学歴，経済的属性の5要因（1%で有意）が強く働いていることがわかる．

ところで，尾倉地区の老人自己成就意識の固有な特徴を探るために，ここで，尾倉地区調査より5年前に実施した宮崎市のデータを参考に比較してみたい．宮崎市で「老人になったな」という意識に相関する客観的要因は，年齢別，同別居形態，世帯収入別，親しい人の総数，親類数，友人数の六つの要因である．先にあげた ①，③，④，⑦ は，宮崎市においても確認できる．その意味では，年齢別，友人数，世帯収入，親類数，親しい人の総数といった要因は，老人自己成就意識を形成する上で一般的に作用する要因と考えることができそうである．しかし，両地域の比較からは，こうした共通点ばかりが確認できるわけではない．尾倉地区で有意の相関関係を示した ② の職業別と ⑤ の学歴別の2要因は，宮崎市では，確認できなかったからである．反対に，宮崎市で有意な相関関係を示した同別居形態と親類数については，尾倉地区は相関を示さない．この他に，宮崎市では，年齢，世帯収入の相関関係数が尾倉地区より大きく，逆に友人数，親しい人の総数の値は，尾倉地区の方が宮崎市より大きくなっている．こうしたことを考えると，産業都市である尾倉地区の場合，職業や学歴，そして友人数と親しい友人の合計数という要因が，宮崎市に比べて一層老人自己成就意識形成に関わっていることが分かるし，宮崎の方は年齢，同別居形態，世帯収入，親類数という要因が一層老人自己成就意識形成に関わっていることが分かる．いずれにしても宮崎市の調査では，子供と同居している高齢者に老人自己成就意識をもつ傾向が増え，また親類数が多い人に比べて，親類数の少ない人ほど，老人自己成就意識をもつ傾向がみられるということが特徴といえるであろう．

ところで，もう一つ別の角度で尾倉地区の高齢者の特徴を示してみよう．表・4 は，尾倉地区と宮崎市の高齢者に関して性別，職業の有無別，学歴別にそれぞれの相関係数を求めたものである．これをみると，宮崎市と尾倉地区の特徴が明瞭になる．つまり，尾倉地区では職業と学歴との間で相関が一番高いのに対して，宮崎市では性別と職業別との間で相関係数が一番高い．しかも，職業別と学歴別の間では相関は認められない．つまり，宮崎市では有職性（職業をもつということ）が男性に傾斜し，学歴も男性の方に高学歴傾向を示してい

る．尾倉地区では高学歴層に有職性が高く，宮崎にみられたほど有職性が男性に傾斜していないのである．つまり，性別役割という生得的地位属性がかなり働いている宮崎市と比べれば，学歴や職業という達成的地位属性がより働いている尾倉地区の方が近代化された地域であることが，このことより証明されるのである．実は，尾倉地区において老人自己成就意識の抑止要因として働く「何か」とは，有職性であって，こうした産業都市において職業を失うことが如何に老人自己成就意識を醸成するかを暗示させるものとなっているのである．

表・4　性別・職業の有無別・学歴別の相関マトリックス

	尾倉地区			宮崎市		
	性別	職業別	学歴別	性別	職業別	学歴別
性　別	1.00000			1.00000		
職業別	0.11589*	1.00000		0.20039**	1.00000	
学歴別	−0.06000	−0.18464**	1.00000	−0.18160**	0.09322	1.00000

(備考) 数値は相関係数で，(**) は1％で有意 (*) 印は5％で有意を示す．

　以上から，先に挙げた尾倉地区の方で老人自己成就意識を「抑止」し，また男性において早期に老人自己成就意識を促進する「何か」が職業と学歴という要因に大きく関係していることが了解できる．

　表・3のなかからもうひとつ触れておかなければならないことがある．それは，尾倉地区と宮崎市を比較して気づくのであるが，両地域にはインフォーマルな人間関係とフォーマルな社会関係に，顕著な差が確認できることである．まず，尾倉地区でみると，「老人になったな」という老人自己成就意識が相関しているのは，インフォーマルな人間関係量の友人数，親しい人の総数の二つだけである．また，この老人自己成就意識は集団加入数との間でも有意な相関関係がみられる．これに対して宮崎市ではインフォーマルな面でこの老人自己成就意識が相関しているのは，友人数，親類数，親しい人の総数の三つの間である．そして，フォーマルな社会関係量では有意な相関は確認できない．さらに，両地域とも近所の人の数に関しては有意な相関はみられない．それ故，この両地域のインフォーマルな面での特徴は，尾倉地区が友人数にウエイトを置いているのに対して，宮崎市は，親類数にややウエイトを置いている地域であるということができるであろう．両地域では，共に友人数や親しい人の数の増加とと

もに「老人になったな」と思わなくなる傾向がみられるが，尾倉地区では友人数が大きく作用するのに対して，宮崎市では親類数の影響も加わるということである．

この他に尾倉地区ではこの老人自己成就意識は，公式集団（フォーマル・グループ）への参加数も相関度を示しており，集団加入数の少ない人ほど「老人になったな」と思う傾向をもつということである．これは宮崎市と違う点である．

(2) 老人自己成就意識の主観的意識構造

これに対して，この「老人になったな」という意識の主観的基盤はどうであろうか．表・3 には，住みやすさ，老後の不安感，敬老精神，「老人と呼ばれて気になる」，老人排除認知，老後開始規定要因，老人自我像，ボランティア参加意思など 19 項目の主観的要因を示している．これらは，住環境への評価，老後観・老人意識，自我像，社会参加意思（ボランティアへの）からなる．そして，老人自己成就意識との間で相関係数を求めたものである．尾倉地区で老人自己成就意識に関して有意の相関関係を示したのは，老人意識の「老人と呼ばれて気になる」，老後開始規定要因の「経済的自立の喪失」，自我像の「生きがい感」，「自己存在満足度」，「自己能力発揮度」，「社会的不可欠性」，「社会的貢献能力」，「ボランティア参加意思」の 8 項目である．いま，相関係数の高いものから拾うと，「社会的不可欠性」（−0.29779），「老人と呼ばれて気になる」（−0.28456），「自己能力発揮度」（−0.27629），「生きがい感」（−0.27254），「社会的貢献能力」（−0.21465），「ボランティア活動参加意思」（−0.20128），「経済的自立の喪失」（0.16642），「自己存在満足度」（−0.14872）の順となっている．これらの相関関係の意味内容を説明すれば，以下のようになる．

　　① 自分を社会的に不可欠な存在と「思わない」人ほど，老人自己成就意識をもつ傾向がある．

　　② 老人と呼ばれて「気にならない」と答えた人ほど，この意識をもつ傾向がある．

　　③ 自分の能力が発揮できていると「思わない」人ほど，この意識をもつ傾向がある．

　　④ 自分が生きがいをもっていると「思わない」人ほど，この意識をも

⑤ 自分が社会的に貢献できていると「思わない」人ほど，この意識をもつ傾向がある．

⑥ ボランティア活動への参加意思が「ない」と答えた人ほど，この意識をもつ傾向がある．

⑦ 老後の開始要因として，他の要因に比べて，経済的自立の喪失要因を挙げた人ほど，この意識をもつ傾向がある．

⑧ 自分の存在に満足感を抱いていない人ほど，この意識をもつ傾向がある．

これら八つの命題群のうち①，③，④，⑤，⑧は，いずれも自我像項目である．しかも，調査で使用した八つの自我像のうち，ある要因に集中しているのである．すなわち，ここでの8項目は，「生きがい感」と「生活満足度」の双方が「生活要因」として，「孤独ではない」と「家族に誇りをもつ」の双方が「家族要因」として，「自己存在満足度」と「自己能力発揮度」の双方が「自己要因」として，「社会的不可欠性」と「社会的貢献能力」の双方が「社会要因」として位置づけられ，その全体として自我像を構成するものと考案されているのであるが，尾倉地区で有意の相関を示したのは，「生活要因」のうちの「いきがい感」と「自己要因」の二つ，「社会要因」のうちの「社会的不可欠性」と「社会的貢献能力」の二つなのである．この老人自己成就意識は，「家族要因」とは相関を示さなかった．①，③，④，⑤，⑧は，目標，能力の肯定，存在の肯定，社会の必要性の肯定を表わす項目であって，主体的な高齢者像を表明した項目である．この他で有意の相関を示したのは，「老人と呼ばれて気になる」という項目と，老後開始要因における「経済的自立の喪失」という項目であった．つまり，老後の開始を規定するという要因（「経済的自立の喪失」，「社会的地位の喪失」，「家族連帯の喪失」，「バイオメディカルな地位の喪失」）のうち，「経済的自立の喪失」をあげた人ほど「老人になった」と意識する割合が増加する傾向がみられた[6]．この事実からも，尾倉地区において有職性が老人自己成就意識形成に関連していることが確認できる．

ところで，老人自己成就意識と相関する主観的要因を，先ほどと同様に宮崎市についてみると，宮崎市では「老後の不安感」，「老人と呼ばれて気になる」，

「生きがい感」,「生活満足度」,「ボランティア活動参加意思」の間で有意の相関がみられる. そのうち尾倉地区と同じものは「老人と呼ばれて気になる」,「生きがい感」,「ボランティア活動参加意思」(つまり②, ④, ⑥) だけである. 主観的要因に関して相関関係を示す項目は, 両地域でかなり違っている. 宮崎市のデータでは,「老後の不安感」,「生活満足度」が新たに相関関係を示している. つまり, 宮崎市では, 老人自己成就意識形成には老後に不安感を抱く, 生活満足感を抱かないということが関係していた. それに対して八幡東区の尾倉地区では, ②, ④, ⑥の値が宮崎市の相関係数より大きく, しかも自己像の「自己要因」と「社会要因」, そして「経済的自立の喪失」との間においても相関しており, ここには尾倉地区の老人自己成就意識が積極的に社会参加をしたり, 自分という存在に自信を抱くということに関係しているということを示している. 尾倉地区では老人自己成就意識は, 住環境の評価や老後観などとは相関せず, 積極的に参加する意思, 自分の存在や自分の能力を発揮できるという自信に関係し, こうした意識をもたないこと, つまり消極的な自我像の持ち主に意識が高くなることを示している. 無能力の承認が老人自己成就意識形成と結びついていることが分かるのである.

(3) 老人と呼ばれて気になる主観構造

ところで, 老人自己成就意識との間で最も相関度の高い「老人と呼ばれて気になる」が, どのような主観構造の上に成り立っているのかをみてみよう.

ここでも先の表・2と同じ項目群について相関係数を求めてみた. 表・5をみても明らかなように,「老人と呼ばれて気になる」という意識に関しては有意な相関を示すものがほとんどないここが分かる. 尾倉地区に関してみると, 客観的要因では年齢別 (0.27318) とだけ有意の相関がみられ, 主観的要因でも「老人になったな」(−0.28456), 老人扱いされて「いやな経験をした」(0.23403) の二つしか相関していない. これに比べると, 宮崎市ではやや多くなり, この「気になる」という項目と相関を示したのは, 客観的要因では家族員数 (0.18332) だけであり, 主観的要因では,「老人になったな」(−0.25605),「いやな経験」(0.24087),「生きがい感」(0.18145),「家族に誇りをもつ」(0.13564),「自己存在満足度」(0.15643) が有意の相関を示している. つまり, 尾倉地区では年

齢の若い人ほど「気になる」傾向を示し，「老人になったな」と思わない人ほど「気になる」傾向を示し，「いやな経験」をした人ほど「気になる」傾向を示しているということ，一方の宮崎市では，家族員数の少ない人ほど「気になる」傾向を示している．「老人になったな」と「いやな経験」は，尾倉地区と同じである．宮崎市では，「生きがい感」と「家族に誇りをもつ」，「自己存在満足度」を肯定する人ほど，「気になる」傾向を示していた．宮崎市では，この「老人と呼ばれて気になる」という意識は，家族の規模と自我像の一部（生活要因，家族要因，自己要因）と連関しているが，今回調査した尾倉地区では年齢，つまり若さが関連していた．

表-5 「老人と呼ばれて気になる」意識の客観的基盤と主観的基盤

客観的要因	相関係数		主観的要因		相関係数	
	尾倉地区	宮崎市			尾倉地区	宮崎市
性別	−0.08599	−0.12371	住みやすさ		−0.04009	0.01004
年齢別	0.27318**	0.10245	老後の不安感		0.04297	−0.03709
居住年数	−0.00940	0.00823	敬老精神の有無		−0.11383	0.06305
同別居形態	0.02421	−0.08353	老人になったな		−0.28456**	−0.25605**
家族員数	−0.01456	0.18332*	いやな経験		0.23403**	0.24087**
職業	0.06509	0.04970	老人排除認知		0.05282	0.00357
学歴	−0.01318	0.02511	社会的地位の喪失		−0.03299	0.03469
世帯収入	−0.09154	−0.05572	家族連帯の喪失		−0.07664	0.07230
親しい人の数	−0.05173	0.02856	バイオメディカルな地位喪失		−0.03105	0.00919
親類数	−0.06802	0.02941	経済的自立の喪失		−0.03154	−0.09566
近所の人の数	0.04423	−0.00534	自我像	生きがい感	0.06558	0.18145**
友人数	−0.08287	0.00629		生活満足度	0.06452	0.11321
集団加入数 [1]	0.00867	−0.02982		孤独ではない	0.00383	0.05354
相談相手の有無	0.11621	−0.01741		家族に誇りをもつ	−0.01258	0.13564*
				自己存在満足度	0.06747	0.15643*
				自己能力発揮度	−0.03361	0.10417
				社会的不可欠性	−0.10634	0.11433
				社会的貢献能力	0.10991	0.03504
			ボランティア活動参加意思		−0.00290	0.09524

（備考）数値は相関係数で，（**）は1%で有意（*）印は5%で有意を示す．(1) 集団参加数については調査の尺度が違っている．

3. 老人意識類型の分析

　以上はラベリングを受けた人が老人意識をもつようになる側面をみたものであるが，ラベリング状況は，現実には他者との相互作用のなかで生起する．そこで，自己認知（自己承認）と他者規定の双方が作用しているなかで，老人意識がどのように形成されるかという側面もみておかなければならない．
　エイジズムの研究において，これまで差別や偏見の観点から老人類型を提出したものがないわけではない．例えば，パルモアは，マートンの差別類型を参考にして老人類型を指摘している[7]．彼の類型は，「受容」，「拒否」，「回避」，「改革」の4類型であるが，「受容」とは自主的受容と無関心を装うタイプであり，「拒否」型は，化粧品や形成手術の利用，「若い」ように振る舞うなどのように，見せかけるタイプである．そして，「回避」のタイプは，隔離，孤立，アルコール依存症，薬の乱用，精神病，自殺などにみられるタイプである．最後の「改革」のタイプは，高齢者の異文化集団，政治活動，組織的ロビー活動，公教育，個人的挑戦をおこなうタイプである．しかし，パルモアの類型は，社会的適応過程からなされる行動的類型であって，ここで考察している老人が自分自身を老人とみなす過程を分析するための類型にはなっていない．

(1) 老人意識類型の分析
　そこで，これまでみてきた設問である「老人と呼ばれて気になる」という項目と「老人になったな」という項目を使って，前章でも分析した老人意識類型に注目したい．「老人と呼ばれて気になる」という項目は，他者から老人だと呼ばれ，そのことが気になるということ，つまり他者のラベリングとそれを気にする自己についての設問である．いわば対他存在性とラベリングを気にする自己の存在を捉えた項目である．これに対して「老人になったな」という項目は，生活世界で自分自身を老人になったと確認しているかどうかを聞いた設問である．それぞれについて承認と不承認の回答肢があるので，老人意識類型は四つのタイプ（「老人自認型」，「老人自意識型」，「老人否定型」，「老人自律型」）が可能となる[8]．

尾倉地区では,「老人自認型」が一番多く,全体の31.5%がこのタイプであり,次いで多いのが「老人自律型」で,このタイプは全体の17.4%である.「老人否定型」は,全体の14.1%しかみられず,「老人自意識型」は,全体の10.1%しかみられなかった.なお,3割近くが「不明」となっているのは,「老人と呼ばれて気になる」という設問には「どちらでもない」という回答肢があり,それが尾倉地区で26.9%も「不明」箇所がみられた理由である.

表・6 地域別・年齢別にみた老人意識類型

		合計	老人自認型	老人自意識型	老人自律型	老人否定型	不明
尾倉地区	全体	368	31.5	10.1	17.4	14.1	26.9
	男性*	150	34.0	7.3	20.0	14.0	24.7
	女性	216	30.1	12.0	15.7	13.9	28.2
	65〜69歳**	120	16.0	5.0	21.7	24.2	32.5
	70〜74歳	150	34.0	14.0	17.3	12.7	22.0
	75〜79歳	95	47.4	10.5	12.6	3.2	26.3
宮崎市	全体	360	42.2	14.2	15.0	16.4	12.2
	男性***	182	42.3	8.2	17.6	18.7	13.2
	女性	175	41.7	20.6	12.6	13.7	11.4
	65〜69歳****	137	24.8	11.7	25.5	28.5	9.5
	70〜74歳	116	50.0	16.4	10.3	8.6	14.7
	75〜79歳	107	56.1	15.0	6.5	9.3	13.1

(備考) * $\chi^2=2.75$, df=3 [ ], ** $\chi^2=41.83$ df=6 [**], *** $\chi^2=12.4$ df=3 [**], **** $\chi^2=53.21$ df=6 [**]

(2) 老人意識類型とその諸相の分析

最初に,老人意識類型の各類型ごとの特徴を素描しておこう.「老人自認型」は,65〜69歳では16.0%しかみられないが,75〜79歳以上では47.4%になり,年長者ほど多くなる傾向を示している.そしてこの類型は,60歳代まではそれほど多くない(16%)が,70歳を越えると3割から4割を占めるようになる.「老人自意識型」は,60歳代では5%に留まるが,70〜74歳になると,14%と,3倍近くに増加し,75歳以上ではやや減少する.つまり,70〜74歳層に支持層が多い.これに対して「老人否定型」は,65〜69歳の年齢層

に多い．老人自律型は，65〜69歳に多い．こうしてみると，ここで考察する老人意識類型は，加齢化とともに「老人否定型」・「老人自律型」→「老人自意識型」→「老人自認型」へと進む傾向をもつことが読み取れる．

表・7は，性別，年齢別，家族類型別，同居別，出身地別，居住年数別，学歴別，住居形態，世帯収入別に老人意識類型を構成している主要な特性を摘出したものである．

表・7　老人意識類型の属性別構成

	老人自認型	老人自意識型	老人自律型	老人否定型
性別	男性	女性	男性	男性
年齢	75〜79歳	70〜74歳	65〜69歳	65〜69歳
家族類型別	単独世帯	高齢者と未婚の子	単独世帯	拡大家族
子供との同別居	別居	別居	同居	別居
住居形態	持ち家共同住宅	民間の借家	借家共同住宅	民間の借家
出身地別	県内生まれ	県外	地元	市内
居住年数	50年以上	30〜40年未満	5年未満，20〜30年	40〜50年未満
学歴別	低学歴	低学歴	高学歴	高学歴
就労の有無	無職	有職	有職	有職
収入別	10〜15万円	5〜10万円	50万円以上	50万円以上

そこからここでの各類型を概観すると，「老人自認型」は，年齢は75〜79歳の後期高齢層で，男性に多くみられる．このタイプは，世帯構成は単独世帯のものが多く，持ち家共同住宅ないし持ち家の住居形態の生活者で，職業は「無職」のものが多い．学歴のうえでは低学歴層が多い．

これに対して「老人自意識型」は，女性に多くみられるものの，ただ年齢的には「老人自認型」よりやや若く，70〜74歳の前期高齢層に比較的多くみられる．世帯構成では高齢者と未婚の子からなる高齢者核家族世帯にみられ，民間の借家に住んでいる人が多かった．居住年数は，30〜40年未満で，職業に関しては，まだ仕事をもっている人に多く，学歴は低学歴層で，収入は5〜10万円の層に多かった．

第三の「老人自律型」は，男性に多くみられ，年齢としては65〜69歳の世代に多い．世帯構成は単独世帯，住居は借家共同住宅に住んでいる人が多い．

職業はまだもっており，出身地は地元で，住みだして5年未満と新しいか，20～30年ぐらいの居住年数のもの，学歴は，高学歴が多かった．

最後の「老人否定型」は，男性に多く，年齢的には65～69歳の年代に一番多い．そして世帯構成は，拡大家族で，住居形態は，「民間の借家」の人が多い．学歴は高学歴で，まだ仕事をもっている人，市内生まれで，居住歴40～50年の人，世帯収入は，50万円以上になるような層にみられる．

(3) 老人意識類型の基盤と心理的特性

まず，以上の四つの老人類型がどのような社会構造的性格をもつか分析してみたい．そのために，親密な人間関係であるインフォーマル・グループと団体や集団への参加であるフォーマルグループの数量から捉えてみたい．ここでのインフォーマル・グループとは，高齢者が親しくしている人であり，ここではインフォーマルな人間関係量と呼んでおく．それからフォーマル・グループの数をここではフォーマルな社会関係量と呼んでおきたい．インフォーマルな人間関係量については「総数」，「親類」，「近隣」，「友人」の四つから捉えている．

表・8は人間関係量と社会関係量を表示したものであるが，まず，尾倉地区の人間関係量をみておこう．表からは親しい人の「総数」では「老人否定型」

表・8 老人意識類型別にみた社会関係（平均値）

			実数	インフォーマルな人間関係量				フォーマルな社会関係量
				総数	親類	近隣	友人	
尾倉地区	老人意識類型	全　　体	368	12.0	4.4	4.0	4.7	2.6
		老人自認型	116	11.4	4.2	3.8	4.9	2.6
		老人自意識型	37	7.6	3.2	2.2	2.5	1.9
		老人自律型	64	14.4	4.9	5.5	5.2	3.1
		老人否定型	52	16.2	6.0	5.2	6.8	3.2
宮崎市	老人意織類型	全　　体	360	16.7	7.7	3.6	5.7	2.7
		老人自認型	152	14.8	7.2	3.5	4.9	2.3
		老人自意識型	51	17.1	7.8	3.3	6.0	2.9
		老人自律型	54	23.1	9.7	4.5	9.1	3.5
		老人否定型	59	15.7	7.9	3.7	5.1	2.6

（備考）フォーマルな社会関係量については尾倉地区と宮崎市では回答肢の尺度が違うので地域比較は不可能である．

が16.2個と，一番多く，次いで「老人自律型」が14.4個，「老人自認型」が11.4個，「老人自意識型」が7.6個となっている．これをさらに細かくみると，「親類」，つまり血縁関係の数では，「老人否定型」が6.0個と一番多く，「老人自律型」(4.9個)，「老人自認型」(4.2個)とつづき，「老人自意識型」(3.2個)で一番少ない．他方「近隣」，つまり地縁関係の数では，「老人自律型」が5.5個と一番多く，「老人否定型」(5.2個)，老人自認型(3.8個)，やはり「老人自意識型」(2.2個)において一番少ない．そして，「友人」，つまり友縁関係面では，「老人否定型」が6.8個と一番多く，以下「老人自律型」の5.2個，「老人自認型」の4.9個となり，「老人自意識型」となると，一挙に減少して2.5個となる．他方，団体や集団への参加数であるフォーマルな社会関係量の方でみると，今回の調査対象者である尾倉地区の高齢者の社会関係量は，全体では2.6個となり，老人意識類型のなかで「老人否定型」が3.2個と一番多いことがわかる．以下「老人自律型」が3.1個と続く．そして「老人自認型」が2.6個，「老人自意識型」が1.9個と，一番少なくなっている．

つまり，「老人自意識型」が，フォーマルな社会関係量，インフォーマルな人間関係量の双方で，一番値が低く，それだけ社会関係をもっていないことを示している．この反対が「老人否定型」で，このタイプの場合，インフォーマルな人間関係量の総数が4類型中で突出しており，フォーマルな社会関係量においても4類型中で一番多い値を示す．「老人否定型」は，インフォーマルな人間関係量では近隣の数(5.2個)が「老人自律型」に比べて少ないものの，それ以外の「親類」(6.0個)，「友人」(6.8個)の数では一番多く人間関係量をもっている．社会関係量において「老人否定型」に次いで積極的なネットワークを張っているのが，老人自律型である．このタイプは，インフォーマル・グループの「総数」，「親類」，「友人」，フォーマル・グループとも第2位の値を示している．そして，「近隣」だけが4類型のなかで一番多い．その点では，このタイプは，近隣関係に比重を置いているタイプといえる．これに対して，「老人自認型」は，老人自律型についで人間関係量もっている．「老人自認型」は，人間関係量では「親類」が4.2個，「近隣」が3.8個，「友人」が4.9個となっており，友人関係を重視したネットワークをもっていることがわかる．

これに対して宮崎市の老人意識類型をみると，「老人自律型」が人間関係量

の「総数」,「親類」,「近隣」,「友人」のいずれにおいても他のタイプより多く,しかも社会関係量においても一番多くもっており,その点で一番ネットワークをもっているタイプであった．逆に,一番人間関係量と社会関係量が少ないのが「老人自認型」であった．尾倉地区で人間関係量,社会関係量を一番もっていた「老人否定型」は,人間関係量,社会関係量において3位の位置を占めるにすぎない．むしろ,2位は,尾倉地区で一番人間関係量,社会関係量が少なかった「老人自意識型」となっているのである．

以上からみると,この老人意識類型の各類型の人間関係,社会関係は地域構造によって相違することを確認しなければならない．いずれにせよ,農村部を控えた宮崎市の調査では,「老人自認型」が人間関係・社会関係の双方の上で数値が少なく,その点で孤立パターンをとっているのに対して,産業都市の尾倉地区では,むしろ「老人自意識型」の方が社会関係において孤立パターンを示していることがわかるのである．

(4) 老後の開始,差別の認知・被害認知

老人意識類型の考察の最後に,限られたデータからこの老人意識類型の高齢者たちが老後をどのように捉え,老人差別や自分自身に対する老人処遇の「いやな経験(被害感)」をどのように考えているかを簡単に触れておきたい．

まず,老後開始規定要因から以上の老人意識類型の特徴をみてみたい．表・9をみると,「社会的地位の喪失」を挙げているのは,「老人否定型」が48.1%と一番高く,ついで「老人自律型」(45.3%)が高い．逆に「老人自意識型」(21.6%)が一番低い比率になっている．「バイオメディカルな地位の喪失」を挙げているのは,「老人自律型」,「老人否定型」,「老人自認型」,「老人自意識型」

表・9 老人意識類型別にみた老後開始要因

	実数	社会的地位の喪失	バイオメディカルな地位の喪失	家族連帯の喪失	経済的自立の喪失
全体	368	37.8	63.9	19.6	34.2
老人自認型	116	38.8	60.3	20.7	42.2
老人自意識型	37	21.6	54.1	18.9	37.8
老人自律型	64	45.3	76.6	14.1	26.6
老人否定型	52	48.1	71.2	15.4	26.9

の順で，やはり一番少ないのが「老人自意識型」となっている．「家族連帯の喪失」を挙げているのは，「老人自認型」が20.7％と，一番比率が高い．以下，「老人自意識型」，「老人否定型」，「老人自律型」の順である．「経済的自立の喪失」を挙げているのは，「家族連帯の喪失」と同じく「老人自認型」が一番高く，以下「老人自意識型」，「老人否定型」，「老人自律型」の順となっている．

こうしてみると「老人自律型」と「老人否定型」が「社会的地位の喪失」と「バイオメディカルな地位の喪失」をもって老後の開始を判断し，「老人自認型」と「老人自意識型」が「家族連帯の喪失」と「経済的自立の喪失」をもって老後の開始を判断する傾向をややもっていることが分かるのである．

表・10は，老人線意識，つまり老人とは何歳で始まるかという設問でもって「老人意識類型」の所在をみたものである．これから明らかなことは老人線を高い年齢に設定する人は，「老人否定型」，「老人自律型」に多くみられ，逆に「55歳以上」とか「60歳以上」といった低い年齢に老人線を設定する人は，「老人自認型」，「老人自意識型」に多くみられるということである．

表・10 老人線意識別にみた老人意識類型

	合計	老人自認型	老人自意識型	老人自律型	老人否定型	不明
全体	368	31.5	10.1	17.4	14.1	26.9
55歳以上	2	50.0	—	—	—	50.0
60歳以上	10	50.0	20.0	10.0	—	20.0
65歳以上	2	47.1	17.6	5.9	5.9	23.5
70歳以上	164	39.0	10.4	17.1	6.1	27.4
75歳以上	98	28.6	8.2	15.3	26.5	21.4
80歳以上	33	3.0	6.1	36.4	24.2	30.3
わからない	16	—	6.3	31.3	31.3	31.3

（備考） $\chi^2=64.98$, df=18　0.0000〔**〕

次いで，老人差別の認知と「いやな経験」についてみておきたい．

表・11より，老人排除認知といやな経験ついてみてみよう．老人排除認知とは「現在の社会に老人を排除する仕組みが存在するかどうか」という内容の設問である．「ある」と答えたのは，尾倉地区では全体では25.5％であった．内

訳は「老人自認型」が26.7％,「老人自意識型」が24.3％,「老人否定型」が30.8％,「老人自律型」が23.4％となっており,「老人否定型」に老人排除の認知度が高いことがわかる．老人排除の認知は,「老人否定型」や「老人自認型」に多いが,しかし,有意な差は確認できない．これに対して宮崎市のデータからは有意差が確認でき,「老人自意識型」において「老人排除」が「ある」と答えたものは45.1％もみられ,圧倒的に多いことが分かる．これをさらに,老人扱いされて「いやな思いをした」という被害経験みると,四つの類型のなかでいやな経験が「ある」と答えたのは,尾倉地区の「老人自意識型」で37.8％もみられ,「老人否定型」が次いで多く,30.8％となっている．「老人自認型」(12.1％),「老人自律型」(9.4％)との差はかなりみられる．同様に,宮崎についてみても,「老人自意識型」が41.2％,「老人否定型」が27.1％,「老人自認型」が17.1％,「老人自律型」が,9.3％と,「老人自意識型」と「老人自律型」との間には顕著な差がみられるのである．

表・11 老人意識類型別にみた「老人排除認知」と「いやな経験」

		実数	老人排除認知「ある」		いやな経験がある「ある」	
			尾倉地区*	宮崎市**	尾倉地区***	宮崎市****
全体		368	25.5	27.1	16.8	22.5
老人意識類型	老人自認型	116	26.7	28.9	12.1	17.1
	老人自意識型	37	24.3	45.1	37.8	41.2
	老人自律型	64	23.4	18.5	9.4	9.3
	老人否定型	52	30.8	22.0	30.8	27.1

(備考) * $\chi^2=0.87$　df=3, ** $\chi^2=12.16$　df=3〔**〕, *** $\chi^2=29.45$　df=3〔**〕, **** $\chi^2=22.76$　df=3〔**〕

　尾倉地区では,老人排除認知は,老人意識類型との間で有意差はみられなかった．しかし,宮崎市では,「老人自意識型」に顕著に「ある」としたものがみられたように,有意差が確認できた．つまり,その点では尾倉地区の老人意識類型とは違った特徴をもっているということができそうである．そして,「いやな経験」が「ある」に関しては,両地域とも老人意識類型は同じパターンを示している．

4. 老人意識類型と自我構造

今回，調査した尾倉地区の高齢者の自我意識は，産業都市ということで独自の性格をもっているのであろうか．表・12 は，地域別に高齢者の自我像の相関関係を求めたものである．自我像は，「生きがい感」，「生活満足度」，「孤独ではない」，「家族に誇り」，「自己存在満足度」，「自己能力発揮度」，「社会的不可欠性」，「社会的貢献能力」の 8 項目で調べてみた．

そこで，宮崎市と比べながら尾倉地区の高齢者の自我像の特性を探ってみたい．尾倉地区の高齢者の自我像項目のなかで，相関係数の 0.6 以上を示すのは，「生きがい感」と「生活満足度」との間 (0.65757)，「生きがい感」と「自己存在満足度」との間 (0.62538)，「社会的不可欠性」と「社会的貢献能力」との間 (0.66408)，そして「生活満足度」「自己存在満足度」との間 (0.61292) の四つのセルにおいてである．その他では「社会的不可欠性」と「自己能力発揮度」，「孤独ではない」と「生活満足度」などが，（つまり，総計 28 のセルの平均値が 0.39004 であるから) 0.5 や 0.4 以上の値となり，この尾倉地区の自我像要因間では高い相関を示すと考えてよいであろう．逆に「社会的貢献能力」と「孤独ではない」，「自己能力発揮度」と「孤独ではない」，そして「孤独ではない」と「社会的不可欠性」との間で 0.1 台の相関係数に留まり，「孤独ではない」という項目が自我像の値を下げる働きをしている．さらに，家族要因と自己要因の間では，「生活満足度」と「社会的不可欠性」・「社会的貢献能力」の間で 0.2 台の相関係数となっている．

8 要因の平均値を求めてみると，尾倉地区では「生きがい感」の平均値が一番高く，以下「自己存在満足度」，「生活満足度」，「社会的不可欠性」，「自己能力発揮度」，「家族に誇り」，「孤独ではない」，「社会的貢献能力」の順となっている．つまり，「生きがい感」が自己像のなかでは一番中心的な位置を占め，それに対して「社会的貢献能力」という項目が一番作用していなかったのである．いい換えれば，「生きがい感」を中心として「生活満足度」と「自己存在満足度」が結びつき，以下社会要因や家族要因などが関連している構造となっている．それは生活要因を起点として「生活要因→自己要因→社会要因

表・12 自我像要因の相関マトリックス

		生活要因			家族要因	自己要因			社会要因	
		生きがい感	生活満足度	孤独ではない	家族に誇り	自己存在満足度	自己能力発揮度	社会的不可欠性	社会的貢献能力
尾倉地区	生きがい感	1.00000							
	生活満足度	0.65757**	1.00000						
	孤独ではない	0.46307**	0.47585**	1.00000					
	家族に誇り	0.40861**	0.39951**	0.46810**	1.00000				
	自己存在満足度	0.62538**	0.61292**	0.46105**	0.42454**	1.00000			
	自己能力発揮度	0.43886**	0.30653**	0.17898**	0.24450**	0.37690**	1.00000		
	社会的不可欠性	0.36239**	0.27208**	0.18557**	0.20134**	0.38981**	0.58161**	1.00000	
	社会的貢献能力	0.30156**	0.23470**	0.16059**	0.25310**	0.32017**	0.45188**	0.66408**	1.00000
	平均値¹⁾	0.46535	0.42274	0.34189	0.34281	0.45868	0.36847	0.37955	0.34087
宮崎市	生きがい感	1.0000							
	生活満足度	0.51225**	1.00000						
	孤独ではない	0.44637**	0.32650**	1.00000					
	家族に誇り	0.48423**	0.40655**	0.39758**	1.00000				
	自己存在満足度	0.48332**	0.48464**	0.42597**	0.46997**	1.00000			
	自己能力発揮度	0.48846**	0.35129**	0.36203**	0.35872**	0.44257**	1.00000		
	社会的不可欠性	0.34624**	0.23671**	0.24871**	0.21922**	0.31310**	0.42557**	1.00000	
	社会的貢献能力	0.28436**	0.15214**	0.23646**	0.16486**	0.29038**	0.33776**	0.60503**	1.00000
	平均値	0.43503	0.35287	0.34901	0.35722	0.41571	0.39520	0.34208	0.29586

(備考) 数値は相関係数で、(**) は1%で有意、(*) は5%で有意を示す。1) 平均値は、各相関する7項目との間の相関係数の平均値を表す。

→家族要因」という形の関連で結びついている．その点では，尾倉地区の高齢者の自我像は，家族要因と社会要因に問題を秘めているといえそうである．

それに対して宮崎市の自我像はどうかといえば，8項目相互間の総計セルの平均値は0.36787という値であって，尾倉地区に比べると，低くなっている．実際，0.6以上の相関係数は「社会的不可欠性」と「社会的貢献能力」の間であって，0.5以上の相関係数も「生きがい感」と「生活満足度」との間だけである．逆に，「生活満足度」と「社会的貢献能力」，「家族に誇り」と「社会的貢献能力」との間では0.1台の相関係数しかみられない．ここでも8要因の要因間のネットワークを平均化した値でみると，「生きがい感」の値がもっとも高く，以下「自己存在満足度」，「自己能力発揮度」，「家族に誇りをもつ」，「生活満足度」，「孤独ではない」，「社会的不可欠性」，「社会的貢献能力」の順になっている．宮崎市では「生きがい感」と「自己存在満足度」，「社会的貢献能力」の位置は，尾倉地区と変化ないが，「生活満足度」が5位に，「社会的不可欠性」が7位に落ち，逆に「家族に誇り」が4位に，「孤独ではない」6位，「自己能力発揮度」が3位へと上昇している．確かに両地域の平均値を比較すると，8項目のうち五つまでは尾倉地区が相関係数について大きい値を示しているが，家族要因の「孤独ではない」と「家族に誇り」と「自己能力発揮度」の三つの方が，宮崎市の方が大きくなっている．つまり，宮崎市では自我像として「家族要因」と「自己要因」が尾倉地区に比べて強かったことを物語るのである．それと反対に，産業都市の尾倉地区では，「生活要因」と「社会要因」が，もっと具体的にいうと社会的な「能力」(「社会的貢献能力」，「社会的不可欠性」)と「満足」(「生活満足度」，「自己存在満足度」)が，自我像に強く働いているということができるであろう．

この老人意識類型は，いまみた自我像とどのように結びついているのであろうか，つまり，各老人意識類型と自我像との連関をみておきたい．表・13は，老人の自我意識を老人意識類型の各タイプとの関連でみたものである．さきにわれわれは，「老人自意識型」の社会関係量を問題にしたが，自我構造では意識構造はどのようになっているのだろうか．表をみると，「老人自意識型」では，「生きがい感」，「生活満足度」，「孤独ではない」，「家族に誇り」，「自己存在満足度」，「自己能力発揮度」，「社会的不可欠性」，社会的貢献能力」の8要

因においていずれも比率が最下位の値を示していた．つまり，「老人自意識型は」，自己要因，社会要因，家族要因，生活要因いずれとも最下位の値となっている．つまり，この「老人自意識型」の場合，自我像全体で数値が一番低くなっている．なかでも「社会的不可欠性」が18.9％というのは，特筆してよいであろう．

これに対して「老人否定型」は，「生きがい感」，「生活満足度」，「孤独ではない」，「家族に誇り」，「自己存在満足度」，「自己能力発揮度」，「社会的不可欠性」，「社会的貢献能力」の8要因すべてで一番高い値を示している．

「老人自律型」は，「生活満足度」，「孤独ではない」，「家族に誇り」という項目以外は，「老人否定型」に次いで肯定的な比率が高い．つまり，このタイプは，自己存在に満足度を示したり，自分の能力発揮度も高いことから，四つのタイプなかで個人主義のタイプと考えられる．

表・13 老人意識類型別にみた自我像

		生きがい感	生活満足度	孤独ではない	家族に誇り	自己存在満足度	自己能力発揮度	社会的不可欠性	社会的貢献能力	合計
尾倉地区	全体	72.2	80.2	76.4	73.6	70.6	47.3	33.7	40.8	494.8
	老人自認型	68.1	82.8	85.3	76.7	69.8	47.4	27.6	37.9	495.6
	老人自意識型	59.4	67.5	54.0	48.6	62.1	32.4	18.9	27.0	369.9
	老人自律型	78.2	78.2	76.5	70.3	73.4	53.2	43.8	45.4	519.0
	老人否定型	92.3	96.1	92.3	86.5	84.6	73.1	61.5	65.4	651.8
宮崎市	全体	83.6	82.8	82.5	82.0	77.8	56.4	41.1	48.3	554.5
	老人自認型	79.0	78.3	80.9	78.2	71.7	48.7	34.8	42.7	514.3
	老人自意識型	84.4	80.4	78.4	84.3	74.5	58.8	39.2	37.3	537.3
	老人自律型	85.2	94.4	88.9	81.5	88.9	66.7	48.1	64.8	618.5
	老人否定型	94.9	91.5	88.2	93.2	89.8	64.4	56.0	66.1	644.1

最後に，「老人自認型」の場合は，「生活満足度」，「孤独ではない」，「家族に誇り」の項目が老人否定型に次いで2位の値を示し，残りの5項目は，「老人自意識型」ほど低くないものの，4類型中では第3位の値となっている．このタイプの場合，家族生活の安定が生活満足度となっているが，自分のもつ「自己能力発揮度」や「社会的不可欠性」，「社会的貢献能力」が，なかでも

「社会的不可欠性」の項目が低いことが特徴となってる.

以上から「老人意識類型」を自我像に引きつけて解釈すると，産業都市の尾倉地区では「老人否定型」が突出した形で，自我像が安定しているタイプとなっていることがわかる.「老人自律型」も，次いで安定しているタイプである.反対に「老人自意識型」は，極端に低くなっており，老人化意識を自我像のなかからも形成されていることが分かる. それと比べれば老人自認型は，やや安定している. ただし，宮崎市調査では「老人自認型」が「老人自意識型」よりも低くなっているので，常に「老人自意識型」が自我像の一番低位置を占めているわけではないことは留意しなければならない.

尾倉地区で問題となる老人意識類型は,「老人自意識型」であるが，このタイプの場合，本人自身が「老い」に対して積極的姿勢を示したり，自己の能力への積極的価値づけをせず，かえって無能性，消極性，非社会性という価値を内面化した結果，この意識を形成していると解釈できるであろう.

5. 結　語

以上，われわれの社会における老人化処遇の側面を老人自身の自我ラベリングをめぐって分析してきた.

今回は，産業空洞型インナーシティ地域における老人自我ラベリングを分析したのであるが，老人自己成就意識に関していくつかの知見が見いだすことができた. (1) 尾倉地区では，老人自己成就意識の形成に関して年齢属性がまだ比較的強く働いているとはいえ，宮崎市調査のような伝統的な地域ほど作用していないということ, (2) 性別属性は伝統的な地域に比べて，産業地域では希薄化し，それも年齢属性以上に希薄化していること, (3) そして，この意識形成には血縁や地縁の関係といった要因より友縁関係といった人間関係の量，さまざまな団体への参加である社会関係量に支えられていること，そして (4) 男性の一部で老人自己成就意識形成が，早めに始まるのは，有職性と学歴を媒介にしてであること. また，概して大半の男性より大半の女性がこの意識を早くもつに至るのも有職性と学歴とに関連しているということ，以上である. それ故，高齢者が老人意識をもつようになる，あるいはもたされるようになるとい

う老人化自己成就過程には，高齢者自身が，退職→身体の衰え→他者認知→老人自身の老いの自己承認過程を辿るとしても，無能性や有職性や孤立ということが媒介していることを考慮に入れる必要があるであろう．

　それから，ここでは，「老人否定型」，「老人自律型」，「老人自意識型」，「老人自認型」という4類型の老人意識類型を構成したが，この4類型には，加齢化とともに「老人否定型」→「老人自律型」→「老人自意識型」→「老人自認型」へと進む傾向があることが分かった．そのうち老人否定型が積極的な性格を一番もっており，彼らは自己像の生活要因，家族要因，自己要因，社会要因のすべてにおいて高い数値を示し，この4類型のなかでは一番老人化を拒絶する類型となっていた．これに対して「老人自意識型」が人間関係や社会関係を失っており，差別認知や被害認知に関しても一番敏感な層をなしていた．それからこの「老人自意識型」が女性に多く，しかも無能性や有職性や孤立と関連していることに鑑みると，性差別が深層部分で作用していることも考慮に入れなければならない．

※本研究は1994〜1995年度文部省科学研究費「インナー・シティにおける高齢者処遇過程の研究」の助成を受けてなされたものの一部である．
（1）栗原彬「〈老い〉と〈老いる〉のドラマトゥルギー」『老いの発見1』（岩波書店），1986年，栗原彬「離脱の戦略」『岩波講座　現代社会学13（成熟と老いの社会学）』（岩波書店）1997年，39-60頁．
（2）北九州市八幡東区の尾倉地区の地域構造の分析については，辻正二「産業空洞型インナーシティにおける高齢者問題の一考察」（『社会分析』1997年3月，Vol.24, 29-47頁）に詳しい．
（3）調査は，八幡東区の尾倉地区（公民館区）に居住する65〜79歳の男女を対象に，520人を1995年6月1日現在の北九州市住民基本台帳名簿より，無作為抽出法により抽出．1996年1月23〜1996年2月5日にかけて実施した郵送法によって得たものである．有効回収率は，368票の72.7%であった．郵送法を使っての調査としては極めて高い回収率であった．
（4）宮崎市調査は市内全域を調査したもので，農業地帯，商業地帯，旧市街地，新興団地を網羅している．それに対して尾倉地区は，インナーシティ化した地域の住宅地域（宮崎市でいえば旧市街地に該当）である．ここでは尾倉地区の調査対象者年齢と同じく65〜79歳層に関して再抽出した比較データを利用している．
（5）I. Rosow, *Socialization to Old Age*, 1974（University of California Press），嵯峨座晴夫監訳『高齢者の社会学』（早稲田大学出版）1983年．
（6）ここでの老後開始規定の設問は，「あなたにとって，『老後』とは，どのような時を境にして始まるとお考えですか」というものであり，使った回答肢は，「1. 仕事をやめたり，仕事を他の人に任せるようになったとき（退職）」，「2. 年をとって，家事を他の人に任せるようになったとき（主座を渡す）」，「3. 年をとって身体の自由がきかないと感ずるようになったとき（身体

の不自由）」,「4. または夫と死別したとき（配偶者の死）」,「5. 子どもが結婚して独立したとき（子供の独立）」,「6. 年金が収入をささえるとき（年金生活の開始）」,「7. その他」である.この内,「退職」と「主座を渡すということ」を挙げたものをここでは「社会地位の喪失」と呼ぶ. 以下「身体の不自由」を挙げたものを「バイオメディカルな地位の喪失」,「配偶者の死」と「子供の独立」を「家族的連帯の喪失」・「年金生活の開始」を「経済的自立の喪失」と呼んでおきたい. 辻正二「エイジングと社会」『いのちと環境』（山口大学教養部総合コース講義録, 1993年, 第7号）79-91頁.
(7) Erdman B. Palmore., 1990, *Ageism : Negative and Positive*, (Springer Publishing company) 奥山正司他訳『エイジズム』（法政大学出版局）1995年.
(8) 第7章「老人意識と自己ラベリング」の老人意識類型の構成を参照.

参考文献

(1) Howard P. Chudacoff, 1989, *How Old Are You? Age Consciousness in American Culture*, (Princeton University Press), 工藤政司・藤田永祐訳『年齢意識の社会学』（法政大学出版局）1994年.
(2) L.K. Gerge., *Role Transitions in Later Life*. (Wadsworth Inc.) 1980, 西下彰俊・山本孝史『老後』（思索社）1990. A.Gubrium and K.Charmaz., *Aging, Self, and Community*, (Jaip Press Inc.) 1992.
(3) 井上俊「老いのイメージ」『老いの発見2』（岩波書店）1986年.
(4) 片多順『老人と文化──老年人類学入門』（日本の中高年7）（垣内出版）1981年.
(5) Sharon R.Kaufman., *The Ageless Self-Sources of Meaning in Later Life*, (The University of Wisconsin Press), 1986, 幾島幸子訳『エイジレス・セルフ』（筑摩書房）.
(6) 河畠修『変貌するシルバー・ライフ』（竹内書店新社）1989年.
(7) A.R. Lindesmith, A.L. Strauss, & N.K. Denzin., *Social Psychology* (5th ed.), 1978, 船津衛訳『社会心理学』（恒星社厚生閣）1981年.
(9) 新村拓『死と病と看護の社会史』（法政大学出版局）1989年.
(10) 総務庁長官官房老人対策室編『長寿社会と男女の役割と意識』1990年.
(11) 宮田登・中村桂子『老いと「生い」』（藤原書店）1993年.
(12) Nancy J. Osgood., 1992, *Suicide in Later Life*, (Lexington Books), 野坂秀雄訳『老人と自殺』（春秋社）1994年.
(13) 新村拓『老いと看取りの社会史』（法政大学出版局）1991年.

第9章　超高齢化社会における自己ラベリング

1. はじめに

　われわれの社会は，定年制や種々の老人制度などのような，ある年齢になると人びとを「老人」にさせるメカニズムを装備している．もちろん，このメカニズムは，社会のマクロなメカニズムによってのみ完成するわけではない．人との相互作用が係わっている．すなわち，高齢になった人びとが自分自身を「老人」と思うようになるには，周囲の人びととの相互作用が不可欠であり，老人化が完了するにはそうした人びとや社会からの「老人」という解釈・規定・処遇を受けて，自分を「老人」と思うようになるからである．そして，この「老い」を促進するメカニズムは，普遍的に同じ様態をとるのではない．老人化を促進する要因は地域のもつ文化構造によって違っていると考えられる．

　本章では，産業都市で考察した老人化メカニズムの考察を，過疎地の超高齢化した地域において検討する．その際の問題意識は，次のようなものである．つまり，高齢化の進んだ過疎の島において高齢者たちは「老い」をどのようにみているのであろうか．老人がマジョリティを形成している社会では他のマイノリティな状況にある地域に比べて「老い」をそれほど意識せず，「老い」を昇華するメカニズムが働いているのであろうか．それとも「老い」をより一層意識させ，「老い」の反作用を引き起こさせるのであろうか．それを以下のような視点から迫ってみたい．(1) 超高齢化社会で老人自己成就意識がどのような形成のされ方をするのか．(2) 超高齢化社会のなかで老人意識がどのような特徴をもつのか．(3) 高齢者の自我像と老人意識がどのような関連をもつのか．つまり，本章の目的は，超高齢社会が高齢者をして自分自身を老人とみさせる老人化過程（自己レッテル）を分析することにある．そのために老人自己成就意識の分析，老人意識類型の構成と分析，それらと自我像との関連を分析する．

ここで使用するデータは，1997年，山口県大島郡東和町と橘町を対象に実施した調査である．ただし，今回の調査において得たデータは，老人クラブの加入者を調査対象者として選んでいるので，60歳〜64歳の高齢者が若干含まれている[1]．

ところで，調査地である山口県大島郡東和町と橘町が位置する周防大島は，瀬戸内海に浮かぶ島のなかで3番目に大きい島で，島内には四つの自治体がある．1955年までほぼ7万近くあった大島の人口は，いまでは2万5千人近くに減っている．東和町と橘町は，大島で東端部に位置し，人口がそれぞれ5,786人，6,286人である．1955年の人口が東和町17,128人，橘町14,210であるから，いかに激しい人口減少をしたかがわかる．東和町の方は1997年4月の高齢化率が48％を示し，文字通り全国一の超高齢社会となっている．他方の橘町も40.3％で，全国7位の高齢化率を示す地域である．両地域の主な産業は，農業と漁業で，農業で盛んなのは「山口ミカン」の主産地になっているミカン栽培である．調査は，東和町の伊保田，外入の2集落，橘町の安高，三つ松の2集落を対象に実施した[2]．

今回調査した東和町と橘町の対象者は，老人クラブの会員である．したがって当地の高齢者のすべてを対象としたものではない．しかし，この地域の老人クラブの加入率は山口県内のなかでも最も高く，ここでのテーマに支障を来すほどのものではないと考えられる[3]．ただ，調査対象者が老人クラブであるということで，一定の制約をもっていることは付言しておかなければならない[4]．

ここでは日本一高齢化の進んだ東和町を超高齢社会と捉え，それを比較する形で橘町の高齢者を分析する．

2. 老人自己成就意識の分析

最初に，自分自身が「老人になった」と認める意識する意識項目から分析を始めたい．ここではこの「老人になった」という項目を老人自己成就意識と呼んでおきたい．

まず，表・1は，「あなたは『老人になった』と思うか」という設問を地域別・性別・年齢別にみたものである．これをみると東和町の高齢者で「思う」

と答えたのは，76.3％で，「思う」と答えた人が「思わない」と答えたものより多かった．これを性別でみると，「思う」の回答は，男性より女性の方に10％ほど多く，年齢別でみると，「思う」という回答は，年齢が上昇するとともに増加する．しかも，男女別に5歳階層別の推移をみると，80歳以上の年代を除けば加齢と共に「思う」という割合が，増加する傾向を示す．他方，橘町の方は，「思う」という回答が67.9％で，加齢とともにはっきりと「思う」という割合が上昇する．つまり，老人自己成就意識が高齢者の間で加齢とともに意識的に内面化する形で進行することは間違いなさそうである．では，性別

表・1　性別・性年齢別にみた老人自己成就意識

		東和町				橘町				大島郡			
		実数	思う	思わない	不明	実数	思う	思わない	不明	実数	思う	思わない	不明
全体		215	76.3	20.9	2.8	187	67.9	31.0	1.1	402	72.4	25.6	2.0
性別*	男性	92	70.7	27.2	2.2	104	67.3	31.7	1.0	196	68.9	29.6	1.5
	女性	122	81.1	16.4	2.5	82	68.3	30.5	1.2	204	76.0	22.1	2.0
年齢別**	60〜64歳	6	16.7	83.3	—	3	—	100	—	9	11.1	88.9	—
	65〜69歳	38	52.6	47.4	—	39	30.8	66.7	2.6	77	41.6	57.1	1.3
	70〜74歳	58	74.1	25.9	—	81	75.3	24.7	—	139	74.8	25.2	—
	75〜79歳	73	91.8	4.1	4.1	42	83.3	14.3	2.4	115	88.7	7.8	3.5
	80歳以上	39	84.6	0.3	5.1	19	84.2	15.8	—	58	84.5	12.1	3.4
60〜64歳	男性	3	33.3	66.7	—	2	—	100	—	5	20.0	80.0	—
	女性	3	—	100	—	1	—	100	—	4	—	100	—
65〜69歳	男性	19	47.4	52.6	—	21	38.1	61.9	5.6	40	42.5	57.5	—
	女性	19	57.9	42.1	—	18	22.2	72.2	—	37	40.5	56.8	2.7
70〜74歳	男性	26	57.7	42.3	—	46	71.7	28.3	—	72	66.7	33.3	—
	女性	32	87.5	12.5	—	35	80.0	20.0	4.2	67	83.6	16.4	—
75〜79歳	男性	28	92.9	3.6	3.6	24	83.3	12.5	—	52	88.5	7.7	3.8
	女性	45	91.1	4.4	4.4	18	83.3	16.7	—	63	88.9	7.9	3.2
80歳以上	男性	16	87.5	6.3	6.3	10	80.0	20.0	—	26	84.6	11.5	3.8
	女性	23	82.6	13.0	4.3	9	88.9	11.1	—	32	84.4	12.5	3.1

(備考)　東和町：* $\chi^2=3.65$ df=1,　** $\chi^2=44.06$ df=4,　橘町：* $\chi^2=0.03$ df=1,　** $\chi^2=40.24$ df=4,　大島郡：* $\chi^2=2.90$ df=1,　** $\chi^2=82.41$ df=4

ではどうだろうか．東和町と同様に橘町のデータでも女性の方の比率が高い．東和町では男女の差が大きく，女性で顕著な比率（81.1%）を示す．さらに年齢別に男女差をみてみると，橘町ではいくつかの年齢層で男性よりも女性の方において老人自己成就意識の比率が高い．つまり，橘町では女性の方が男性に比べて「老人になった」という意識を早く身につけ，75歳以上の後期高齢女性のほぼ9割にこの意識は拡大する．これに比べると，東和町の場合は，「老人になった」という意識が男女で違ったパターンを示すのである．つまり，老人自己成就意識を「思う」と答えた比率が，男性の場合，65～69歳で47.4%，70～74歳で57.7%となっており，それが後期高齢期の75～79歳層となると，一挙に増加し，9割強を数えるまで増加する．これに対して女性の場合，65～69歳ですでに「思う」と答えるものが57.9%みられ，70～74歳では87.5%，75～79歳では91.1%と，70歳以上の年代で30%の伸びを示し，それ以後少ししか増加しない．

　つまり，東和町では男女とも65歳以上の年齢の半数近くが老人自己意識をもっている．そして，男性に比べ女性で早めに始まる傾向を示す．超高齢社会の高齢者において老人自己成就意識の形成は，70歳以上で惹起し，男性の方は75歳を越えると，一挙に増加する傾向を示す．橘町と比べると東和町の高齢者の方が老人自己成就意識をもっており，男性よりも女性の方がその意識をもっている．

　そこで老人自己成就意識（つまり「老人になった」という意識）の客観的側面，主観的側面を調べてみたい．

(1) 老人自己成就意識の客観的基盤

　東和町で老人自己成就意識を促進するものは「何」であろうか．女性の方に老人自己成就意識を強化するものは「何」か，そしてこれはどのような基盤を背景にして形成されるのであろうか．まず，この「老人になった」という意識がどのような基盤に支えられているかを，今回調査した項目から探ってみよう．具体的には16項目の客観的属性との間で相関度から探ることになる．表・2は，その相関係数を示したものである．16項目のうちでは年齢，職業，収入，居住年数，家族員数の五つの要因との間に1%～5%の有意の相関度が見られた．

高い順に配置すると，もっとも相関係数の高いのは年齢（−0.4065）ある．以下世帯収入（0.2250），家族員数（0.1857），就労状態（−0.1768），居住年数（−0.1553）という順である．つまり，この相関関係の意味するものを表記すると，東和町の場合，この老人自己成就意識の形成には，加齢（年齢）属性，職業属性，経済的属性（収入），家族員数属性，居住年数属性が関係しているということである．東和町でみると「老人になったな」という老人自己成就意識形成の客観的基盤は，加齢，世帯収入，家族員数の3要因（1%で有意）が

表・2 「老人になった」意識の客観的基盤と主観的基盤

客観的要因	相関係数		主観的要因		相関係数	
	東和町	橘町			東和町	橘町
性別	−0.1322	−0.0126	住みやすさ		0.0116	−0.0217
年齢別	−0.4065**	−0.3915**	老後の不安感		0.1841**	0.0683
居住年数	−0.1553*	−0.1050	敬老精神の有無		0.0200	0.0060
同居形態	−0.0714	0.0198	老後開始年齢		0.0889	0.1919**
家族員数	0.1857**	0.0087	いやな経験		0.0930	0.1916**
出身地	−0.0510	−0.0622	呼ばれて気になる		−0.0554	−0.1518**
就労状態	−0.1768*	0.0205	棄老感覚		−0.0779	−0.1283
学歴	0.1139	0.1135	老人排除認知		−0.0091	0.0918
世帯収入	0.2250**	0.1588*	社会的地位の喪失		−0.0029	−0.0431
親しい人の数	0.0384	0.1738*	家族連帯の喪失		0.0267	−0.0152
親類数	−0.0442	0.1006	バイオメディカルな地位喪失		−0.0623	0.0940
近所の人の数	0.0458	0.1531*	経済的自立の喪失		0.0793	−0.0270
友人数	0.1040	0.1702*	老人ホームへの入居意識		0.1621*	0.0331
集団加入数	0.0458	−0.0790	自我像	生きがい感	−0.1637*	−0.1361
相談相手の有無	0.0952	−0.1206		生活満足度	−0.0504	−0.1476
健康状態	−0.0158	0.0683		孤独ではない	−0.1005	−0.1014
				家族に誇りをもつ	−0.1707*	−0.2078**
				自己存在満足度	−0.1317	−0.0418
				自己能力発揮度	−0.1350	−0.1306
				社会的不可欠性	−0.1860**	−0.0795
				社会的貢献能力	−0.2083**	−0.1042
			ボランティア活動参加意思		−0.1134	−0.0813

（備考）数値は相関係数で，（**）は1%で有意，（*）印は5%で有意を示す．

第9章 超高齢化社会における自己ラベリング

強く働いていることがわかる．そこで，この相関関係の意味するものを具体的に示すと，東和町の場合，老人自己成就意識は，以下のような傾向をもつことを示している．

① 年齢別にみると，この老人自己成就意識は，若い年代の人よりも年長の年代になるほど，この意識をもつ割合が多くなる傾向を示す．

② 世帯収入でみると，世帯収入の多い人に比べて，世帯収入の少ない人ほど，この意識をもつ傾向がみられる．

③ 家族員数でみると，家族員数を多くもつ人に比べて，家族員数の少ない人ほど，この意識をもつ傾向を示す．

④ 就労状態では，仕事をもっている人と比べて，仕事をもたない人ほど，この老人自己成就意識をもつ傾向がみられる．

⑤ 居住年数でみると，居住年数の短い人に比べて，居住年数の長い人ほど，この意識をもつ傾向がみられる．

これに対して橘町で有意な相関関係を示したのは，年齢別，親しい人の数，友人数，世帯収入，近隣数の5項目との間であった．東和町の方では年齢別や居住年数，家族員数，就労状態，そして世帯収入が「老人になったな」という老人自己成就意識に関係するのに対して，橘町の場合，老人自己成就意識がインフォーマルな集団数と関連していることがわかる．世帯収入に関しては東和町も橘町も相関度を示しているが，東和町の方が相関度が高い．以上からみると，東和町の高齢者の方が家族の規模や職業や収入など生活そのものに直結したものと相関しているので，生活構造型の自己成就意識パターンを示しているのに対して，橘町は親しい人の総数，近隣数，友人数といったインフォーマルなネットワークに老人自己成就意識が相関しているわけで，その点では人間関係型の老人自己成就パターンをとっているということができそうである．

ところで，いま一つ別の角度で東和町の高齢者の特徴を示してみよう．表・3は，性別，年齢別，家族員数別，居住年数別，就労状況別，学歴別，世帯収入別について相関マトリックスを求めたもので，加えて橘町についても同様のマトリックスを求めたものである．これをみると東和町と橘町の違いがわかる．表からは，東和町で有意な相関を示すのは，家族員数と世帯収入（0.4590），性別と就労状態（0.3102），学歴と世帯収入（0.2683），性別と世帯収入（−0.2610），

世帯収入と年齢別 (-0.2211), 年齢別と居住年数 (0.2080), 家族員数と性別 (-0.1844), 就労状態と世帯収入 (-0.1716), 就労状態と年齢別 (0.1503), 年齢別と学歴 (-0.1426), 学歴と居住年数 (-0.1376) の 11 箇所においてである. その内, 一番高い相関を示しているのは家族員数と世帯収入である. そして, 相関数をみてみると, 世帯収入が五つの要因と年齢が四つの要因と相関している. 世帯収入の方が相関係数全体が高く, 年齢より世帯収入の方が東和町では作用していることがわかる. 以下性別と就労状態と学歴の三つが相関数を三つ数える. そして一番少ないのが家族員数と居住年数である. 家族員数と居住年数の二つは二つの相関数しかもたない.

表・3 属性別の相関マトリックス

	単相関	性別	年齢別	家族員数	居住年数	就労状態	学歴	世帯収入
東和町	性別	1.0000						
	年齢別	0.0745	1.0000					
	家族員数	-0.1844**	-0.0660	1.0000				
	居住年数	0.1173	0.2080**	-0.0213	1.0000			
	就労状態	0.3102**	0.1503*	-0.1319	-0.1059	1.0000		
	学歴	-0.1043	-0.1426*	0.0450	-0.1376*	0.0896	1.0000	
	世帯収入	-0.2610**	-0.2211**	0.4590**	-0.0953	-0.1716*	0.2683**	1.0000
橘町	性別	1.0000						
	年齢別	0.0069	1.0000					
	家族員数	-0.0374	-0.0819	1.0000				
	居住年数	-0.0445	0.1913**	0.0610	1.0000			
	就労状態	0.1082	0.1711*	-0.1096	-0.2972**	1.0000		
	学歴	0.0111	-0.0164	-0.0479	-0.0295	-0.0724	1.0000	
	世帯収入	-0.1460	-0.2583**	0.3870**	0.0289	-0.1917*	0.2976**	1.0000

東和町の高齢者において, 二つの相関群を見いだすことができる. 一つの相関群は, ① 世帯収入の低さが, 家族員の少なさ, 学歴の低さ, 年齢のより高いこと, 無職であること, ② 年齢の高いことが世帯収入の低さ, 居住年数の長いこと, 無職であること, 学歴の低さと, ③ 居住年数の長さが, 年齢の高年齢と学歴の低さと結びつく相関群であり, いまひとつの相関群は, ① 男性

が有職であること,家族員数の多いこと,世帯収入の高いこと,② 有職であることが,男性,若い年齢であること,世帯収入の多さ,③ 学歴の高さが年齢の若さ,居住年数の短さ,そして世帯収入の多さと,④ 家族員数の多さが,世帯収入の多さや男性と結びつく相関群である.前者の相関群が年長世代と世帯収入の低さの連関を示しているとすれば,後者は若さと就労と高学歴と世帯収入の高さの連関を示している.

これに対して橘町では家族員数と世帯収入 (0.3870),学歴と世帯収入 (0.2976),居住年数と就労状態 (-0.2972),世帯収入と年齢別 (-0.2583),世帯収入と就労状態 (-0.1917),居住年数と年齢別 (0.1913),就労状態と年齢別 (0.1711)の 7 箇所において有意な相関を示している.そして,橘町においても相関関係の一番高いのは,家族員数と世帯収入との間である.ここでも世帯収入の相関数が四つと一番多くみられる.以下三つの相関数が就労状態,年齢別,二つが居住年数,一つが学歴と家族員数でみられる.性別は皆無となっている.橘町では性別と学歴が他の属性との間でほとんど相関が見られなかった.

以上から,先に挙げた東和町の方で老人自己成就意識を「抑止」し,また女性において早期に老人自己成就意識を促進する「何か」が,家族員数と世帯収入と職業と学歴という要因に大きく関係していることが了解できる.

表・2 の中からもうひとつ触れておかなければならないことがある.それは,東和町と橘町を比較して気づくのであるが,両地域にはインフォーマルな人間関係に顕著な差が確認できることである.まず,東和町でみると,「老人になったな」という老人自己成就意識が相関するものは,一つもない.これに対して橘町ではインフォーマルな面でこの老人自己成就意識が友人数,近隣数,親しい人の総数の三つの間で相関関係を示している.そして,フォーマルな社会関係量では有意な相関は確認できない.さらに,両地域とも親類数に関しては有意な相関がみられない.それ故,この両地域のインフォーマルな面での特徴は橘町が友人数と近隣数にウエイトを置いているのに対して,東和町は,老人自己成就意識形成に特定のインフォーマルな関係要因が働いていないのである.

(2) **老人自己成就意識の主観的意識構造**

「老人になったな」という意識の主観的基盤ではどうであろうか.表・2 には,

住みやすさ,老後の不安感,敬老精神,老人年齢,「老人と呼ばれて気になる」,棄老感覚,老人排除認知,老後開始規定要因,老人自我像,老人ホームへの入居意識,ボランティア参加意思など 22 項目の主観的要因を示している.これらは,住環境への評価,老後観・老人意識,自我像,社会参加意思(ボランティアへの)からなる.そして,老人自己成就意識との間で相関係数を求めたものである.東和町で老人自己成就意識に関して有意の相関関係を示したのは,老後の不安感,老人ホームの入居意識,自我像項目中の生きがい感,家族に誇りをもつ,社会的不可欠性,社会的貢献能力の 6 項目である.相関係数の高いものから拾うと,社会的貢献能力 (-0.2083),社会的不可欠性 (-0.1860),老後の不安感 (0.1841),家族に誇りをもつ (-0.1707),生きがい感 (-0.1637),老人ホームへの入居意識 (0.1621) の順となっている.これらの相関関係の意味内容を説明すれば,以下のようになる.

① 自分が社会的に貢献できていると「思う」人に比べて,貢献できると「思わない」人ほど,この意識をもつ傾向がある.

② 自分を社会的に不可欠な存在と「思う」人に比べて,社会的に不可欠な存在だと「思わない」人ほど,この意識をもつ傾向がある.

③ 老後に不安感をもつ人は,「もたない」という人に比べて,この意識をもつ傾向がある.

④ 家族に誇りをもつと答えた人に比べて,家族に誇りを「もたない」と答えた人ほど,この意識をもつ傾向がある.

⑤ 自分が生きがいをもっていると「思う」人に比べて,生きがいをもっていると「思わない」人ほど,この意識をもつ傾向がある.

⑥ 老人ホームへの入居意識をもつ人は,老人ホームに入居意識をもたない人に比べて,この意識をもつ傾向がある.

これら六つの命題群のうち①,②,④,⑤は,いずれも自我像項目である.しかも,調査で使用した八つの自我像のうちで,ある要因に集中しているのである.

ところで,ここでの 8 項目は,「生きがい感」と「生活満足度」の双方が「生活要因」として,「孤独ではない」と「家族に誇りをもつ」の双方は「家族要因」として,「自己存在満足度」と「自己能力発揮度」の双方が「自己要

因」として，「社会的不可欠性」と「社会的貢献能力」の双方が，「社会要因」として位置づけられ，その全体として自我像を構成するものと考案されている．東和町で有意の相関を示したのは，「生活要因」のうちの「いきがい感」と「家族要因」の「家族に誇り」という項目，そして「社会要因」の「社会的貢献能力」と「社会的不可欠性」の四つである．①，②，④，⑤は，社会への貢献，社会に不可欠，家族の誇り，生きがい感を表わす項目であって，主体的な高齢者像を表明した項目である．この他で有意の相関を示したのは，「老後の不安感」という項目と「老人ホームへの入居意識」という項目であった．この事実からも，東和町において有能性が老人自己成就意識形成に関連していることが確認できる．

次に，老人自己成就意識と相関する主観的要因を先ほどと同様に，橘町についてみてみると，橘町では「老後開始年齢」，「呼ばれていやな思い」，「呼ばれて気になる」，「家族に誇り」の間で有意の相関がみられる．そのうち東和町と同じものは「家族に誇り」（つまり④）だけである．主観的要因に関して相関関係を示す項目は，両地域でかなり違っている．橘町のデータでは「老後開始年齢」，「いやな思い」，「呼ばれて気になる」といった老人自己成就意識に近接した項目が相関を示しているのに対して，東和町の方は自我像や老後の不安といったものが相関している．

東和町の老人自己成就意識には社会への貢献能力，不可欠さ，自分という存在に自信をもつということが関係している．東和町では老人自己成就意識は，住環境の評価や老後観などとは相関せず，社会への貢献能力，自分の存在や自分の能力が発揮できるという自信に関係し，こうした意識をもたないこと，つまり消極的な自我像の持ち主に多くなることを示している．無能力の承認が老人自己成就意識形成と結びついていることが分かるのである．

(3) 老人と呼ばれて気になる主観構造

ところで，老人自己成就意識との間で最も相関度の高い「老人と呼ばれて気になる」とは，どのような主観構造の上に成り立っているのかをみてみよう．

ここでも先の表・2 と同じ項目群について相関係数を求めてみた．表・4 をみても明らかなように，「老人と呼ばれて気になる」という意識に関しては有意

な相関を示すものがほとんどないことが分かる．東和町に関してみると，客観的要因では年齢別（0.27318）とだけ有意の相関がみられ，主観的要因でも「老人になったな」（−0.28456），「いやな思い」（0.23403）の二つしか相関していない．これに比べると，橘町ではやや多くなり，この「気になる」という項目と有意の相関を示したのは，客観的要因では「就労状態」（0.18332）だけであり，主観的要因では，「老人になったな」（−0.25605），「いやな経験」（0.24087），「生きがい感」（0.18145），「家族に誇りをもつ」（0.13564），「自己存在満足度」（0.15643）が有意の相関を示している．つまり，東和町では年齢の低い人ほど「気になる」傾向を示し，「老人になったな」と思わない人ほど

表・4　「老人と呼ばれて気になる」意識の客観的基盤と主観的基盤

客観的要因	相関係数		主観的要因		相関係数	
	東和町	橘町			東和町	橘町
性別	−0.08599	−0.12371	住みやすさ		−0.04009	0.01004
年齢別	0.27318**	0.10245	老後の不安感		0.04297	−0.03709
居住年数	−0.00940	0.00823	敬老精神の有無		−0.11383	0.06305
同居形態	−0.1459	0.0127	老人開始年齢		−0.06410	0.00270
家族員数	0.02421	−0.08353	老人になったな		−0.28456**	−0.25605**
就労状態	−0.01456	0.18332*	いやな経験		0.23403**	0.24087**
学歴	0.06509	0.04970	老人排除認知		0.05282	0.00357
世帯収入	−0.01318	0.02511	社会的地位の喪失		−0.03299	0.03469
親しい人の数	−0.09154	−0.05572	家族連帯の喪失		−0.07664	0.07230
親類数	−0.05173	0.02856	バイオメディカルな地位喪失		−0.03105	0.00919
近所の人の数	−0.06802	0.02941	経済的自立の喪失		−0.03154	−0.09566
友人数	0.04423	−0.00534	自我像	生きがい感	0.06558	0.18145**
集団加入数	−0.08287	0.00629		生活満足度	0.06452	0.11321
相談相手の有無	0.00867	−0.02982		孤独ではない	0.00383	0.05354
健康状態	0.11621	−0.01741		家族に誇りをもつ	−0.01258	0.13564*
				自己存在満足度	0.06747	0.15643*
				自己能力発揮度	−0.03361	0.10417
				社会的不可欠性	−0.10634	0.11433
				社会的貢献能力	0.10991	0.03504
			ボランティア活動参加意思		−0.00290	0.09524

（備考）数値は相関係数で，（**）は1％で有意（*）印は5％で有意を示す．

「気になる」傾向を示し,「いやな経験」をした人ほど「気になる」傾向を示しているということ,一方の橘町では,仕事をもっている人ほど「老人と呼ばれて気になる」傾向を示している.「老人になったな」と「いやな思い」は,東和町と同じである.橘町では,「生きがい感」と「家族に誇りをもつ」,「自己存在満足度」を肯定する人ほど,「気になる」傾向を示していた.橘町では,この「老人と呼ばれて気になる」という意識は,家族の規模と自我像の一部（生活要因,家族要因,自己要因）と連関しているが,今回調査した東和町では年齢,つまり若さだけが関連する項目であった.

3. 老人意識類型の分析

以上はラベリングを受けた人が老人意識をもつようになる側面をみたものであるが,ラベリング状況は,現実には他者との相互作用状況で当然生起する.そこで,自己認知（自己承認）と他者規定の双方が作用しているなかで,老人意識形成がどうなっているかという側面もみておかなければならない.

(1) 老人意識類型とその諸相の分析

最初に,老人意識類型の各類型ごとの特徴を素描しておこう（表・5）[5].東和町では,老人自認型が一番多く,全体の 47.9％ がこのタイプであり,次いで多いのが老人自意識型で,このタイプは全体の 15.8％ である.老人否定型は,全体の 11.2％ しかみられず,老人自律型は,全体の 4.7％ しかみられなかった[6].「老人自認型」は,65～69 歳では 28.9％ しかみられないが,75～79 歳以上では 60.3％ になり,年長者ほど多くなる傾向を示している.そしてこの類型は,60 歳代まではそれほど多くない（28.9％）が,70 歳を越えると 3 割から 4 割を占めるようになる.「老人自意識型」は,70～74 歳まで 10％ に留まるが,75 歳以上では 2 倍に増加する.つまり,このタイプは 70 歳代の年代層に支持層が多い.これに対して「老人否定型」は,60～64 歳と 65～69 歳の年齢層に多い.「老人自律型」は,65～69 歳に多い.こうしてみると,ここで考察する老人意識類型は,加齢化とともに「老人否定型」・「老人自律型」→「老人自意識型」→「老人自認型」へと進む傾向をもつことが読み取れ

る．ただし，今回の場合，老人クラブを調査対象としたということで80歳以上の高齢者の方が75～79歳の人より比率が低かった．

表・5 地域別・年齢別にみた老人意識類型

		東和町						橘町				
		実数	老人自認型	老人自意識型	老人自律型	老人否定型	不明	実数	老人自認型	老人自意識型	老人自律型	老人否定型	不明
全体		215	47.9	15.8	11.2	4.7	20.5	187	43.9	12.8	14.4	8.6	20.3
性別	男性*	92	42.4	17.4	15.2	3.3	21.7	104	44.2	10.6	15.4	7.7	22.1
	女性	122	52.5	14.8	8.2	5.7	18.9	82	42.7	15.9	13.4	9.8	18.3
年齢別	60～64歳	6	—	—	16.7	33.3	50.0	3	—	—	66.7	33.3	—
	65～69歳**	38	28.9	10.5	26.3	13.2	21.1	39	20.5	5.1	28.2	20.5	25.6
	70～74歳	58	48.3	10.3	15.5	3.4	22.4	81	39.5	16.0	9.9	6.2	28.4
	75～79歳	73	60.3	20.5	2.7	—	16.4	42	61.9	16.7	7.1	4.8	9.5
	80歳以上	39	51.3	23.1	5.1	2.6	17.9	19	73.7	10.5	15.8	—	—

(備考) 東和町：* $\chi^2=4.30$ df=3, ** $\chi^2=1.23$ df=3, 橘町：* $\chi^2=55.46$ df=12, ** $\chi^2=37.64$ df=12

　表・6は，東和町の高齢者に関して性別，年齢別，家族類型別，同居別，出身地別，居住年数別，学歴別，就労状態，世帯収入別に老人意識類型を構成している主要な特性を摘出したものである．そこからここでの各類型を概観すると，「老人自認型」は，年齢は75～79歳の後期高齢層に多く，女性に多くみられる．このタイプは，世帯構成は単独世帯のものが多く，居住年数は40～50年，職業は「無職」のものが多い．学歴のうえでは低学歴層が多い．

　これに対して「老人自意識型」は，男性に多くみられるものの，ただ年齢的には「老人自認型」よりやや年長の，80歳以上の後期高齢期層に比較的多くみられる．世帯構成では単独世帯か夫婦世帯高齢者かの高齢者核家族世帯で住んでいる人が多かった．居住年数は，10年～20年未満で，職業に関しては，無職に多く，学歴は低学歴層で，収入は10～15万円の層に多かった．

　第三の「老人自律型」は，男性に多くみられ，年齢としては65～69歳の世代に多い．世帯構成は三世代家族で住んでいる人が多い．職業はまだもっており，出身地は地元の集落内出身で，住みだして20～30年未満の居住年数のも

の，学歴は，高学歴に多かった．

最後の「老人否定型」は，女性に多く，年齢的には 60〜64 歳の年代に一番多い．そして世帯構成は，単独世帯で住む人に多い．学歴は中卒学歴で，職業は無職，県外生まれで，居住歴 10〜20 年の人，世帯収入は，30〜50 未満の層にみられる．

表・6 老人意識類型の属性別構成（東和町）

	老人自認型	老人自意識型	老人自律型	老人否定型
性別	女性	男性	男性	女性
年齢	75〜79 歳	80 歳以上	65〜69 歳	60〜64 歳
家族類型別	単独世帯	単独，夫婦世帯	三世代家族	単独世帯
子供との同別居	同居	別居	同居	別居
出身地別	大島郡内	町内	集落内	県外
居住年数	40〜50 年	10〜20 年	20〜30 年	10〜20 年
学歴別	9 年以内	9 年以内	13 年以上	12 年以内
就労の有無	無職	無職	就労	無職
収入別	5〜10 万円未満	10〜15 万円未満	50 万円以上	30〜50 万円未満

(2) 老人意識類型の基盤と心理的特性

そこで，以上の四つの老人類型がどのような社会構造的性格をもつか分析しておきたい．そのために親密な人間であるインフォーマル・グループと団体や集団への参加の数量から捉えたい．ここでのインフォーマル・グループとは，高齢者が親しくしている人であり，ここではインフォーマルな人間関係量と呼んでおく．それからフォーマル・グループの数をここではファーマルな社会関係量と呼んでおきたい．インフォーマルな人間関係量については「総数」，「親類」，「近隣」，「友人」の四つから捉えている．

表・7 は，老人意識類型別に人間関係量と社会関係量を表示したものであるが，まず，全体を比較すると，東和町と橘町では違った人間関係と社会関係をしていることがわかる．東和町の人間関係量は，「総数」11.71 個，「親類」4.87 個，「近隣」3.59 個，「友人」3.33 個と，この人間関係量は，橘町に比べるとすべて少ない．逆にフォーマルな社会関係量は東和町では 3.12 個と，橘

町の 2.93 個より多い．つまり，東和町の場合，橘町よりフォーマルな社会関係に依存している度合いが強いのである．以下では老人意識類型ごとにみてみたい．まず，東和町の高齢者の親しい人の「総数」では「老人自律型」が 13.46 個と，一番多く，次いで「老人否定型」が 13.30 個，「老人自認型」が 12.18 個，「老人自意識型」が 8.68 個となっている．これをさらに細かくみると，「親類」，つまり血縁関係の数では，「老人自認型」が 5.44 個と一番多く，「老人自律型」(4.96 個)，「老人否定型」(4.20 個) とつづき，「老人自意識型」(3.39 個) で一番少ない．他方「近隣」，つまり地縁関係の数では，「老人否定型」が 5.10 個と一番多く，「老人自律型」(4.71 個)，「老人自認型」(3.46 個)，やはり「老人自意識型」(3.15 個) において一番少ない．そして，「友人」，つまり友縁関係面では，「老人否定型」が 4.00 個と一番多く，以下「老人自律型」の 3.79 個，「老人自認型」の 3.28 個となり，「老人自意識型」となると，一挙に減少して 2.24 個となる．他方，団体や集団への参加数であるフォーマルな社会関係量の方でみてみると，今回の調査対象者である東和町の高齢者の社会関係量は，全体では 3.12 個となり，「老人意識類型」のなかで「老人自律型」が 3.67 個と一番多いことがわかる．以下「老人自認型」が 3.37 個，「老人否定型」が 2.80 個，「老人自意識型」が 2.67 個となっている．つまり，「老人自意識型」が，フォーマルな社会関係量，インフォーマルな人間関係量の双方で，一番値が低く，それだけ社会関係を持っていないことを示している．この反対が「老人否定型」で，このタイプの場合，インフォーマルな人間関係量の総数が 4 類型中で突出している．これに対して「老人自律型」は，インフォーマルな人間関係量では近隣数と友人数が「老人否定型」に比べて少ないものの，それ以外の「総数」と「親類」の数では一番多く人間関係量を持っている．それから「老人自律型」は，フォーマルな社会関係量においても 4 類型中で一番多い値を示す．「老人否定型」は，近隣関係と友人関係に比重を置いているタイプといえる．これに対して「老人自認型」は，「老人自律型」についで人間関係量もっている．「老人自認型」は，人間関係量では「親類」が 5.44 個，「近隣」が 3.46 個，「友人」が 3.28 個となっており，親類などの血縁関係を重視したネットワークをもっていることがわかる．

橘町の場合は，東和町と相当違ったパターンを示す．表からは親しい人の

第9章 超高齢化社会における自己ラベリング

表-7 老人意識類型別にみた社会関係（平均値）

			実数	インフォーマルな人間関係量				フォーマルな社会関係量
				総数	親類	近隣	友人	
東和町	老人意識類型	全体	215	11.71	4.87	3.59	3.33	3.12
		老人自認型	103	12.18	5.44	3.46	3.28	3.37
		老人自意識型	34	8.68	3.39	3.15	2.24	2.67
		老人自律型	24	13.46	4.96	4.71	3.79	3.67
		老人否定型	10	13.30	4.20	5.10	4.00	2.80
橘町	老人意識類型	全体	187	13.21	5.07	4.00	4.01	2.93
		老人自認型	82	11.93	4.89	3.67	3.24	3.10
		老人自意識型	24	13.04	4.42	3.83	4.79	3.15
		老人自律型	27	18.04	5.35	6.19	6.04	2.38
		老人否定型	16	11.69	5.13	3.44	3.13	2.81

「総数」では「老人自律型」が18.04個と，一番多く，次いで「老人自意識型」が13.04，「老人自認型」が11.93個，「老人否定型」が11.69個となっている．「老人否定型」が人間関係量の面で一番数が少ないのである．これをさらに細かくみると，「親類」，つまり血縁関係の数では，「老人自律型」が5.35個と一番多く，「老人否定型」（5.13個），「老人自認型」（4.89個）とつづき，「老人自意識型」（4.42個）で一番少ない．他方「近隣」，つまり地縁関係の数では，老人自律型が6.19個と一番多く，「老人自意識型」（3.83個），「老人自認型」（3.67個），「老人否定型」（3.44個）において一番少ない．そして，「友人」，つまり友縁関係面では，「老人自律型」が6.04個と一番多く，以下「老人自意識型」の4.79個，「老人自認型」の3.24個となり，「老人否定型」となると，3.13個となる．他方，団体や集団への参加数であるフォーマルな社会関係量の方でみてみると，今回の調査対象者である橘町の高齢者の社会関係量は，全体では2.93個となり，「老人意識類型」のなかで「老人自意識型」が3.15個と一番多いことがわかる．以下「老人自認型」が3.10個と続き，「老人否定型」が2.81個，「老人自律型」が2.38個と，一番少なくなっている．

以上からみると東和町は「老人自意識型」が，フォーマルな社会関係量，インフォーマルな人間関係量の双方で，一番値が低く，それだけ社会関係をもっ

ていないことを示している．この反対が「老人自律型」で，このタイプの場合，インフォーマルな人間関係量の「総数」が4類型中で突出しており，フォーマルな社会関係量においても4類型中で一番高い値を示す．

この「老人意識類型」の各類型の人間関係，社会関係は地域構造によって相違することを確認しなければならない．いずれにせよ，橘町では，「老人否定型」が人間関係・社会関係の双方の上で数値が低く，その点で孤立パターンをとっているのに対して，東和町では，むしろ「老人自意識型」の方が社会関係において孤立パターンを示していることがわかるのである．

(3) 老後の開始，差別の認知・被害認知

老人意識類型の考察の最後に，限られたデータからこの老人意識類型が老後をどのように捉え，老人差別や自分自身に対する老人処遇の「いやな経験（被害感）」を簡単に触れておきたい．

表・8 老人意識類型別にみた老後開始要因

		実数	社会的地位の喪失	バイオメディカルな地位の喪失	家族連帯の喪失	経済的自立の喪失	その他	不明
全体*		402	39.3	66.7	23.4	31.1	0.7	4.7
東和町	東和町全体	215	39.1	65.6	26.0	36.7	0.5	4.9
	老人自認型**	103	40.8	68.9	20.4	43.7	1.0	1.9
	老人自意識型	34	47.1	61.8	23.5	35.3	—	8.8
	老人自律型	24	33.3	62.5	37.5	20.8	—	8.3
	老人否定型	10	60.0	50.0	20.0	40.0	—	—

（備考）*：東和町と橘町の合計である．　**：$\chi^2=9.82$　df=12

まず，老後開始規定要因から以上の老人意識類型の特徴をみてみたい．表・8をみると，社会的地位の喪失を挙げているのは，「老人否定型」が60.0％と，一番高く，ついで「老人自意識型」（47.1％）が高い．逆に「老人自律型」（33.3％）が一番低い比率になっている．バイオメディカルな地位の喪失を挙げているのは，「老人自認型」，「老人自律型」，「老人自意識型」，「老人否定型」と順で，一番少ないのが「老人否定型」となっている．家族連帯の喪失を挙げ

ているのは,「老人自律型」が 37.5％と,一番比率が高い.以下,「老人自意識型」,「老人自認型」,「老人否定型」の順である.経済的自立の喪失を挙げているのは,「老人自認型」が一番高く,以下「老人否定型」,「老人自意識型」「老人自律型」の順となっている.

こうしてみると「老人否定型」が社会的地位の喪失でもって老後の開始を判断し,「老人自律型」が家族連帯の喪失でもって老後の開始を判断し,「老人自認型」がバイオメディカルな地位の喪失と経済的自立の喪失でもって老後の開始を判断する傾向をややもっていることが分かるのである.

表・9 は,老人線意識,つまり老人とは何歳で始まるかという設問でもって「老人意識類型」の所在をみたものである.これから明らかなことは,老人線を高い年齢に設定する人は,「老人否定型」,「老人自律型」に多くみられ,逆に老人線を「55歳以上」とか「60歳以上」といった低い年齢に設定する人は,「老人自認型」,「老人自意識型」に多くみられるということである.

表・9 老人線意識別にみた老人意識類型

	東和町*						橘町**					
	実数	老人自認型	老人自意識型	老人自律型	老人否定型	不明		実数	老人自認型	老人自意識型	老人自律型	老人否定型	不明
全体	215	47.9	15.8	11.2	4.7	20.5	全体	187	43.9	12.8	14.4	8.6	20.3
60歳以上	1	—	100	—	—	—	60歳以上	2	100	—	—	—	—
65歳以上	22	40.9	22.7	9.1	—	27.3	65歳以上	22	54.5	27.3	13.61	—	4.5
70歳以上	108	55.6	9.3	12.0	5.6	17.6	70歳以上	96	43.8	11.5	2.5	8.3	24.0
75歳以上	44	45.5	22.7	9.1	4.5	18.2	75歳以上	44	38.6	15.9	15.9	11.4	18.2
80歳以上	33	39.4	18.2	12.1	6.1	24.2	80歳以上	17	47.1	—	17.6	17.6	17.6
わからない	5	20.0	20.0	20.0	—	40.0	わからない	2	—	—	100	—	—

(備考) * $\chi^2 = 14.43$ df=18, ** $\chi^2 = 20.27$ df=18

次いで,老人差別の認知と「いやな経験」についてみておきたい.表・10 より,老人排除認知と「いやな経験」についてみてみよう.老人排除認知とは「現在の社会に老人を排除する仕組みが存在するかどうか」という内容の設問で,「ある」と答えたのは,東和町では全体で 23.4％であり,橘町では 18.2％

であった．これからすると東和町の高齢者の方が老人排除認知を多くもっていることになる．

これを「老人意識類型」でみてみると，「老人自認型」が 26.2％，「老人自意識型」が 35.3％，「老人自律型」が 25.0％，「老人否定型」が 30.0％となっており，「老人自意識型」と「老人否定型」に老人排除の認知度が高いことがわかる．他方，橘町でみると東和町ほど顕著な差はみられないが，「老人自律型」（22.2％）や「老人自意識型」で僅かだけ老人排除の認知度が高いことがわかる．

表・10　老人意識類型別にみた「老人排除認知」と「いやな経験」

		実数	老人排除認知*			いやな経験がある**		
			ある	ない	不明	ある	ない	不明
全体		402	23.4	66.1	10.2	19.4	78.6	2.0
老人意識類型	東和町全体	215	27.9	61.4	10.7	17.2	80.5	2.3
	老人自認型	103	26.2	64.1	9.7	12.6	86.4	1.0
	老人自意識型	34	35.3	58.8	5.9	47.1	50.0	2.9
	老人自律型	24	25.0	70.8	4.2	4.2	95.8	―
	老人否定型	10	30.0	7.0	―	30.0	70.0	―
老人意識類型	橘町全体	187	18.2	72.2	9.6	21.9	76.5	1.6
	老人自認型	82	19.5	70.7		20.7	79.3	―
	老人自意識型	24	20.8	62.5	16.7	62.5	37.5	―
	老人自律型	27	22.2	74.1	3.7	11.1	86.9	―
	老人否定型	16	12.5	84.3	6.3	12.5	87.5	―

（備考）　東和町：* $\chi^2=1.27$ df=3, ** $\chi^2=0.97$ df=3,
　　　　　橘町：* $\chi^2=30.94$ df=3, ** $\chi^2=28.41$ df=3

これをさらに，老人扱いされて「いやな思いをした」という被害経験でみると，4類型ではいやな経験が「ある」と答えたのは，東和町の「老人自意識型」で 47.1％もみられ，「老人否定型」が次いで多く，30.0％となっている．「老人自認型」（12.6％），「老人自律型」（4.2％）との差はかなりみられる．同様に，橘町についてみても，「老人自意識型」が 62.5％と，突出した値を示している．「老人自認型」が「いやな思いをした」比率は，20.7％である．以下「老人否定型」が 12.5％，「老人自律型」が 11.1％となっている．橘町では「老人自意

識型」と「老人自律型」との間に顕著な差がみられるのである．

　東和町と橘町の老人意識類型別でみると，老人排除の認知に関しては違った特徴を持っていることがわかったが，「いやな経験」というレベルでは，両地域とも老人意識類型は，同じパターンを示している．

4．老人意識類型と自我構造

　今回調査した東和町の高齢者の自我意識は，超高齢社会に住む高齢者ということで独自の性格をもっているのであろうか．表・11 は，地域別に高齢者の自我像の相関関係を求めたものである．自我像は，生きがい感，生活満足度，孤独ではない，家族に誇りをもつ，自己存在満足度，自己能力発揮度，社会的不可欠性，社会的貢献能力の 8 項目で調べてみた．

　そこで，橘町と比べながら東和町の高齢者の自我像の特性を探ってみたい．東和町の高齢者の自我像項目のなかで，相関係数の 0.6 以上を示すのは，「社会的不可欠性」と「社会的貢献能力」(0.6283) の間，「生活満足度」と「家族に誇り」(0.6097) との間の二つのセルにおいてである．次いで，0.5 以上を示すのは，「生きがい感」と「生活満足度」，「孤独ではない」と「生活満足度」，「孤独ではない」と「家族に誇り」，「自己存在満足度」と「家族に誇り」，「自己能力発揮度」と「家族に誇り」，「自己存在満足度」と「自己能力発揮度」の間の 6 セルにおいてである．いま全体の平均値を求めると，総計 28 のセルの平均値が 0.34181 であるから，0.5 や 0.4 以上の値は，この東和町での自我像要因間では高い相関を示すと考えて良いであろう．逆に「社会的貢献能力」と「生活満足度」，「社会的貢献能力」，「自己存在満足度」と「社会的不可欠性」，そして「自己存在満足度」と「社会的貢献能力」，「自己存在満足度」と「生きがい感」との間では，0.2 台の相関係数に留まり，「自己存在満足度」という項目群で自我像の値が低い値を示している．次いで，家族要因と自己要因の間で，「生活満足度」と「社会的不可欠性」・「社会的貢献能力」の間で 0.3 台の相関係数がみられ，このような要因の間で低いことが分かる．

　8 要因の平均値をみると，東和町では「家族に誇り」の平均値が一番高く，以下「自己能力発揮度」，「生活満足度」，「孤独ではない」，「生きがい感」，

「社会的不可欠性」,「社会的貢献能力」,「自己存在満足度」の順となっている．つまり,「家族に誇り」が自己像のなかでは一番中心的な位置を占め，それに対して「自己存在満足度」という項目が一番作用していなかったのである．言い換えれば,「家族に誇り」を中心として「生活満足度」,「自己存在満足度」,「自己能力発揮度」,「孤独ではない」が結びつき，以下生活要因や社会要因などが関連する構造となっている．それは生活要因を起点として「家族要因→自己要因→生活要因→社会要因」という形の関連で結びついている．その点では，東和町の高齢者の自己像では，社会要因に問題を秘めていることが分かるのである．

表·11　自我像要因の相関マトリックス

		生活要因		家族要因		自己要因		社会要因	
		生きがい感	生活満足度	孤独ではない	家族に誇り	自己存在満足度	自己能力発揮度	社会的不可欠性	社会的貢献能力
東和町	生きがい感	1.0000							
	生活満足度	0.5959**	1.0000						
	孤独ではない	0.4763**	0.5238**	1.0000					
	家族に誇り	0.4459**	0.6097**	0.5182**	1.0000				
	自己存在満足度	0.2395**	0.3473**	0.3660**	0.5889**	1.0000			
	自己能力発揮度	0.3986**	0.4610**	0.4673**	0.5373**	0.5064**	1.0000		
	社会的不可欠性	0.3047**	0.2636**	0.3573**	0.3146**	0.2806**	0.4833**	1.0000	
	社会的貢献能力	0.3613**	0.2674**	0.3532**	0.3213**	0.2812**	0.4070**	0.6283**	1.0000
	平均値[1]	0.4032	0.4384	0.4374	0.4766	0.3729	0.4659	0.3761	0.3742
橘町	生きがい感	1.0000							
	生活満足度	0.5553**	1.0000						
	孤独ではない	0.4063**	0.3803**	1.0000					
	家族に誇り	0.5444**	0.5720**	0.4180**	1.0000				
	自己存在満足度	0.4506**	0.3655**	0.4455**	0.4543**	1.0000			
	自己能力発揮度	0.4302**	0.470**	0.2262**	0.5628**	0.4361**	1.0000		
	社会的不可欠性	0.3494**	0.2621**	0.2123*	0.3848**	0.3397**	0.4191**	1.0000	
	社会的貢献能力	0.2294**	0.2447**	0.1864*	0.2955**	0.3479**	0.3923**	0.6793**	1.0000
	平均値	0.4236	0.4073	0.3250	0.4656	0.4057	0.4197	0.3781	0.3394

（備考）数値は相関係数で,（＊＊）は1％で有意（＊）印は5％で有意を示す．
　1）平均値は，各相関する7項目との間の相関係数の平均値を表す．

それに対して橘町の自我像はどうかといえば，8項目全体の平均値は 0.36787 という値であって，東和町に比べると，低くなっている．実際，0.6 以上の相関係数は「社会的不可欠性」と「社会的貢献能力」の間であって，0.5 以上の相関係数も「生きがい感」と「生活満足度」との間，「家族に誇り」と「生きがい感」との間，「生活満足度」と「家族に誇り」との間，「家族に誇り」と「自己能力発揮度」との間の四つのセルだけである．逆に，「孤独ではない」と「社会的貢献能力」との間では 0.1 台の相関係数しかみられない．ここでも 8 要因の要因間のネットワークを平均化した値でみると，「家族に誇り」の値がもっとも高く，以下「生きがい感」，「自己能力発揮度」，「生活満足度」，「自己存在満足度」，「社会的不可欠性」，「社会的貢献能力」，「孤独ではない」の順になっている．橘町では「家族に誇り」と「社会的不可欠性」と「社会的貢献能力」の位置は，東和町と変化ないが，「生活満足度」が 4 位に，「孤独ではない」が 8 位，「自己能力発揮度」が 3 位に落ち，逆に「生きがい感」が 2 位に，「自己存在満足度」が 5 位へ上昇している．確かに両地域の平均値を比較すると，8 項目のうち五つまでは東和町が相関係数について大きい値を示しているが，生活要因の「生きがい感」と自己要因の「自己存在満足度」，社会要因の「社会的不可欠性」の三つが，橘町の方が大きくなっている．つまり，橘町では自我像として「生活要因」と「自己要因」と「社会要因」の一部が東和町に比べて強かったことを物語るのである．それからすると，超高齢化社会の東和町では，「家族要因」が自己像に強く働いているということができるであろう．そのことが，先に触れた東和町で家族員数と世帯収入などが老人自己成就意識に結びついている理由でもある．

　この老人意識類型は，東和町の場合，いまみた自我像とどのように結びついているのであろうか．つまり，各老人意識類型と自我像との連関をみておきたい．表・12 は，老人の自我意識を「老人意識類型」の各タイプとの関連でみたものである．さきにわれわれは，「老人自意識型」の社会関係量を問題にしたが，自我構造では意識構造はどのようになっているのだろうか．表をみると，「老人自意識型」では，生きがい感，生活満足度，自己存在満足度，孤独ではない，家族に誇り，自己能力発揮度，社会的不可欠性，社会的貢献能力の 8 要因においていずれも比率が最下位の値を示していた．つまり，「老人自意識

型」は，自己要因，社会要因，家族要因，生活要因いずれとも最下位の値となっている．つまり，この「老人自意識型」の場合，自我像全体で数値が一番低くなっている．なかでも社会的不可欠性と社会的貢献能力が 20.6% というのは，特筆してよいであろう．

表・12 老人意識類型別にみた自我像

		生きがい感	生活満足度	孤独ではない	家族に誇り	自己存在満足度	自己能力発揮度	社会的不可欠性	社会的貢献能力	合計
合 計		74.1	76.4	68.5	68.0	64.0	45.3	28.1	32.5	456.9
東和町	全 体	72.6	75.8	68.4	65.6	62.8	44.2	25.6	27.4	442.4
	老人自認型	76.7	80.6	73.8	69.9	69.9	49.5	25.2	28.2	473.8
	老人自意識型	58.8	79.4	58.8	52.9	61.8	32.4	20.6	20.6	385.3
	老人自律型	95.8	91.7	83.3	83.3	70.8	58.3	33.3	37.5	554.0
	老人否定型	80.0	60.0	70.0	80.0	60.0	50.0	40.0	40.0	480.0
橘町	全 体	77.5	78.6	70.1	72.2	66.8	47.6	31.6	39.0	483.4
	老人自認型	73.2	75.6	69.5	64.6	64.6	42.7	29.3	41.5	461.0
	老人自意識型	70.8	70.8	70.8	75.0	70.8	45.8	25.0	37.5	466.5
	老人自律型	92.6	85.2	74.1	77.8	77.8	59.3	27.0	44.4	538.2
	老人否定型	93.8	93.8	87.5	87.5	75.0	75.0	56.3	62.5	631.4

（備考）数値は「そう思う」と「どちらかといえばそう思う」の合計比率．

これに対して「老人自律型」は，生きがい感，生活満足度，自己存在満足度，孤独ではない，家族に誇り，自己能力発揮度の 6 要因で一番高い値を示している．

「老人否定型」は，「社会要因」である社会的不可欠性と社会的貢献能力の比率に関して一番高い値を示している．生活満足度，孤独ではない，家族に誇りという項目以外は，老人自律型に次いで肯定的な比率が高い．つまり，このタイプは，自己存在に満足度を示したり，自分の能力発揮度も高いことから，四つのタイプ中で個人主義のタイプと考えられる．

最後に，「老人自認型」の場合は，生活満足度，孤独ではない，自己存在満足度の項目が老人自律型に次いで 2 位の値を示し，残りの 5 項目は，「老人自意識型」ほど低くないものの，4 類型中では第 3 位の値となっている．このタ

イプの場合，家族生活の安定が生活満足度となっているが，自分の持つ自己能力発揮度や社会的不可欠性，社会的貢献能力が，なかでも社会的不可欠性の項目が低いことが特徴となってる．

以上から老人意識類型を自我像に引きつけて解釈すると，超高齢社会の東和町では「老人自律型」が突出した形で，自我像の安定化を来しているタイプとなっていることがわかる．「老人否定型」も，次いで安定しているタイプである．反対に「老人自意識型」は，極端に低くなっており，老人意識を自我像のなかからも形成していることが分かる．それと比べれば「老人自認型」は，老人意識がやや安定している．ただし，橘町調査では「老人自認型」が「老人自意識型」よりも低くなっているので，常に「老人自意識型」が自我像の一番低位置を占めているわけではないことは留意しなければならない．

東和町で問題となる「老人意識類型」は，「老人自意識型」であるが，このタイプの場合，本人自身が「老い」に対して積極的姿勢を示したり，自己の能力への積極的価値づけをせず，かえって無能性，消極性，非社会性という価値を内面化した結果，この意識を形成していると解釈できるであろう．

5. 結　語

本章では，超高齢化した過疎地において「老人」とは，どのようにみられているのであろうかという問題意識から老人自己成就意識の分析，老人意識類型からみた各類型の特徴の分析，それらの類型の自我像項目の分析などを行った．

(1) 東和町では，老人自己成就意識の形成に関して年齢と世帯収入が比較的強く働いていた．
(2) 性別属性は伝統的な地域に比べて，東和町ではまだ根強く働いている．
(3) 女性において老人自己成就意識形成が，他地域に比べて早めに始まるのは，職業と学歴を媒介してである．
(4) また，概して大半の男性より大半の女性がこの意識を早くもつに至るのも職業と学歴と関連しているということ．

以上である．それから，ここでは，「老人否定型」，「老人自律型」，「老人自

意識型」,「老人自認型」という4類型の「老人意識類型」を構成したが,この4類型には,加齢化とともに「老人否定型」・「老人自律型」→「老人自意識型」→「老人自認型」へと進む傾向があることが分かった.そのうち「老人自律型」が積極的な性格を一番もっており,彼らは自己像の生活要因,家族要因,自己要因,社会要因のすべてにおいて高い数値を示し,この4類型のなかでは一番老人化を拒絶する類型となっていた.これに対して「老人自意識型」が人間関係や社会関係を失っており,差別認知や被害認知に関しても一番強い層をなしていた.それからこの「老人自意識型」が女性に多くみられ,しかも無能性や無職や孤立と関連していることを鑑みると,性差別が深層部分で作用していることも考慮に入れなければならない.

東和町のような超高齢社会では,「老い」をより一層意識させ,「老い」への消極的な反応が目につくのである.

※本研究は1997年山口大学経済学部学術振興基金の研究助成を受けてなされた「過疎地における高齢者処遇過程の研究」と題する研究の成果の一部である.
(1) 大島郡の老人クラブの加入率は,1997年3月時点でみると58.1%である.この値は,山口県平均の加入率の29%に比べると,一番高い値なのである.そのときに加入率は,東和町が54.7%,橘町が71.8%となっている.
(2) 外入地区は,東和町のなかでは外浦側に面し,人口数が1997年7月時点で535人を数える.旧村時代の白木村の村役場のあった地域である.伊保田地区は,内浦側に面して,人口は779人である.雨振,伊保田,小伊保田の3小部落に分かれる.東和町のなかでは東端部に近い位置にある.外入は,東和町のなかでは南西部に位置し,漁業と農業が盛んな地域である.伊保田は,松山に行く高速艇の発着所も置かれており,港湾施設もつほどの漁業の盛んな地域である.橘町の方では安高地区と三つ松地区が調査対象地となっている.安高は,世帯数144,人口324人のミカン栽培の盛んな農業集落であり,三つ松地区は,世帯数が271世帯,人口が565人の漁村集落である.
(3) 東和町の老人クラブは,1997年4月時点で会員数1,718人で,女性会員が62.5%である.伊保田の老人クラブは,和楽会といい,第1,第2,第3の和楽会に分かれる.1997年4月の会員数は166名で,女性会員数は60%を占める.外入の老人クラブは,百歳会といい,第1から第4の百歳会に分かれ,会員数は241名.そのうち女性会員は全体の63%である.橘町の老人クラブは,同年6月の調査では,会員総数2,215人,うち1,415人(63.8%)が女性である.安高は千歳会といい131人が会員,うち女性が83人である.三つ松地区の老人クラブは,白扇クラブといい,東,中,西の三つに分かれている.会員は229人,そのうち女性の会員は148人である.
(4) 老人クラブを対象としたことによって今回の調査には,結果的にデータの分布に幾つか特異な内容が含まれた.一つは,橘町のデータに関して,一般的な人口構成よりも男性データが多かったことである.橘町のデータは,男性が全体の55.6%を占め,女性よりも多いのである.それから,伊保田の場合,他の3集落に比べて「80歳以上」の高齢者が約3割近くを占め,75歳

以上の後期高齢者層の占める比率が6割となっている．外入の場合は，75歳以上の高齢者が4割強となっていることからして，東和町のデータは，橘町に比べて高年齢層が多くなっている．橘町の方でみると安高地区の70〜75歳層が全体の約半数となっているし，三つ松も4割となっている．それだけ東和町の場合，老人クラブとして活動している人が高齢ということであろう．これも超高齢化社会である地域の老人クラブの特色と理解すべきなのだと解される．

　今回の調査で東和町と橘町のデータのうち属性上の有意差が確認できたのは年齢と世帯収入であった．つまり，東和町データには75歳以上の高齢者が42.1％みられるのに対して，橘町は32.7％であった．それから，一ヶ月の世帯収入は，橘町の方が高い．30万円以上の世帯収入を挙げた高齢者が橘町では20.7％，東和町では12.1％であった．逆に5万円未満の世帯収入は東和町では9.3％，橘町では3.2％であった．

（5）ここでの老人意識類型の構成については本書第7章「高齢者の老人意識と自己ラベリング」を参照．
（6）ここで2割が「不明」となっているのは「老人と呼ばれて気になる」という設問に「どちらでもない」という回答肢があり，それが東和町の調査で17.7％もみられた理由である．

参考文献

（1）宮本常一『東和町誌』（東和町）1982年．
（2）東和町『とうわ：広報　縮刷版』．
（3）橘町『橘町史』1983年．
（4）前田大作・小川全夫他『高齢者の社会心理学的研究：山口県東和町』（厚生科学研究費補助金：代表　日本社会事業大学　前田大作）1994年3月．
（5）榎並悦子『日本一の長寿郷：山口県東和町』（大月書店）1995年．
（6）I. Rosow, *Socialization to Old Age*, 1974（University of California Press），嵯峨座晴夫監訳『高齢者の社会学』（早稲田大学出版）1983年．
（7）Erdman B. Palmore, 1990, *Ageism: Negative and Positive*,（Springer Publishing Company）奥山正司他訳『エイジズム』（法政大学出版局）1995年．
（8）Howard P. Chudacoff, 1989, *How Old Are You? Age Consciousness in American Culture*,（Princeton University Press），工藤政司他訳『年齢意識の社会学』（法政大学出版局）1994年．
（9）L.K. Gerge, *Role Transitions in Later Life*, 1980（Wadsworth Inc.），西下彰俊・山本孝史訳『老後』（思索社）1990．A. Gubrium and K. Charmaz, *Aging, Self, and Community*,（Jaip Press Inc.）1992．
（10）井上俊「老いのイメージ」『老いの発見2』（岩波書店）1986年．
（11）片多順『老人と文化——老年人類学入門』（日本の中高年7）（垣内出版）1981年．
（12）Sharon. R. Kaufman, *The Ageless Self—Sources of Meaning in Later Life*,（The University of Wisconsin Press），幾島幸子訳『エイジレス・セルフ』（筑摩書房）1986年．
（13）A.R. Lindesmith, A.L. Strauss, & N.K. Denzin, *Social Psychology*（5th ed.），1978．船津衛『社会心理学』（恒星社厚生閣）1981年．
（14）宮田登・中村桂子『老いと「生い」』（藤原書店）1993年．
（15）Nancy J. Osgood, 1992, *Suicide in Later Lige*,（Lexington Books）．野坂秀雄訳『老人と自殺』（春秋社）1994年．

第 10 章　高齢者の老後観と老人処遇観

1. はじめに

　1997 月に出された「心豊かで活力ある長寿社会づくりに関する懇談会」の最終報告は，高齢者福祉政策でこれまでにない興味深い提案が盛り込まれた．それには，従来あまり積極的に踏み込まれることのなかった老人像に新知見が盛り込まれたのである．つまり，その報告には第 1 章の「新しい高齢者像を考える」という部分で「『高齢者』観を変えよう」という提案がなされ，具体的には「高齢者は 70 歳から」とか「第 2 現役世代である」とか「会社人間から社会人間へ」というテーマの下に，初めて高齢者年齢を「70 歳以上」として位置づける策が提起されたのである．

　この報告には老人福祉法の適用年齢，人口動態統計など各種公的基準に採用してきた 65 歳という年齢線を 70 歳に引き上げ，将来的には法制化しようとする意欲さえ窺えるのである．言い換えれば，老人線を引き上げることによって老人対象者を削減し，労働力を確保し，併せて人権意識の拡大により老人差別感の是正などを図ろうとしているのである．

　老人像にこうした視点が持ち込まれたことは，ある意味では画期的なことといわなければならない．しかし，65 歳年齢を 70 歳年齢に引き上げるという案だけで現代社会の老人化メカニズムが解決するとは思われない．なぜなら老人線を 70 歳に引き上げても，その老人線の背景に社会的・文化的構造をなしているエイジズム（老人差別）の存在があるからである．

　本章は，過疎化が激しく高齢化も極度に進んだ地域で，これまで私自身が考察してきた老人化メカニズムを探ることにある．高齢化の進んだ過疎の島において高齢者自身が「老人」，「老い」を，どのようにみているのであろうか．ここでは高齢者がマジョリティを形成しているが故に他地域よりも「老い」をそ

れほど意識しないですむ,「老い」そのものを昇華する積極的メカニズムが働いているのであろうか．それとも「老い」をより一層自覚させる,「老い」に対する消極的なメカニズムが働いているのであろうか．本章では,(1) 超高齢化地域における老人線,老後観の特徴をみること,(2) 高齢者が抱く棄老意識,老人ホームに対するイメージ,老人ホームへの入居意識をみること,そして,(3) 老人社会類型と老人ホーム入居意識と老人ホームイメージの分析をすることからそのことを探ってみたい.

ここで使用するデータは,1997年,山口県大島郡東和町と橘町を対象に実施した調査である．ただし,今回の調査において得たデータは,老人クラブの加入者を調査対象者として選んでいるので,年齢も60歳以上の高齢者になっている．ここでは日本一高齢化の進んだ東和町を超高齢化社会と捉え,それと比較する形で橘町の高齢者を分析する.

2. 超高齢化社会の高齢者の老後観

まず,考察の前提となる老人線を住民の半数が高齢者といわれる地域でみておきたい.
① 老人線
　超高齢社会である大島（東和町と橘町）の高齢者たちは,実際,老人年齢を何歳からと考えているのであろうか．そこで「あなたは,『老人』とは何歳ぐらいからだと思いますか」という設問を使い老人年齢（老人線）をみてみた．表・1 をみると,この地域の高齢者が考える老人年齢は,通常の老人線である「65歳以上」というのが10.9％しかみられず,しかも「55歳以上」と「60歳以上」とを加えてもほぼ12％にしか満たないということから明らかなように,「65歳以上」とみるものが少ないことがわかる．これに対して「70歳以上」という回答は50.7％みられ,加えて「75歳以上」が21.9％,「80歳以上」が12.4％となっており,「70歳以上」の老人線を支持する高齢者は,全体では実に85.0％にのぼる．このことからみても「70歳」という老人線は,先に触れた懇談会の最終報告で提起された見解が現実的に支持を得たものであることがわかる.

次に，この老人線を地域別にみてみると，東和町の高齢者は，「70歳以上」の老人線を支持するのは86.0％，橘町の高齢者が83.9％と，やや東和町の方が多くなる．なかでも「80歳以上」という回答は，東和町（15.3％）が橘町（9.1％）に比べかなり高い値になっている．橘町の数値では老人線がやや低い年齢になっているのに対して，東和町ではやや高い年齢となっており．超高齢化の地域である東和町では，老人線が他の地域に比べて高い年齢に位置づけられる傾向があることを示している．

それを年齢別にみるとはっきりする．東和町では80歳以上の年代に老人線を「80歳以上」と答えた人が38.5％みられ，80歳以上の年齢の高齢者の約4割が老人線を「80歳以上」と答えている．この比率は橘町のそれと比べてもかなり高いのである[1]．

表・1　地域別・年齢別にみた老人線

		実数	55歳以上	60歳以上	65歳以上	70歳以上	75歳以上	80歳以上	わからない	不明
全体		402	0.2	0.7	10.9	50.7	21.9	12.4	1.7	1.2
地域別*	東和町	215	—	0.5	10.2	50.2	20.5	15.3	2.3	0.9
	橘町	187	0.5	1.1	11.8	51.3	23.5	9.1	1.1	1.6
東和町**	60～64歳	6	—	—	33.3	33.3	33.3	—	—	—
	65～69歳	38	—	—	18.4	50.0	18.4	10.5	2.6	—
	70～74歳	58	—	—	6.9	72.4	12.1	8.6	—	—
	75～79歳	73	—	1.4	9.6	45.2	27.4	12.3	4.1	—
	80歳以上	39	—	—	2.6	30.8	20.5	38.5	2.6	5.1
橘町***	60～64歳	3	—	—	—	33.3	—	66.7	—	—
	65～69歳	39	2.6	2.6	5.1	64.1	20.5	2.6	2.6	—
	70～74歳	81	—	—	9.9	51.9	27.2	7.4	1.2	2.5
	75～79歳	42	—	—	19.0	42.9	26.2	9.5	—	2.4
	80歳以上	19	—	5.3	10.5	52.6	10.5	21.1	—	—

（備考）＊$\chi^2=6.36$　df=6,　＊＊$\chi^2=44.66$　df=24　(＊＊),　＊＊＊$\chi^2=35.27$　df=24

② 老後開始要因

次に，高齢者のみる老後開始のきっかけ要因についてである．この要因は，老人線と違って，自分のもつさまざまな資源との関連で，「老後」という段階

を意識するものと考えてよいだろう．調査では，「あなたにとって，『老後』とは，どういう時を境にして始まるとお考えですか」という設問を掲げて調べたもので，回答肢としては，「仕事をやめたり，仕事を他の人に任せるようになった時」，「年をとって，家事を他の人に任せるようになった時」，「年をとって身体の自由がきかないと感ずるようになった時」，「妻または夫と死別した時」，「子どもが結婚して独立した時」，「年金が収入をささえる時」，「その他」の7項目を用意した．以上の七つは退職，家事の委譲，身体の不自由さ，配偶者の死別，子どもの独立，年金生活，その他である．退職と家事の委譲は，われわれにとっての社会的地位を失うことであるし，身体の不自由さは，生理学的な面での老化であり，つまり，バイオメディカルな地位を無くすことである．配偶者との死別と子どもの独立は，家族機能の面からいえば大幅な機能の縮小のことである．そして，年金生活の開始は，自分で働き，その稼ぎで生活するという経済的自立の撤退を意味すると解される．ここでは，それぞれ「社会的地位の喪失」，「バイオメディカルな地位の喪失」，「家族連帯の喪失」，「経済的自立の喪失」と呼んでおきたい．表・2 は，東和町と橘町での老後開始要因を示している．

　全体では「バイオメディカルな地位の喪失」を挙げるものが 66.7％と一番多く，以下「社会的地位の喪失」（39.3％），「経済的自立の喪失」（31.1％），「家族連帯の喪失」（23.9％），「その他」（0.7％）の順となっていた．地域別に比較すると，両地域ともやはり「バイオメディカルな地位の喪失」が一番高くなっている．以下「社会的地位の喪失」，「経済的自立の喪失」，「家族連帯の喪失」の順となっていて，同じ傾向を示すが，両地域で若干の差が出ていた．つまり，東和町の方は，老後の開始を「家族連帯の喪失」や「経済的自立の喪失」でもって捉える人が多かったのに対して，橘町は「バイオメディカルな喪失」と「社会的地位の喪失」の比率が高かった．

　さらに，性別では「バイオメディカルな地位の喪失」，「家族連帯の喪失」を挙げるのは男性に多く，東和町，橘町ともそうであった．反対に「経済的自立の喪失」を挙げるのは女性に多く，これも東和町，橘町とも同様であった．「社会的地位の喪失」だけは，性別に地域差がみられ，東和町では女性に多く，橘町では男性に挙げるものが多かった．

それから，就労の有無別にみると，仕事に就いている「就労者」の方が，「社会的地位の喪失」と「家族連帯の喪失」を両地域とも挙げている．それに対して「経済的自立の喪失」に関しては両地域とも「無就労者」に比率が高かった．特に橘町で差が大きく出ている．「バイオメディカルな地位の喪失」は，東和町では「就労者」に多くみられ，橘町では「無就労者」に比率が高かった．

表・2 老後開始要因

		実数	社会的地位の喪失	バイオメディカルな地位の喪失	家族連帯の喪失	経済的自立の喪失	その他	不明
全体		402	39.3	66.7	23.9	31.1	0.7	4.7
地域別*	東和町	215	39.1	65.6	26.0	36.7	0.5	4.7
	橘町	187	39.6	67.9	21.4	24.6	1.1	4.8
東和町	男性**	92	35.9	68.5	35.9	35.9	—	4.3
	女性	122	41.8	63.9	18.9	36.9	0.8	4.9
橘町	男性**	104	41.3	69.2	26.9	20.2	1.0	3.8
	女性	82	36.6	65.9	14.6	30.5	1.2	6.1
東和町	就労***	111	40.5	68.5	29.7	34.2	—	5.4
	無就労	98	38.8	61.2	21.4	39.8	1.0	4.1
橘町	就労***	89	51.7	61.8	22.5	18.0	1.1	4.5
	無就労	90	30.0	72.2	20.0	32.2	1.1	4.4

（備考） * $\chi^2=5.16$ df=4 東和 ** $\chi^2=6.57$ df=4 *** $\chi^2=3.16$ df=4 橘町 ** $\chi^2=5.35$ df=4 *** $\chi^2=10.01$ df=4 (*)

3. 長寿社会像の認知：敬老精神と老人排除の認知

我が国の文化は，伝統的に仏教や神道により祖先崇拝的色彩が強く，ほとんどの宗教が祖先を敬うことを強調してきた．また，江戸期に栄えた儒教にしても武士家族に浸透して，老人や老親に対する孝行や忠義が説かれてきた．明治以降の社会においても基本的にはこうした宗教や道徳観が維持され，親の扶養や孝行を第一に求めてきた．戦後もいちはやく，いまの「敬老の日」にあたる「としよりの日」が昭和26年に制定された[2]．その点では，国家や行政のレベルでの敬老精神の高揚は，欧米の社会には見かけない現象といってよいのか

第10章 高齢者の老後観と老人処遇観　　　255

もしれない．オズグッドは，工業化が進んだ国のなかにあって，我が国をもって老人を親切に扱い，国民が老人に尊敬の念を強くもっている代表的な国として捉え，「いまなお老人を尊敬する社会」の例にしている[3]．では，本当に我が国で敬老精神が強く存在しているのであろうか．ここでは敬老精神の有無と老人排除に関して高齢者がどのようにみているか，認知レベルでみよう．

(1) 敬老精神の有無

　最初に，この調査で大島の高齢者が敬老精神の存在をどのようにみているかみておきたい（表-3）．まず，「いまの社会は敬老精神をもっているかどうか」という設問により敬老精神の有無をみると，全体では54％の人が「ある」と答えたが，37.1％が「ない」と答えた[4]．東和町と橘町を比較すると，超高齢化の社会である東和町の高齢者の方が敬老精神が「ある」とするものが多く，東和町の高齢者の方が敬老精神の存在を肯定的に受け止める人が多いことが分かった．

　さらに地域別・性別，同別居別にこの敬老精神をみてみたい．まず，性別でみると，敬老精神が「ある」と回答したのは，東和町，橘町とも女性の方で，特に橘町の場合，男性で「ある」と答えたのは47.1％しかみられず，女性より10％低い値となっていた．つまり，敬老精神の存在の認知は，この大島では女性の方が認めるものが多いことがわかる．

　次に，同別居でみると，「同居」している人では東和町，橘町ともいずれも63％の高齢者が「ある」とみており，「同居」している人に敬老精神に関して肯定的な見解をする傾向があるようである．これとは反対なのが「子どもがいない」と答えた高齢者で，東和町の場合では，このタイプの高齢者が「ある」と答えたのは22.7％にすぎず，「ない」と答えたのが68.2％もみられた．ただ，橘町では「子どもがいない」人でも50％が「ある」と答えているので，「子どもがいない」高齢者に敬老精神が「ない」とみる人が多いといった一般化はできないであろう．「同居」と「別居」の比較では，「同居」している人に比べて，「別居」している人の方に敬老精神があるとみる人が少ない．橘町は「別居」している人で敬老精神が「ある」と答えたのは49.7％しかみられなかった．

　超高齢化の進んだ地域である東和町でも，敬老精神が「ある」と認めるのが

55.8%であるということは，この地域の高齢者が，敬老精神が非常に篤く存在するとみていないということではないだろうか．

ここで捉えたような敬老精神は，表出的で，シンボリックなものの把握に終わっているきらいがある．つまり，敬老精神がないからといって，それをそのまま老人差別が存在するとはいえないであろう[5]．

表·3 地域別・性別・同別居別にみた敬老精神の有無

			実数	敬老精神の有無		
				ある	ない	不明
全	体		402	54.0	37.1	9.0
地域別*		東和町	215	55.8	36.3	7.9
		橘町	187	51.9	38.0	10.2
東和町	性別	男性**	92	54.3	37.0	8.7
		女性	122	57.4	36.1	6.6
	同別居	同居***	27	63.0	29.6	7.4
		別居	164	59.1	32.9	7.9
		子供ない	22	22.7	68.2	9.1
橘町	性別	男性**	104	47.1	43.3	9.6
		女性	82	57.3	31.7	11.0
	同別居	同居***	27	63.0	37.0	—
		別居	145	49.7	37.2	13.1
		子供ない	14	50.0	50.0	—

（備考）* $\chi^2=0.31$ df＝1，東和町** $\chi^2=0.07$ df＝1， $\chi^2=12.16$ df＝2 （**）橘町** $\chi^2=2.54$ df＝1， $\chi^2=0.66$ df＝2

(2) 老人排除に関する認知

そこで，いまひとつ，社会の老人排除の存在をみてみたい．ここでは「いまの社会には人間の老いを排除するような仕組みがあると思いますか」という設問を使い，社会全般のもつ棄老のメカニズムの認知を調べた（表·4）．まず全体では，老人を排除する仕組みが「ある」と回答したのは23.4％，逆に「ない」という回答が66.4％，「不明」の回答が10.2％であった．つまり，66％の高齢者が老いを排除する仕組みの存在を否定しているが，約4分の1の高齢

第10章 高齢者の老後観と老人処遇観

者が老いを排除する仕組みの存在を肯定しているのである．

地域別にみると，東和町で「ある」という回答が27.9％，橘町が18.2％と，東和町の高齢者に老人排除の存在を認めるものが多いことが分かる．さらに，地域別・性別・同別居別にみると，東和町では，「ある」という回答は，女性より男性（32.6％）の方に多くみられ，同別居別では「同居」の高齢者が一番少なく，次いで「別居」の高齢者が少なくなっていた．一番認知度の高いのは「子どもがいない」高齢者であった．他方，橘町では老人排除を認知するのは，男女とも18.3％で，性別に差がみられないが，同別居では東和町の場合と同じように「同居」の高齢者が一番少なく，次いで「別居」の高齢者，「子どもがいない」高齢者となっていて，「子どもがいない」高齢者が老人排除を一番感じている．

年齢別にみると，老人排除の認知度の高いのは，東和町では60〜64歳（33.3％）と70〜74歳（31.0％）の年代である．これに対して橘町では80歳以上の高齢者で31.6％という値がみられる．東和町では前期高齢期の年代に

表・4　地域別・性別・年齢別・同別居別にみた老人排除の認知*

			実数	老人排除の有無					実数	老人排除の有無		
				ある	ない	不明				ある	ない	不明
全体			402	23.4	66.4	10.2	東和町****	60〜64歳	6	33.3	66.7	—
地域別*	東和町		215	27.9	61.4	10.7		65〜69歳	38	28.9	65.8	5.3
	橘町		187	18.2	72.2	9.6		70〜74歳	58	31.0	60.3	8.6
東和町	性別	男性**	92	32.6	58.7	8.7		75〜79歳	73	26.0	58.9	15.1
		女性	122	24.6	63.9	11.5		80歳以上	39	25.6	64.1	10.3
	同別居	同居***	27	18.5	74.1	7.4	橘町****	60〜64歳	3	—	100.0	—
		別居	164	27.4	61.0	11.6		65〜69歳	39	10.3	79.5	10.3
		子供ない	22	40.9	50.0	9.1		70〜74歳	81	19.8	70.4	9.9
橘町	性別	男性**	104	18.3	74.0	7.7		75〜79歳	42	19.0	71.4	9.5
		女性	82	18.3	70.7	11.0		80歳以上	19	31.6	63.2	5.3
	同別居	同居***	27	14.8	70.4	14.8						
		別居	145	17.2	73.8	9.0						
		子供ない	14	35.7	57.1	7.1						

備考）　*χ^2=5.78df=1（*），東和町**χ^2=1.39　df=1，***χ^2=3.28　df=2　****χ^2=0.33　df=4
　　　橘町**χ^2=0.01df=1，***χ^2=2.99　df=2，****χ^2=4.53　df=4

老人排除の認知が出ていることがわかるし,それに対して橘町の場合は,有意差まで確認できるわけはないが,加齢とともに老人排除の認知が強まる傾向がみられる.両地域からみる限り,老人排除の認知は,年齢とは関係しない箇所で出現してくるもののようである[6].

ところで,この調査では上でみた設問に関していま一つ設問を試みていた.つまり,老いを排除する仕組みが「ある」と答えた人に対して,その具体的な理由として「自由回答」を求めたのである.有効回答者総数の 402 名のうち,この回答をしていたのは 116 名であって,ここではその代表的な意見を性別に拾って列挙してみよう.

(3) 高齢者からみた排除システム:質的分析

『エイジズム』という著書を書いたアメリカの社会老年学者パルモアは,高齢者に対する偏見には否定的ステレオタイプと否定的態度の二種類の分類があり,それぞれを次のようにいっている.つまり,彼によると「ステレオタイプとはある集団(団体)に対する誤解もしくは誇張された否定的見方である.否定的態度とは高齢者集団に対する否定的感情をいう.ステレオタイプがより知覚的であるのに対して,態度はより情緒的である.とはいえ,この両者にはお互いに補足しあう傾向がみられる.通常,否定的ステレオタイプが否定的態度を生み出し,否定的態度が否定的ステレオタイプを補充する[7]」というのである.そして,彼は,否定的ステレオタイプとして「病気」,「性的不能」,「醜さ」,「知能の衰退」,「精神病」,「無益」,「孤立」,「貧困」,「鬱病」の九つの形態を挙げている.もちろん,これらは,いずれも誤った偏見であって,彼自身は「事実」を挙げて,批判している.そして,このステレオタイプが否定的差別となる.そして,彼によると「通常,否定的偏見は表明しなければ人を傷つけることはないが,偏見は,差別に転化する[8]」.そして,具体的にはアメリカ社会では高齢者の差別が「雇用」,「政府機関」,「家族」,「住宅」,「ヘルスケア」の五つの制度にみられるという.

大島の調査では,高齢者が認める差別として以下のように 13 種類のものに整理できた.

① 周りの反応や風潮
　・これは,「なんとなく」という感覚レベルのものであるが,周囲が高齢者を避けたり,高齢化が進んできて,さまざまな問題がでてきて,「なんとなくそうした風潮が感じられる」(橘町,男性,70～74歳,夫婦世帯)
　・「なんとなく」(橘町,女性,80歳以上,単独世帯)
　・「電車などへ乗ったとき」(東和町,女性,70～74歳,夫婦世帯)

② 言葉使いや態度
　・「ある一部の人の言葉づかい」(橘町,男性,70～74歳,夫婦世帯)
　・「年寄りと釘の頭は引っ込んで居れ」(東和町,男性,65～69歳,本人と未婚の子の世帯,)
　・「言葉使いが悪いと思います」(橘町,女性,80歳以上,夫婦と未婚の子の世帯)
　・「身体の自由がきかなくなり動作のにぶくなった人へ余りいい言葉や態度が周囲の人に見られないことが多い」(橘町,女性,75～79歳,単独世帯)

③ イメージや性格への評価
　・「老人は考え方が古臭い＝ダサイ．老人は汚い」(東和町,男性,65～69歳,夫婦世帯)
　・「年寄りは頑固という．年寄りは若い人達と一緒に遊べない．年寄りはキタナイという」(橘町,男性,70～74歳,夫婦世帯)
　・「老人は社会のやっかい者と思っている若い人達」(橘町,男性,70～74歳,夫婦世帯)
　・「年齢にもよるが,一般的には他人から『老いている』とか『老人』と呼ばれることを好む人間はいない．したがって相手に対して特に高齢者でない限り,『おじいちゃん』,『おばあちゃん』とは呼ばない．そのように呼ぶと不機嫌になったり,反発されたりすることがよくある」(東和町,男性,70～74歳,夫婦世帯)

④ 病　　気
　・「痴呆性老人」(東和町,男性,80歳以上,夫婦世帯)

⑤ 老人ホームへ入れる
- 「年をとると老人収容施設に入る人が多い．また入りたいと思うがなかには入所出来ない人が多くみられる」（橘町，男性，75～79歳，夫婦世帯）
- 「老人を施設に入れる．介護が出来ないと言って，大切な親を」（東和町，男性，70～74歳，夫婦世帯）
- 「全国あちらこちらに老人施設が造られています」（東和町，女性，70～74歳，夫婦世帯）
- 「親が手を取るようになったらすぐ老人ホームに入れ家族のキズナを捨ててしまう」（東和町，女性，65～69歳，単独世帯）
- 「介護が必要になった時子供が8人も居る家族であるのに老人ホームへ入れてしまう有様，社会状況にあると思う」（橘町，女性，79歳，単独世帯）
- 「親が病気になればホーム等に頼る」（東和町，女性，70～74歳，夫婦世帯）
- 「百人百色といいますようにみんなではないけど，年老うと子供でもすぐ養老院などに入れてしまいます．身内がいなければしかたがありませんけど，それぞれに年をとっていくのですからもっと老人をやさしくいたわれば良いと思います」（橘町，女性，65～69歳，単独世帯）
- 「病院や施設に体よく入れるところなど」（東和町，女性，70～74歳，その他の二世代世帯）

⑥ 年齢差別
- 「能力に応じて人を活用するのではなく，年齢だけで区別する傾向がある」（橘町，男性，75～79歳，夫婦世帯）

⑦ 職業差別
- 「老人だから仕事がなくなる」（東和町，男性，70～74歳，夫婦と未婚の子の世帯）
- 「婦人のパート等の年齢層が低すぎると思います」（東和町，女性，70～74歳，夫婦世帯）

第10章　高齢者の老後観と老人処遇観　　　　　　　　　261

⑧ 家族に対する違和感
　・「息子の結婚により，現在は他郷（都会からの嫁）からの広域化しているため嫁が田舎になじまない（よほど心掛けのよい嫁でないと）自然，心境は都会化へとかたむく傾向がつよく，親元（嫁ぎ先）になじまない」（東和町，男性，75～79歳，単独世帯）
　・「核家族になると愛情がうすくなる」（東和町，男性，70～74歳，夫婦世帯）
　・「親が長い間病気になり子供が看病の場合，死の直前頃はほとんど待っているように思われる」（東和町，男性，75～79歳，夫婦世帯）
　・「核家族のせいであると思う」（東和町，女性，65～69歳，夫婦世帯）
⑨ 同居をいやがる
　・「同居をいやがる」（橘町，女性，80歳以上，三世代世帯）
　・「若い夫婦が親と住みたがらない」（橘町，女性，70～74歳，夫婦世帯）
　・「子供がいても先祖をついでくれる後継ぎがきまらない」（東和町，女性，70～74歳，夫婦世帯）
　・「嫁さんが遠くにおるので，見て貰えない」（橘町，女性，75～79歳，夫婦世帯）
⑩ 交流を嫌う
　・「若い人が老人とあいさつを交わさない」（東和町，女性，80歳以上，その他の二世代世帯）
　・「若い者が老人を大切にしない．嫌う」（東和町，女性，75～79歳，夫婦世帯）
　・「子供が結婚後家族に対する絆，思いやりと気配りがない．若い人は老人に接することをあまり心よしとしない」（橘町，男性，75～79歳，夫婦世帯）
⑪ 地域活動での地位の喪失
　・「集会等の意見の尊重度」（東和町，男性，65～69歳，夫婦世帯）
　・「肉体的労働や運動に呼びかけがなくなった」（橘町，男性，70～74歳，夫婦世帯）

- 「老人の集会等（敬老会など）で若い人はなるべく知らん顔をしたがる．自分等の集会の時（政治団体等）など仕事を止めてでも参加するが我々と同席する事をきらう」（東和町，男性，70〜74歳，夫婦世帯）
- 「会合，協同作業」（東和町，男性，75〜79歳，単独世帯）
- 「老いれば仕方ないことであるが，重要ポストからの排除は淋しい」（東和町，女性，80歳以上，単独世帯）

⑫ 政治や医療制度等の批判
- 「1．弱者切り捨ての政治，2．医療費等の値上げ，3．公定歩合の低下，4．税・物価の高騰」（東和町，男性，65〜69歳，夫婦世帯）
- 「医療費が高すぎる」（橘町，女性，70〜74歳，夫婦世帯）
- 「医療，介護，年金制度等が改悪され，老人は社会の邪魔者扱いされている．経済政策の失敗のつけを弱者に押しつけている．国民はそれを受け入れている」（東和町，女性，80歳以上，本人と未婚の子の世帯）
- 「政治家，代議士」（橘町，女性，65〜69歳，夫婦世帯）
- 「かけ声ばかりで，本心がわからない」（東和町，女性，80歳以上，単独世帯）
- 「政治が悪い．口先では老人を大事にと言っているが，実行政策は口先とは正反対である」（橘町，男性，80歳以上，夫婦世帯）

⑬ 自分自身への問いかけ
- 「自分の心のなかにあるのかもしれない」（東和町，男性，60〜64歳，夫婦世帯）
- 「行動がともなわないで口うるさいようだ」（橘町，男性，75〜79歳，夫婦世帯）
- 「国民年金は毎年少々でも上がっていたのに3年前頃より上がらないすえおきになっている．生活の苦しい状態を死ぬまで続けなければいけないとはわびしい老後である」（橘町，女性，65〜69歳，単独世帯）
- 「子供に世話になると言う事はなるべく死を迎えるまでは自立の精神をもちつづけたいと思います」（橘町，女性，75〜79歳，単独世帯）

つまり，13種類とは「周りの反応や風潮」，「言葉使いや態度」，「イメージや性格への評価」，「病気」，「老人ホームへ入れる」，「年齢差別」，「職業差別」，「家族に対する違和感」，「同居をいやがる」，「交流を嫌う」，「地域活動での地位の喪失」，「政治や医療制度などの批判」，「自分自身への問いかけ」である．これらは，感受概念的に類別したものに過ぎない[9]ので，決して論理的に構成されたものではない．大島の高齢者の回答に多かったのは，「老人ホームへ入れる」，「同居をいやがる」，「地域活動での地位の喪失」，「家族に対する違和感」，「政治や医療制度などへの批判」といったもので表現されたものである．特に目につくのは，家族や同居に対する期待感，引退に伴う「さびしさ」の感情などから老人排除を認知する高齢者の多いことである．このあたりが，農村と漁村であるこの地域の伝統的扶養観・隠居観や「家」意識の残滓が窺えるところである．

(4) 老人社会類型の分析

以上，大島郡における高齢者の敬老精神に関する認知の有無，差別の存在の認知の有無について量的・質的な分析によりみたのであるが，これらはいずれも認知上のものに限られている．そこで，この地域の高齢者が捉えているいまの高齢社会像をみることにしたい．

ここでは高齢者本人の認知レベルの意識を老人社会類型として構成してみた．図・1は，それである．

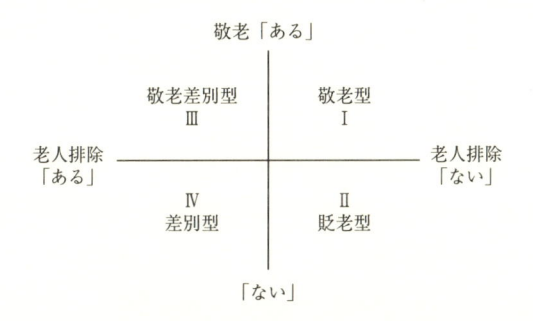

```
                    敬老「ある」
                        │
              敬老差別型 │ 敬老型
                 Ⅲ      │   Ⅰ
  老人排除 ──────────────┼────────────── 老人排除
  「ある」                │                「ない」
                 Ⅳ      │   Ⅱ
                 差別型  │ 貶老型
                        │
                     「ない」
```

図1　超高齢化社会における老人社会類型

・Ⅰのタイプは，敬老精神が「ある」と答え，老人排除が「ない」と答えた人のタイプである．ここではこのタイプを「敬老型」と呼んでおきたい．42.8％がこのタイプであった．

・Ⅱのタイプは，敬老精神が「ない」と答え，老人排除が「ない」と答えた人のタイプである．このタイプは，敬老精神に関してだけ否定的に捉えるタイプで，構造的な老人差別は，認めないが，表出的なレベルで老人を敬う精神がないとするもので，ここではこのタイプを「貶老型」と呼んでおきたい．大島の調査では全体で18.9％がこのタイプであった．

・Ⅲのタイプは，敬老精神が「ある」と答え，老人排除が「ある」と答えた人のタイプである．ここではこのタイプを「敬老差別型」と呼んでおきたい．このタイプは，いまの社会に敬老精神の存在があると認めつつも，老人排除の仕組みがあることも認めるタイプである．6.7％がこのタイプであった

・Ⅳのタイプは，敬老精神が「ない」と答え，老人排除が「ある」と答えた人のタイプである．このタイプは，敬老精神の認知と老人排除の認知の双方においてエイジズムを認めるタイプである．ここではこのタイプを「差別型」と呼んでおきたい．全体では15.4％がこのタイプを構成していた．

ところで，表・5にみられるように，以上の四つの老人社会類型がどのような属性値をもつか簡単にみておきたい．

まず，「敬老型」は，女性に多くみられ，「80歳以上」の高年齢の高齢者と「65～69歳」の年代に多い．世帯的には高齢者と未婚の子の世帯，しかも「同居」している高齢者で，県外かもしくは町内の出身者で，50年以上の居住歴をもっており，高学歴で，仕事をもち，「月収50万円以上の家族収入」の高齢者に多くみられる．

「貶老型」は，男性で，「70～74歳」，拡大家族世帯，子どもがいない，県外の出身者で，5～10年以上の居住歴をもっており，低学歴で，仕事をもち，15～20万円もしくは30～50万円の月収の高齢者に多くみられる．

次に「敬老差別型」は，女性で，「70～74歳」，夫婦世帯，別居している高齢者で，地元出身で，50年以上の居住歴をもっており，低学歴で，仕事をもっている人に多くみられる．

「差別型」は，男性に多く，「80歳以上」という高年齢の高齢者に多く，高齢者と未婚の子の世帯で，「子どもがいない」人にこの回答が多い．そして，県外もしくは大島郡内の出身者で，30～40年以上の居住歴をもっており，高学歴で，無職，20～30万円の月収の高齢者に多くみられる．

表・5 老人社会類型の属性別構成（大島郡）

	敬老型	貶老型	敬老差別型	差別型
性　別	女性	男性	女性	男性
年　齢	80歳以上, 65～69歳	70～74歳	70～74歳	80歳以上
家族類型別	高齢者と未婚の子	拡大家族世帯	夫婦世帯	高齢者と未婚子
子供との同別居	同居	子供いない	別居	子供いない
出身地別	県外, 町内	県外	集落内	県外, 大島郡
居住年数	50年以上	5～10年	50年以上	30～40年
学歴別	高学歴	低学歴	低学歴	高学歴
就労の有無	就労	就労	就労	無職
収入別	50万円以上	15～20万円, 30～50万円	15～20万円	20～30万円

　まず，地域別にみてみたい．東和町における老人社会類型は，表・6からも明らかなように「敬老型」が42.8%，「貶老型」が15.3%，「敬老差別型」が8.4%，「差別型」が18.1%，という割合になっている．他方，橘町は，「敬老型」が42.8%，「貶老型」が23.0%，「敬老差別型」が4.8%，「差別型」が12.3%，という割合になっている．つまり，「敬老型」は，両地域とも同じ割合であるが，「敬老差別型」と「差別型」は，東和町の方に多いのに対して，「貶老型」は，橘町の方に多くみられる．

　地域別・性別にみると，「敬老型」は東和町，橘町とも女性に多い．「貶老型」は橘町の男性（26.9%）に多くみられる．「敬老差別型」は東和町では男性（9.8%）に，橘町では女性（8.5%）に多くみられる．「差別型」は，東和町の男性（21.7%）に多い．

　地域別・年齢別では，東和町では「差別型」は，全体にどの年代とも高い比率を示すが，「60～64歳」（33.3%），「65～69歳」（21.1%）の年代が若干高くなっている．これに対して橘町の方は，「80歳以上」（31.6%）に「差別型」が突出している．

表・6　属性別にみた老人社会類型

		合計	敬老型	貶老型	敬老差別型	差別型	不明
全体		402	42.8	18.9	6.7	15.4	16.2
地域別*	東和町	215	42.8	15.3	8.4	18.1	15.3
	橘町	187	42.8	23.0	4.8	12.3	17.1
性別**	*男性	196	41.3	20.4	5.6	17.9	14.8
	*女性	204	44.6	17.6	7.8	13.2	16.7
東和町***	男性	92	41.3	13.0	9.8	21.7	14.1
	女性	122	44.3	17.2	7.4	15.6	15.6
橘町***	男性	104	41.3	26.9	1.9	14.4	15.4
	女性	82	45.1	18.3	8.5	9.8	18.3
東和町****	60〜64歳	6	16.7	50.0	—	33.3	—
	65〜69歳	38	42.1	18.4	7.9	21.1	10.5
	70〜74歳	58	37.9	20.7	3.8	17.2	10.3
	75〜79歳	73	47.9	9.6	5.5	16.4	20.5
	80歳以上	39	46.2	10.3	7.7	17.9	17.9
橘町****	60〜64歳	3	66.7	33.3	—	—	—
	65〜69歳	39	53.8	20.5	2.6	7.7	15.4
	70〜74歳	81	39.5	24.7	6.2	11.1	18.5
	75〜79歳	42	33.3	28.6	7.1	11.9	19.0
	80歳以上	19	52.6	10.5	—	31.6	5.3

（備考）　* $\chi^2=7.16$　df=3,　** $\chi^2=$ df=,　東和町*** $\chi^2=2.14$　df=3,　**** $\chi^2=12.72$　df=12,　橘町*** $\chi^2=6.56$　df=3,　**** $\chi^2=12.74$　df=12

4. 棄老意識と老人ホームに対する意識の分析

(1) 棄老意識

　高齢者たちは，棄老ということをどのように考えているのであろうか．ここでは，我が国にかつて慣行としてあったといわれる「姥捨て慣行」の是非をめぐっての意見から棄老意識を調べてみたい[10]．
　まず，全体では表・7のように54.2%が「絶対すべきではない」という回答

になっている．以下「すべきではない」が23.6％,「当時としてはしかたなかった」が13.9％,「わからない」が3.0％,「子孫が生き残っていくためには当然だと思う」が0.5％であった[11]．

つまり，棄老を積極的にも消極的にも否定する拒絶型が8割近くみられ，棄老を肯定する高齢者は少ない．肯定すると言っても，「当時として仕方なかった」というものである．

そこで，いくつかの属性ごとにこの棄老意識の分析結果を紹介しておきたい．まず，地域別では，橘町の高齢者よりも，東和町の高齢者の方に棄老を積極的に否定する「絶対すべきではない」という回答が多い．それから比べると橘町の高齢者の方に「すべきではない」や「当時としてはしかたない」という回答が多くなっている．

性別にみると「絶対すべきではない」は男性に多く，「すべきではない」や「当時としてはしかたない」は女性の方に多くなっている．

同じく，それを年齢別でみると，「絶対すべきではない」は「75～79歳」，「70～74歳」の年代層に，「すべきではない」は「65～69歳」の年代層に，「当時としてはしかたない」は「70～74歳」の年代に多い．

家族類型別では単独世帯や夫婦世帯が「絶対すべきではない」という回答が多く，「すべきではない」や「当時としてはしかたない」は，拡大家族世帯や高齢者と未婚の子の世帯に多い．

就労別では，就労者に積極的拒絶と消極的肯定のタイプが多く，無職の人に消極的拒絶のタイプが多い．

同別居別では，「同居者」の方に消極的拒絶型や消極的肯定型が多く，「別居」している高齢者や「子どもがいない」高齢者に積極的拒絶のタイプが多くなっている．

我が国では老人ホームが姥捨て慣行の機能的代替の働きをしてきた時代がある．つまり，我が国では，老人ホームのことを昭和20年代，30年代まで「養老院」といってきた．この養老院は措置施設として，貧困など生活苦に悩む高齢者の救済所として出発したのである．畳の部屋に多くの老人が入所していた．したがって，老人ホームには，どうしても「入りたくない」，「行きたくない」と高齢者からよく聞かされたものである．しかし，現在では有料老人ホ

表・7　属性別にみた高齢者の棄老意識

		実数	絶対すべきではない	すべきではない	当時としてはしかたない	子孫のためには当然である	わからない	不明
全体		402	54.2	23.6	13.9	0.5	3.0	4.7
地域別*	東和町	215	58.1	22.3	13.0	0.5	2.3	3.7
	橘町	187	49.7	25.1	15.0	0.5	3.7	5.9
性別**	男性	196	58.2	23.5	12.2	—	2.0	4.1
	女性	204	50.5	24.0	15.7	1.0	3.9	4.9
年齢別***	60〜64歳	9	33.3	55.6	11.1	—	—	—
	65〜69歳	77	53.2	31.2	9.1	—	3.9	2.6
	70〜74歳	139	55.4	19.4	18.0	—	2.9	4.3
	75〜79歳	115	58.3	20.0	13.0	1.7	2.6	4.3
	80歳以上	58	48.3	25.9	13.8	—	3.4	8.6
家族類型****	単独世帯	114	55.3	24.6	9.6	1.8	2.6	6.1
	夫婦世帯	216	56.5	22.2	12.5	—	3.7	5.1
	高齢者と未婚	21	42.9	28.6	28.6	—	—	—
	拡大家族世帯	47	44.7	27.7	25.5	—	2.1	—
就労*****	就労	200	59.0	21.0	14.5	—	2.5	4.5
	無職	188	50.5	27.1	12.2	1.1	3.7	5.3
同別居******	同居	54	44.4	27.8	25.9	—	1.9	5.8
	別居	309	55.3	22.7	12.0	0.6	3.6	4.8
	子がいない	36	58.3	27.8	13.9	—	—	11.8
東和町*******	敬老型	92	58.7	23.9	14.1	1.1	1.1	—
	貶老型	33	54.5	24.2	12.1	—	6.1	3.0
	敬老差別型	18	50.0	38.9	5.6	—	5.6	—
	差別型	39	69.2	12.8	15.4	—	—	2.6
橘町********	敬老型	80	52.5	27.5	12.5	—	3.8	3.8
	貶老型	43	58.1	16.3	18.6	—	4.7	2.3
	敬老差別型	9	33.3	11.1	22.2	—	—	33.3
	差別型	23	43.5	30.4	17.4	—	4.3	4.3

(備考) * $\chi^2=2.55$　df=4,　** $\chi^2=5.05$　df=4,　*** $\chi^2=17.25$　df=16,　**** $\chi^2=17.48$　df=16,　***** $\chi^2=5.87$　df=4,　****** $\chi^2=9.93$　df=8,　******* $\chi^2=13.12$　df=12,　******** $\chi^2=5.75$　df=12

ームや特別養護老人ホームなど施設的にも，個人マンションと見間違うほどの老人ホームが現れ，明らかに「老人ホーム」自体大幅に整備された．しかし，以前からの養老院のや老人ホームのもつ負のイメージが一掃されたとはいえないようである．そこで，今日でも「老人ホーム」の入所を老人自身が棄老の一種とみるのかどうか，大島の高齢者たちの老人ホームに対する意識から捉えてみたい．ここでは老人ホームのイメージ，老人ホームへの入居意思，老人ホームへの入居理由から探ってみたい．

(2) 老人ホームへの入居意識

まず，老人ホームへの入居意識からみてみたい．表・8 がそれである．当然，この質問に関しては地元の特別養護老人ホームや養護老人ホームの実態が関係しているかもしれない．調査時点でみると東和町には 80 床の特養が 1ヶ所，橘町には 50 床の特養が 1ヶ所，養護老人ホームが 1ヶ所あり，平成 9 年の人口が東和町 5,786 人，橘町 6,280 人となっていて，高齢化率がそれぞれ，48.1％，40.3％である．人口規模からみると，この地域の特別養護老人ホームなどの福祉施設の充実度は決して不備とはいえない．全国平均からすると，むしろ良好な施設環境にあるといってよいと思われる．

人口当たりの整備状況が整っているとしても，その地に住んでいる高齢者にとって老人ホームそのものがどのように映っているのであろうか．表・8 をみると，両町の高齢者の老人ホームへの入居意思は，全体では「是非とも入りたい」が 3.7％，「できれば入りたい」が 33.8％となっている．反対に，「できれば入りたくない」が 52.7％，「絶対入りたくない」が 6.0％となっており，合計すると 6 割弱の高齢者が老人ホームに入りたくないという意識であって，この大島の高齢者たちは，当地が超高齢社会となっているにもかかわらず，老人ホームへの入居に消極的な意識をもっていることが分かる．

では，「入りたくない」（以下，「入りたくない」とは「できれば入りたくない」と「絶対入りたくない」の合計値を意味する）と思う高齢者は，どのような人たちに多いのであろうか．

性別にみてみると，「入りたくない」という回答の一番高いのは，橘町の男性の 71.1％で，次いで東和町の男性の 60.8％である．逆に低いのは，女性の

表-8 属性別にみた老人ホームへの入居意思

		実数	是非とも入りたい	できれば入りたい	できれば入りたくない	絶対入りたくない	不明			実数	是非とも入りたい	できれば入りたい	できれば入りたくない	絶対入りたくない	不明
全体		402	3.7	33.8	52.7	6.0	3.7	東和町****	同居	27	—	25.9	51.9	6.0	4.2
地域別 *	東和町	215	5.6	37.2	47.0	6.0	4.2		別居	164	4.9	37.8	49.4	4.9	3.0
	橘町	187	1.6	29.9	59.4	5.9	3.2		子どもいない	22	18.2	50.0	22.7	4.5	4.5
東和町 **	男性	92	4.3	31.5	54.3	6.5	3.3	橘町****	同居	27	7.4	18.5	63.0	7.4	3.7
	女性	122	6.6	41.0	41.8	5.7	4.9		別居	145	—	30.3	60.0	6.2	3.4
橘町 **	男性	104	2.9	25.0	64.4	6.7	1.0		子どもいない	14	7.1	50.0	42.9	—	—
	女性	82	—	36.6	52.4	4.9	6.1	東和町*****	単独世帯	73	9.6	38.4	43.8	4.1	4.1
東和町 ***	60～64歳	6	—	33.3	66.7	—	—		夫婦世帯	107	3.7	40.2	47.7	4.7	3.7
	65～69歳	38	7.9	34.2	47.4	7.9	2.6		高齢者と未婚	9	—	44.4	44.4	—	11.1
	70～74歳	58	6.9	37.9	44.8	6.9	3.4		拡大家族世帯	24	4.2	20.8	50.0	20.8	4.2
	75～79歳	73	6.8	42.5	43.8	1.4	5.5	橘町******	単独世帯	41	2.4	53.7	39.0	2.4	2.4
	80歳以上	39	—	28.2	53.8	12.8	5.1		夫婦世帯	109	—	24.8	65.1	7.3	2.8
橘町 ***	60～64歳	3	33.3	66.7	—	—	—		高齢者と未婚	12	8.3	25.0	58.3	—	8.3
	65～69歳	39	2.6	25.6	69.2	—	2.6		拡大家族世帯	23	4.3	17.4	69.6	8.7	—
	70～74歳	81	1.2	29.6	59.3	7.4	2.5								
	75～79歳	42	—	40.5	45.2	11.9	2.4								
	80歳以上	19	—	26.3	63.2	—	10.5								

（備考） * $\chi^2=8.69$ df=3, 東和町** $\chi^2=3.52$ df=3, *** $\chi^2=12.15$ df=12, **** $\chi^2=17.01$ df=6, (**), ***** $\chi^2=15.73$ df=9, 橘町** $\chi^2=5.74$df=3, *** $\chi^2=5.74$ df=3, *** $\chi^2=30.82$ df=12, ***** $\chi^2=15.24$ df=6, (*), ***** $\chi^2=22.48$ df=9 (**)

方で，特に東和町の女性の場合は，47.5％に留まる．「入りたくない」というのは，男性に多くなっている．

年齢別では「入りたくない」という回答は，「60～64歳」，「65～69歳」，「80歳以上」の年代層に多くみられ，逆にこの値が一番低いのは「75～79歳」の年代である．東和町の場合，この年代は45.2％に留まる．

同別居別にみると「入りたくない」と答えているのは，子どもと「同居」している高齢者であって，以下「別居」，「子どもがいない」が続く．地域別では東和町で，「入りたい」（「是非とも入りたい」と「できれば入りたい」の合計）という回答が「別居」者で42.7％，「子どもがいない」で68.2％みられる．橘町でもやはり「子どもがいない」人に「入りたい」という回答が57.1％みられた．

最後に，家族形態別でみると，単独世帯の高齢者が「入りたい」という回答が一番多い．東和町では48％，橘町でも56.1％で，橘町の単独世帯に「入りたい」という人が多いことがわかる．逆に「入りたくない」という回答は，拡大家族世帯や夫婦世帯の高齢者に多い．橘町の拡大家族世帯では，78.3％に及ぶ．

しかし，老人ホームへの入居希望は，単独世帯でも約半数に留まっていることから考えると，この地域では老人ホームに対して抵抗感があると考えてよいであろう．さきの老人排除に関する質的分析でも触れたように，この地域では伝統的な家族意識が強く，そのことが老人ホームへの入居意識を消極的にしている理由かも知れない．

(3) 老人ホームへの入居の客観的基盤と主観的基盤の分析

そこで，老人ホームへの入居意思を，東和町と橘町ごとに客観的要因と主観的要因の二要因群から相関係数でみてみよう．表・9は，東和町と橘町における相関度を調べたものである．客観的要因でみると東和町は，同別居（-0.2468），家族形態（0.1833），家族員数（0.2075），世帯収入（0.1702）の四つの要因が老人ホームへの入居意思に関して相関係数に有意差があることが確認できた．つまり，東和町の高齢者の老人ホームの入居意思は，以下のような傾向を示しているのである．

表·9 老人ホームへの入居意識の客観的基盤と主観的基盤

客観的要因	相関係数		主観的要因		相関係数	
	東和町	橘町			東和町	橘町
性別	−0.1135	−0.0784	住みやすさ		0.0768	0.0968
年齢別	0.0603	0.0290	近所の付き合い		0.1145	−0.1034
居住年数	−0.0949	0.0506	老後の不安感		0.2791**	0.0241
同別居別	−0.2468**	−0.1074	敬老精神の有無		−0.0372	0.0641
家族形態	0.1833**	0.1551*	老後開始年齢		−0.0233	0.0255
家族員数	0.2075**	0.1335	老人になったな		0.1621*	0.0331
出身地	−0.0097	0.1128	呼ばれて気になる		0.0411	−0.0651
職業	0.0718	−0.1148	いやな経験		0.0362	−0.0502
学歴	0.0670	0.1350	棄老感覚		−0.0412	−0.0611
世帯収入	0.1702*	0.2411**	老人排除認知		0.0935	0.0707
親しい人の数	−0.0407	0.0623	社会的地位の喪失		−0.0529	−0.1135
親類数	−0.0565	0.0920	家族連帯の喪失		−0.1278	−0.0280
近所の人の数	−0.0388	0.0087	バイオメディカルな地位喪失		0.0940	−0.0268
友人数	−0.0100	0.0133	経済的自立の喪失		0.0183	0.2143**
集団加入数	−0.0090	0.0514	老人ホームイメージ	楽しい	0.1873*	0.2822**
相談相手の有無	−0.0398	0.0022		明るい	0.2466**	0.1439
健康状態	−0.0112	0.0643		好き	0.3140**	0.2962**
				きれい	0.2575**	0.0901
				開放的	0.2031*	0.1038
				人間的	0.2173**	0.2229**
				静か	0.1903*	−0.0429
				金がかかる	−0.0178	−0.0032
			自我像	生きがい感	−0.0162	0.0919
				生活満足度	−0.0697	0.1498
				孤独ではない	−0.1697*	0.0105
				家族に誇りをもつ	−0.2157**	0.0936
				自己存在満足度	−0.0548	0.1279
				自己能力発揮度	−0.0459	0.0649
				社会的不可欠性	−0.1631*	−0.0870
				社会的貢献能力	−0.0820	−0.0428
			ボランティア活動参加意思		0.1352	0.0971

(備考) 数値は相関係数で, (**) は 1％で有意, (*) 印は 5％で有意.

① 別居していたり，子供がいない人ほど，入居意識をもっている傾向がある．
② 家族形態が子供と同居している拡大家族の高齢者に比べて，単身世帯や夫婦世帯の高齢者ほど老人ホームへの入居意思が強いことが分かる．
③ 家族員数と相関しており，家族員数が少ないほど老人ホームへの入居意思をもっている傾向がみられた．
④ 世帯収入と相関しており，世帯収入の低い高齢者ほど，老人ホームへの入居意思をもっていることがわかる．

東和町では，老人ホームへの入居意識を強めるのに一番関係しているのは同別居要因であって，子どもがいないとか，別居状態にあるとかいう要因が老人ホームへの入居意思を強め，さらに家族員数が小さくなることが老人ホームへの入居を促進する傾向を極めていることを示している．これに対して橘町の高齢者の方は，家族形態（0.1551）と世帯収入（0.2411）の二つだけしか有意な相関係数が確認できない．東和町と比べると，世帯収入の相関係数が高く，橘町は世帯収入の低さが老人ホームへの入居意識を強める傾向を示している．

次に，主観的要因をみてみると，東和町では「老後の不安感」（0.2791），「老人になったな」（0.1621），「楽しい」（0.1873），「明るい」（0.2466），「好き」（0.3140），「きれい」（0.2575），「開放的」（0.2031），「人間的」（0.2173），「静か」（0.1903），「孤独ではない」（−0.1697），「家族に誇りをもつ」（−0.2157），「社会的不可欠性」（−0.1631）の12の項目群との間で有意な相関を示している．その内，高い相関係数を示しているのは，「好き」，「きれい」，「明るい」などといった老人ホームのイメージの項目と「家族に誇り」という項目と，「老後の不安感」という項目の3種類の項目である．つまり，これからすると東和町の場合，老後の不安ということと老人ホームのもつ積極的評価（例えば，「好き」に代表されるような）と家族に誇りがもてないということが老人ホームへの入居意思を強めるということがわかる．

これに対して，橘町において主観的要因として相関を示したのは，「経済的自立の喪失」（0.2143），「楽しい」（0.2822），「好き」（0.2962），「人間的」（0.2229）の四つの項目にすぎない．結局，橘町では「経済的自立の喪失」という要因と老人ホームイメージのなかで「好き」，「楽しい」，「人間的」とい

う限られた要因としか相関を示さなかった．つまりは，橘町の場合，年金生活のような経済的自立の喪失と「人間的」で「楽しい」老人ホームイメージが，老人ホームへの入居意思を強める傾向がみられたということである．その点では，両地域の老人ホームへの入居意思は，かなり違った性格となっていることがわかる．

ただ，この分析のなかでは，敬老精神の認知と老人排除認知と棄老意識との間には相関はみられなかった．それからすれば，老人ホームを単純に「姥捨て慣行」の機能的代用項目とみることはできそうにないことがわかるのである．

(4) 老人ホームへの入居理由

大島郡の調査から老人ホームへの入居意思を探った限りでは，「是非とも入りたい」という積極的に入居意思を表明する高齢者が極く僅かしかみられず，「できれば入居したい」という層も4割弱しかみられない．つまり，老人ホームに対して半数強の高齢者は，入居希望をもっていないのがここ大島の現状である．

表·10 老人ホームに入る時の理由

		合計	一人暮らしになった時	身体が不自由になった時	子供が面倒をみないと言った時	親族に勧められた時	地域の人たちに勧められた時	町の相談員に勧められた時	進んで老人ホームに入居するつもり	その他	絶対入りたくない	不明
全体		402	19.2	40.5	23.9	4.7	0.7	5.2	6.7	2.5	9.2	3.5
地域別*	東和町	215	15.3	42.3	27.0	4.2	0.9	3.3	8.4	2.3	9.3	3.3
	橘町	187	23.5	38.5	20.3	5.3	0.5	7.5	4.8	2.7	9.1	3.7
東和町**	是非とも入りたい	12	25.0	66.7	8.3	8.3	—	—	16.7	—	—	—
	できれば入りたい	80	20.0	57.5	15.0	5.0	1.3	—	16.3	1.3	—	—
	できれば入りたくない	101	10.9	31.7	41.6	4.0	—	5.9	3.0	4.0	8.9	4.0
	絶対入りたくない	13	7.7	7.7	7.7	7.7	—	—	—	—	76.9	7.7
橘町***	是非とも入りたい	3	—	100.0	—	—	—	—	—	—	—	—
	できれば入りたい	56	28.6	48.2	10.7	5.4	—	12.5	14.3	1.8	1.8	1.8
	できれば入りたくない	111	23.4	36.0	27.0	6.3	0.9	6.3	0.9	1.8	8.1	2.7
	絶対入りたくない	11	9.1	—	18.2	—	—	—	—	—	63.6	9.1

(備考) *χ^2=11.57 df=6, **χ^2=140.73 df=24 (**), ***χ^2=84.11 df=24 (**)

そこで，次に，高齢者が実際に老人ホームへ入居しようと最終判断をするのはどのような理由であろうか．ここでは老人ホームへの入居理由を次のような設問で調べるため，「あなたは，将来，どういう状況の時なら老人ホームに入るとお考えですか」という設問を使い，表・10のような回答肢で調査した．

単純分析の結果からみると，大島の高齢者が老人ホームへ入居するのは，まず一番多いのは「身体が不自由になった時」（40.5％），「子どもが面倒をみないと言った時」（23.9％），「一人暮らしになった時」（19.2％），「町の相談員に勧められた時」（5.2％），「親族に勧められた時」（4.7％），「その他」（2.5％），「地域の人に勧められた時」（0.7％）の順であった．他方，「絶対入りたくない」は9.2％，「進んで老人ホームに入居するつもり」は，6.7％ほどみられた．二地域の比較でみると，東和町の高齢者に「身体が不自由になった時」，「子どもが面倒をみないと言った時」という理由が多く，橘町では「一人暮らしになった時」，「親族に勧められた時」，「町の相談員に勧められた時」が多くなっている．

では，高齢者たちが「できれば入居したくない」や「絶対入居したくない」と回答する理由は何なのであろうか．まず，「できれば入りたくない」という消極的な老人ホーム拒絶派からみておきたい．東和町で，このタイプの入居理由をみると，「子どもが面倒をみないと言った時」が41.6％と，一番高い比率となっている．「身体が不自由になった時」の値は，31.7％と，10％低く，さらに「一人暮らしになった時」という値は10.9％に留まっている．つまり，この消極的老人ホーム拒絶型は，子どもの扶養を期待しているタイプである．現在子どもと同居しているかもしくは別居していて，子どもとの同居扶養を当然視しているのであって，このことが「できれば入りたくない」という意識となっていると考えられる．同様に橘町においてこのタイプをみてみると，橘町の場合，「身体が不自由になった時」が36.0％と，一番多く，次いで多いのが「子どもが面倒をみないと言った時」（27.0％）と「一人暮らしになった時」（23.4％）である．つまり，東和町の高齢者は，子どもの扶養拒否が老人ホームへの入居の最大の理由となっており，そのほかでは身体が不自由になった時である．これに対して橘町の高齢者の場合は，身体が不自由になれば諦めて老人ホームへの入居を考える高齢者が36％で，「子どもが面倒をみないと言った

時」に関しては 27％で，東和町のそれに比べると大幅に少ない．しかも橘町では「一人暮らしになった時」に老人ホームへの入居を考える人が 4 分の 1 ほどいることになる．「絶対入居したくない」という回答者は，調査の全体でみても東和町で 13 人，橘町で 11 人しかみられず，少なかった．そして，「絶対入りたくない」という理由に集中していた．

(5) 老人ホームイメージの分析

以上のことを高齢者が抱く老人ホームイメージと老人ホーム入居意思をもってみてみたい．

表・11 は，老人ホームのイメージを「楽しい」，「明るい」，「好き」，「きれい」，「開放的」，「人間的」，「静か」，「金がかかる」という 8 項目の評価基準からみたもので，老人ホームのもつ内的，外的な評価をイメージでみたものである．回答肢としては「そう思う」，「どちらかといえばそう思う」，「どちらかといえばそうは思わない」，「そうは思わない」を用意している．

表・11 の数値は，「そう思う」に 2 点，「どちらかといえばそう思う」に 1 点，「どちらかといえばそうは思わない」に−1 点，「そうは思わない」に−2 点を加味して，中位点を算出したもので，プラスであれば肯定的な方向で評価されたということを，マイナスであれば否定的な方向で評価されていることを意味する．

まず，表からも明らかなように，全体でみるとプラス得点のうち一番数値の高かったのは「きれい」(0.73) であって，「金がかかる」(0.67) という項目も肯定的評価点が高かった．以下，高い順では「明るい」(0.32)，「静か」(0.27)，「人間的」(0.23)，「楽しい」(0.11) という順で，以上がプラス得点値の項目であった．これとは反対にマイナス評価得点が二つあり，「好き」と「開放的」という項目がマイナスであった．それぞれ「好き」が−0.40 点，「開放的」が−0.02 点であった．大島の高齢者にとって老人ホームのイメージは，「きれい」であるが，「金がかかる」イメージであって，「明るく」，「静か」で，「人間的」で，「楽し」いが，「好き」ではなく，「開放的」ではないというイメージのようである．とりわけプラスイメージでは，「きれい」で，「金がかかる」，そして「好き」ではないイメージになっている．

第10章　高齢者の老後観と老人処遇観

　次いで地域別にみると，橘町に比べると東和町の高齢者の老人ホームのイメージは，数値の低いものが多い．高いのは「静か」と「金がかかる」というイメージで，「楽しい」，「好き」，「開放的」というイメージに関してはマイナスの数値が出ている．これに対して橘町の高齢者のイメージの高い数値は，「きれい」，「金がかかる」，「明るい」が，老人ホームは「好き」ではないというものである．

　表・11には地域別にみた老人社会類型による老人ホームイメージの分析箇所を入れている．

　東和町では「敬老型」が抱く老人ホームのイメージは，「金がかかる」し，「きれい」であるが，「好き」でなく，「開放的」，「楽しい」というイメージでもないことがわかる．それに対して「差別型」は，突出した形で「金がかかる」とみており，その他で「きれい」で，「静か」とみるが，反面「好き」でもないし，「楽しい」イメージでもないとみている．しかも，加えて「開放的」とも「明るい」とも「人間的」とも思っていない．これに対して「貶老型」は，「金

表・11　高齢者の抱く老人ホームイメージ

		実数	楽しい	明るい	好き	きれい	開放的	人間的	静か	金がかかる
全体		402	0.11	0.32	−0.40	0.73	−0.02	0.23	0.27	0.67
地域別	東和町	215	−0.15	0.16	−0.47	0.66	−0.25	0.07	0.29	0.72
	橘町	187	0.40	0.51	−0.32	0.82	0.24	0.41	0.25	0.61
東和町	男性	92	−0.11	0.17	−0.40	0.65	−0.36	0.07	0.31	0.69
	女性	122	−0.18	0.12	−0.53	0.66	−0.16	0.06	0.28	0.73
橘町	男性	104	0.39	0.38	−0.49	0.79	0.35	0.33	0.32	0.68
	女性	82	0.42	0.66	−0.12	0.84	0.10	0.50	0.18	0.52
東和町	敬老型	92	−0.08	0.26	−0.49	0.60	−0.27	0.09	0.28	0.62
	貶老型	33	0.19	0.31	−0.33	0.81	−0.04	−0.12	0.20	0.90
	敬老差別型	18	−0.69	−0.27	−0.60	0.80	−0.50	0.36	0.30	0.20
	差別型	39	−0.47	−0.11	−0.56	0.57	−0.24	−0.07	0.56	1.19
橘町	敬老型	80	0.58	0.67	−0.15	1.00	0.44	0.62	0.32	0.63
	貶老型	43	0.06	0.26	−0.65	0.45	−0.31	−0.03	−0.09	0.64
	敬老差別型	9	0.78	0.88	−0.17	1.43	0.67	0.38	0.17	0.29
	差別型	23	0.69	0.33	−0.21	0.85	0.13	0.64	0.14	0.64

がかかる」し,「きれい」とのイメージをもつが,「好き」でもないし,「人間的」とも「開放的」とも思っていない.「敬老差別型」は,「きれい」とみており,やや「人間的」で「静か」とみているが,「楽しい」イメージでもなく「好き」でもなく「開放的」でもないとみている.こうしてみると「差別型」に近いのは「貶老型」の方である.

他方,橘町について,同じ老人社会類型による老人ホームのイメージをみてみると,「敬老型」の老人ホームのイメージは,「きれい」で,「明るく」,「金がかかる」が「人間的」で「楽しい」ということになり,東和町に比べるとプラスイメージが強くみとめられる.「差別型」は,「きれい」で,「楽しく」,「金がかかる」が,「人間的」というイメージである.東和町と違いマイナスイメージがあまりみられない.これに対して「貶老型」の方は,「差別型」以上にマイナスイメージが多く,老人ホームは「好き」ではないし,「開放的」ではないし,「静か」ではないし,「人間的」でもないとみている.最後の「敬老差別型」は,「きれい」で,「明るく」,「楽しく」,「開放的」というイメージで老人ホームをみている.

以上からみると,老人ホームのイメージは,老人社会類型からみた限りでは,必ずしも統一したまとまりをもっていないことが分かる.

5. 結　語

以上,ここでは全国有数の高齢化地域である山口県大島郡東和町と橘町の高齢者を対象に老人線,高齢者像,棄老観,老人ホームへの入居意識などを分析してきた.最初に触れたようにこの地域は,他地域に比べ高齢者が住民の半数近くを占めている.つまり,住民のなかでマジョリティを形成している高齢者が,自分たちをどのように捉えているかを分析することがここでの課題であった.調査データの分析からは,以下のようなことが明らかとなった.

　　①つまり,老人線は,超高齢化の地域である東和町の方で他の地域に比べていっそう高い年齢に位置づける傾向がみられた.

　　②棄老意識に対する項目の分析では,積極的拒絶が強く,消極的拒絶を含めると八割近くになった.しかも,東和町の高齢者の方に積極的拒絶

意識が強かった.

　③ 高齢化が進んでいる地域であるにもかかわらず,「老人ホームへの入居意識」は消極的な回答が多く, 進んで老人ホームへ入居したいという高齢者は少なかった.

　④ さらに, 老人ホームのイメージを分析したところでは, 橘町に比べると東和町の高齢者の老人ホームのイメージの方に数値の低いものが多かった. つまり, 東和町では老人ホームは,「静か」と「金がかかる」というイメージで,「楽しい」,「好き」,「開放的」というイメージに関してはマイナスの数値が出ていた. これに対して橘町の高齢者のイメージは,「きれい」,「金がかかる」,「明るい」というもので, ただし, 老人ホームは「好き」ではないというものであった.

　⑤ さらに, 老人ホームへの入居意識が老人排除認知や棄老意識とどのような関係をもっているかをみたところ, これらの間には相関関係はみられなかった. それ故, 今回の調査からは老人ホームそのものが, かつての「姥捨て慣行」の機能的代用項目とみられていないことがわかる.

以上から考えてみると, 老人線を 65 歳から 70 歳の線に替えるという提案自体意義深いと思われるが, ここでの分析にみられるように, まだエイジズムの視点は無視できない. 老人ホーム一つ考えても, 現実には, まだ根強い偏見が存在する.

超高齢化地域である東和町の高齢者の方が, 高齢社会類型おける「差別型」が多かったり, 棄老に関しても積極的拒絶型が多いこと, 老人ホームへの入居意識に対して拒絶者が多いことなどを考え合わすと, マジョリティとして多数を占めることが「老い」をそれほど意識せず,「老い」そのものを昇華する積極的メカニズムを働かせるとは必ずしもいえそうにないように思われる. 厳密な考察は, 今後の他地域との比較を要すると思うが, 少なくとも今回の調査分析からは, やや「老い」を一層自覚させるような消極的メカニズムが働いているように思われる.

※本研究は 1997 年山口大学経済学部学術振興費の助成を受けてなされた「過疎地における高齢者処遇過程の研究」と題する研究の成果の一部である.
（1）宮崎のデータと比べると, 宮崎では「55 歳以上」が 0.2%,「60 歳以上」が 2.7%,「65 歳以上」

が 14.6%,「70 歳以上」が 51.5%,「75 歳以上」が 20.0%,「80 歳以上」が 8.5%となっており, ほぼ似た傾向を示している. 時間的推移も考慮しなければならないが, やや大島の場合, 老人線が若干上がった形になっている.
(2) 1951 年老人福祉法制定により 9 月 15 日を「としよりの日」としたが, 1966 年から「敬老の日」に改められた. 小笠原祐次監修『新聞集成老人問題』上・下（大空社）1994 年.
(3) Nancy J. Osgood, 1992, *Suicide in Later Life*, (Lexington Books), 野坂秀雄訳『老人と自殺』（春秋社）1994 年, 46-47頁.
(4) 宮崎市の調査では, 敬老精神が「ある」と答えたのは, 52.7%で,「ない」と答えたのは 43.3%であった. 性別では, 宮崎の男性で「ある」とするものが 52.8%, 女性で 52.1%で, 極く僅か男性の方が敬老精神が「ある」とするものが多いことは, 大島データとの違いといえるかもしれない.
(5) ここでは, 敬老精神の有無を認知レベルで調べたものであるが, そのことは敬老的な文化によって支えられた若い人たちが, 老人を敬うようなことをどの程度しているかということに係わってくる. その意味では, シンボリックな存在や表出的なレベルの認知をみるものである. それに対して老人を差別するというものは, もっと構造的な内容を含んだものである.
(6) 宮崎市の調査では都市部の方が農村部に比べて僅かではあるが, 老人排除の存在を認める比率が高い. 出身地でみると, 都市中心部や新興団地などで排除の存在を認める比率が高い. 市街地部や近郊農村ではやや少なかった. さらに, 性別・地域別では, 性別の差の影響で農村部の女性と都市部の女性に老いの排除の存在を認める比率が高かった.
(7) E.B. Palmore, *Ageism : Negative and Positive*, 1990, 奥山正司他編『エイジズム』（法政大学出版局）1995 年, 22 頁.
(8) 同上 34 頁.
(9) ここでの感受概念という表現は, ブルーマーの言葉である. 厳密には, 今回のような量的な調査からすれば, ここでの表現としてはふさわしくないかも知れないが, ここでは, 僅かとはいえ「自由回答」の質的データに対してこの概念を当てはめて分類したのである. 詳しくは, H. Blumer, *Symbolic Interactionism*, 1969 (Prentice-Hall, Inc.), 後藤将之『シンボリック相互作用論』（勁草書房）1991年, 189-190頁.
(10) 棄老意識の調査項目（設問, 回答肢も含む）については, 本書第 5 章「若者の老人差別意識の分析」に詳しい.
(11) 宮崎市の調査では,「絶対すべきではない」が 58.4%,「すべきではない」が 16.0%,「当時としては仕方なかった」が 19.5%,「子孫のためには当然」が 0.2%,「わからない」が 1.1%,「不明」が 4.9%であって, 大島と比較すると, 大島では「すべきではない」が多く,「当時としては仕方なかった」が少なかった. 本書第 8 章「老人意識と自己ラベリング」参照.

参考文献

(1) Howard P. Chudacoff, 1989, *How Old Are You? Age Consciousness in American Culture*, (Princeton University Press), 工藤政司他訳『年齢意識の社会学』（法政大学出版局）1994 年.
(2) L. K. Gerge., *Role Transitions in Later Life*. (Wadsworth Inc.) 1980, 西下彰俊・山本孝史訳『老後』（思索社）A. Gubrium and K. Charmaz., *Aging, Self, and Community*, (Jaip Press Inc.) 1992.
(3) 井上俊「老いのイメージ」『老いの発見2』（岩波書店）1986 年.

(4) 金子勇『地域福祉社会学』（ミネルヴァ書房）1997 年.
(5) 金子勇『高齢社会とあなた』（日本放送出版協会）1998 年.
(6) 片多順『老人と文化——老年人類学入門』（日本の中高年 7）（垣内出版）1981 年.
(7) Sharon R. Kaufman, *The AgelessSelf-Sources of Meaning in Later Life*,（The University of Wisconsin Press）, 幾島幸子訳『エイジレス・セルフ』（筑摩書房）1986 年.
(8) A.R. Lindesmith, A.L. Strauss, & N・K・Denzin, *Social Psychology*（5th ed.）, 1978, 船津衛訳『社会心理学』（恒星社厚生閣）1981 年.
(9) 小川全夫『地域の高齢化と福祉』（恒星社厚生閣）1996 年.
(10) 宮田登・中村桂子『老いと「生い」』（藤原書店）1993 年.
(11) Irving Rosow, *Socialization to Old Age*, 1974（University of California）, 嵯峨座晴夫監訳『高齢者の社会学』早稲田大学出版部, 1983 年.
(12) ロバート・バトラー＆ハーバート・グリーソン編, 岡本祐三訳『プロダクティブ・エイジング』（日本評論社）1998年.
(13) 総務庁『高齢社会白書』（平成 10 年版）1998 年 6 月.
(14) 塚本哲監修『老後問題事典』（ドメス出版）1973 年.

終章　老人ラベリング差別論の可能性

1. はじめに

　本書を締めくくるにあたり，ラベリング差別論からみた「老人化」研究のなしえたものを呈示し，この理論の今後の展開を位置づける意味で，現時点での結論と残された課題を以下に簡単に述べておきたい．
　すでに第2章でも触れたが，このラベリング差別論のパースペクティブは，エイジズムの研究を老人ラベリング過程として捉え，烙印者，ラベリング過程，被烙印者，ラベリング状況，脱ラベリングの五つの側面の分析を課題とみるものである．老人ラベリングとは，ある人びとや集団が他者（人びとや集団を含む）により「老人」だとラベルを貼られ，それが原因で「老人」になっていくことである．そして，エイジズムをラベリング差別論から分析しようとするものである．その点で，この老人ラベリング差別論は，総合的な研究を必要とするし，本書で分析したものは老人ラベリング差別論の一部を考察したにすぎない．
　この書物では，エイジズムの実状を実証的に分析するために地域の比較分析を行った．そのために八幡東区の尾倉地区，山口県東和町・橘町，そして地方都市の宮崎市の高齢者へのアンケート調査により，エイジズム意識や老後観や老人自己成就意識などを把握し，しかも調査地としては高齢化の著しく進んだ地域を素材にしてみた．これ以外に「若さ」を代表する年代として大学生を対象に，高齢者に実施した同じ調査項目を使って，彼らの棄老観，差別意識，エイジズムの内容，それから老人ホーム観などを調査・分析した．

2. ラベリングの促進要因の分析

　高齢者を「老人」としてラベリングする要因には，ラベルを貼る当の烙印者，

そうしたラベリングを促進する環境要因としての「ラベリング状況」などが介在していると考えられる．まず，烙印者分析については公的ラベリングの分析と私的ラベリングの分析が考えられるが，本書では，私的ラベリングの分析のなかでも烙印者の抱く差別意識を中心に調査分析した．つまり，学生の老人観，棄老観，差別意識，老人差別のイメージ，老人ホーム観などを分析した．烙印者分析には，心理学的な「烙印者のパーソナリティ分析」なども必要であろうが，本書の第5章のなかでは学生の烙印者類型を棄老者類型で分析した．棄老者類型の五つのタイプ（「友愛型」,「原則反対型」,「現実型」,「棄老型」,「態度保留型」）のうち，差別意識を公然ともっているのは「棄老型」というタイプであるが，それ以外のものでは「原則反対型」が差別意識を強くもっていた．「友愛型」のタイプが差別意識が一番低く，「現実型」や「態度保留型」も，やや差別意識が低かった．

　それから都心を大挙して歩く高齢者を想定して，六つの設問（「いやだな」,「汚らしい」,「場違いだ」,「元気だな」,「便利な所に住むべき」,「静かな所に住むべき」）ごとに「どう思うか」式の回答を求め，大学生の抱く差別感情を分析した．その結果，大学生の差別感情が，「汚らしい」→「いやだな」→「場違いだ」→「静かな所に」という連関構造になっていることが分かった．「ラベリングの状況」の分析には，「文化的社会的構造の分析」や「状況規定の分析」などが考えられるが，ここでは家族構造や地域構造などにより分析してみた．大学生の分析のなかで，高齢者と同居している拡大家族の大学生が，必ずしも高齢者を「好き」と考えていないこと，男子学生よりも女子学生の方がエイジズムをもたないこと，エイジズムを強くもつのは都市部の男子学生に多いということがわかった．

　これ以外にラベリングの促進要因としては「言葉の魔力」といわれるように，ラベルそのものの考察も欠かせない．具体的には蔑視語や差別語といわれるものの分析（「ラベルの内容分析」）であって，一般に「ぼけ」,「無能者」,「汚い」などという言辞による差別の分析であり，そうした言葉の分析である．オズグッドが「老いや老人に対する神話や固定観念」という節で，「老人や老いにまつわる固定観念や婉曲語法は山ほどある．たとえば，65歳以降の年金生活の時期を"golden years"といい，『優雅に老いる』ことを話したりする．

医師のあいだでは，老人患者は，"crock"とか"vegetable"などといわれている[1]」といって，ステレオタイプ化した言葉を紹介している．本書の第4章の目的は，ささやかではあるが，「実年」，「熟年」，「爺」，「婆」など13種類の老人呼称に対する好意度や嫌悪度，嫌悪な言葉の相互連関などを探ることから，このラベルの内容分析に向けられたものである．その結果，老人呼称の評価において性差が働いており，また，「官製用語」が好かれる傾向があることが分かった．「ラベリングの状況」を分析するには，言葉以外でみると「文化構造」や「社会構造」の分析が必要で，本書ではラベリングの文化的期待や社会的期待をみるために，地域類型や家族構造の比較によって解き明かした．

その他「ラベリングの成就過程分析」では，「解釈過程の分析」，「規定過程の分析」，「処遇過程の分析」が考えられるが，先の連関構造は，まさに「汚らしい」や「いやだな」という「解釈」や「規定」過程があり，「場違いだ」や「静かな所に」という「処遇」過程が連なっていることを分析したのであり，これは，明らかにここでの「ラベリング成就過程分析」を例示したものになっているのである．

さらに，「烙印者のイデオロギー分析」でいえば，「若者から仕事を奪うのか」という反対イデオロギーが存在するであろう．「肯定的エイジズム」に対する逆差別というイデオロギーがおそらく今後一番考えられる．そして，このようなイデオロギーを背後仮説としてホームレスの高齢者など，寝たきりの高齢者，痴呆の高齢者などに対して虐待・軽視が増大する可能性を秘めているということができるであろう．

3. 公的ラベリングの分析

公的ラベリングとは，個人以外の組織や制度がラベリングすることである[2]．アメリカのエイジズム研究のなかで挙げられる「制度的エイジズム」は，退職制度や住宅や福祉などが挙げられているが，老人ラベリング差別論からは，65歳で老人年齢に組み入れる人口論の見方そのものを，老人線をつくる有力な公的ラベリングとみることができるであろう．

本書では「老人線」の問題を指摘することができた．人口論的にみれば，現

終章　老人ラベリング差別論の可能性　　　　　　　　　285

状では高齢者は,「65歳以上」の人を高齢者人口としている[3]. この分岐線が若者など高齢者以外の人びとにとって,「老人」とは「65歳以上」と判断させるものになっているのである. ところが, 現実は, いまの高齢者で,「65歳」を老人線とみなす高齢者はほとんどいないし, 実際, 支持が一番多いのは「70歳以上」であって, 二番目に多いのも「75歳以上」という年齢線なのである. したがって, 老人線は,「70歳以上」かもしくは「75歳以上」にすることの方が現実に妥当した年齢線といえよう. ただ, ここでのラベリング差別論のエイジズム批判という観点からは, 一律にある年齢以上でもって老人線とする社会制度を撤廃することこそが課題ということになるであろう.

　本書のなかで捉え得たことは,「老人化」を促進するものに職業(就労, 有職性)が大きく関係していることである. 言い換えれば,「老人化」を促進する要因に,「退職」が大きく係わっていることが判明したのである.

　残された課題は, おそらく多いであろう.「烙印者分析」でみると, 私がいう,「公的ラベリングの分析」である. 今回の考察のなかには入れなかったが, 公的ラベリングの考察として必要なのは「一律定年制」など退職制度が公的ラベリングの代表として分析されなければならないであろう. まず, 定年退職制度という形で職業能力を「無能」のカテゴリーに入れ込み, 社会的に, それまでその人の生きてきた職業社会から排除するところに老人差別の端緒があることをみなければならない. ロバート・C. アチュリーは,『退職の社会学』のなかで, 退職を一つの行事としてみると, ①通過儀礼としての退職, ②職場での最後の日, ③退職の贈り物, ④退職のシンボリズムがあるという[4]. そして, 退職には「こうして象徴的に, 個人に退職者のレッテルを貼り, 否応なしに退職の現実を思い知らせるようなジェスチャアや態度, 活動といったものが, たくさんある. 退職の儀式や贈り物は, 個人に退職者のレッテルを貼ることに役立っている[5].」と指摘する.「退職者をシンボライズするものは何であろうか? ともかく, 制服とか, バッジとか, その他, 私たちが使える標識はないのである. 退職者にたいする特別の呼び方はない. ……退職者の地位にたいする一般的な, シンボル不足は, 退職者が果たすかもしれない他の社会的役割にくらべて, 退職者の役割が, それほど重要でないことを示す証拠として受け取ることが出きるかもしれない[6]」という. また, アチュリーは, 退職者の

成就過程として，ハネムーン段階，幻滅段階，再志向段階，安定段階，終結段階のプロセスをたどるという．いずれにせよ公的ラベリングにおいては，年齢線と同様に定年退職制度が「老人」をつくる重要な要因の一つであることを確認しなければならない．

さらに，公的ラベリングの分析については，1. 道徳企業家の分析，2. 規則遂行者の分析（イ）規則遂行組織の分析と，（ロ）組織の一員として烙印・差別にかかわる儀礼主義者の分析，そしてその問題性の批判的考察をしなければならないであろう．そのうち「道徳企業家の分析」でみると，制度によって「老人化」を促進する要素が捉えられなければならない．例えば，定年制は，若者の新規の職業選択を安定的に供給するために，必要なのだという見解にみいだせると思われる．それから，我が国の「老人の日」を実施した人たち（機関）の分析や介護保険を通過させた人たちの分析などが想定に入れられる．他方「規則遂行者の分析」では，年金支給をしたり，敬老の日を祝う行政マン達の態度，高齢者が仕事を求めて来ても，知らない素振りをするハローワークの職員など，挙げればきりがないであろうが，彼らは明らかに仕事の関係で高齢者に対応する．そして，このなかで「尊敬や敬意」を要求したり，「ご都合主義的対応」によって，高齢者に対して「老人」として接してしまうのである．彼らは，専門職者としての〈認定〉過程に関わるなかで，意識的にか，無意識的にか高齢者を「老人」ラベリングしていくことになる．今後，我が国で介護保険が実施されるなかで多数登場する介護の専門職者は，「規則遂行者」という役割を果たしかねないことに注意しなければならないであろう．

4. 自己ラベリングと脱ラベリング過程の分析

先にみたように被烙印者の分析には，「被烙印者のパーソナリティ分析」，「被烙印者の意識分析」などが欠かせないが，ラベリングは，相手の意図したように誰もがラベリングどおりになっていくわけではない．それが「ラベリングの効果分析」で捉える課題であるが，ラベリングが成就するのは，ラベリングを受けた本人がラベリングどおりに自己成就するかにかかっている．これを分析するのが，自己ラベリング分析で，具体的には「自我がラベリングする過

程の分析」や「自我の合理化や中和化の分析」などが必要とされるのである.

本書では,「老人と呼ばれて気にする」,「老人になったな」, 高齢者自身の自我像, そして高齢者本人のエイジズムの存在の認知, 棄老観, 老人ホーム観などをみることから, 高齢者の自己ラベリングのメカニズムを分析しようとした.

高齢者の反作用の類型として,「老人自認型」,「老人自意識型」,「老人自律型」,「老人否定型」の四種類を構成してみたのであるあるが, 若年から年長に向け, 最初は「老人否定型」が多く, 以後, 加齢とともに「老人自律型」,「老人自意識型」,「老人自認型」へと進んでいく傾向を示していた. そして,「老人否定型」が自我像の「生活要因」,「家族要因」,「自己要因」,「社会要因」において高い数値を示し, 自我像が一番安定していた. それに対して,「老人自意識型」が人間関係, 社会関係とも一番もっておらず, 差別や被害について敏感であった.

ところで, 脱ラベリングするには「被烙印者の脱ラベリングの分析」や「烙印者の脱ラベリングの分析」が欠かせないと考えられる. つまり, ラベリング差別論からみると,「老人」自己成就過程の分析だけでなく, ラベリングをはねかえす「脱ラベリング」の過程は, ここでの類型化した「老人否定型」が筆頭であるし, 場合によったら「老人自律型」も一つの脱出の道かも知れない. 要は, 高齢者たち自らが現代社会の放つ「老人」というラベルを自己否定し, 自立した人間として「主体化」していく以外にないのではないかと思う.

一昨年話題となった赤瀬川源平の随筆『老人力』, 作家の原宏一が書いた小説『姥捨てバス』などは, かつて有吉佐和子の書いた『恍惚の人』のような老人を弱い立場で問題視した捉え方から書かれたものではない. 脇田保著『私は老いて強くなった』など, 年長者世代の人たちの自己肯定の書物が随分多くなった. これなどは, バトラーなどが提案している「プロダクティブ・エイジング」の道, つまり老いを否定的な価値とみていくのではなく,「成長」という積極的な価値としてみていく視点であり, この脱ラベリング論の角度と解してよいであろう[7]. こうした方途には, 烙印者の脱ラベリングの分析も必要であるが, まずもって必要なことは, 自己ラベリングを防ぐことである.

表・1は, 人口量の占める多さをマイノリティとマジョリティに分け, さら

に老人というラベルを受け止める高齢者の「老い」への対応を「気にする」レベルと，実際の行動とで分類したものである．「積極的」とは，「老人」（つまり「老い」）というラベルを跳ね返し，否定するところの，主体的に脱ラベリングする行動であり，「消極的」とは，その逆に「老い」を受容し，自己ラベリングしていく行動である．

表・1　高齢者の類型

	「老い」を気にする		「老い」を気にしない	
	積極的	消極的	積極的	消極的
マイノリティ	I	II	III	IV
マジョリティ	V	VI	VII	VIII

　宮崎市，八幡東区，山口県東和町は，調査時の高齢化率がそれぞれ 10.7%（1990 年），20.8%（1995 年），48.1%（1997 年）であった．「老人と呼ばれて気になるかどうか」の調査項目では，「気になる」が宮崎市で 36.9%，八幡東区で 24.0%，東和町で 21.3%，逆に「気にならない」が宮崎市で 48.5%，八幡東区で 49.9%，東和町で 59.2% となっていた．高齢者がマジョリティをなすような社会は，「老人と呼ばれること」を「気にする」人が少なく，反対にマイノリティをなす社会の方が「気にする」人が多いという結果になっている．つまり，この結果は，「高齢者の増加が『気にしない』方向を助長する」，その逆に「高齢者の減少が『気にする』方向を助長する」ということである．もちろん，ここでのデータだけで即断することは危険である．ただ，もし高齢者の増加が「気にしない」方向を助長し，高齢者の減少が「気にする」方向を助長するのであれば，「自己ラベリング」のメカニズムは，双方を区別して理解しなければならないかもしれない．表・1 でみると，自己ラベリングとは，「消極的」という要素のセルの II，IV，VI，VIII において起こるわけである．「消極的」の中身である要因にはいろいろあるであろう．いま仮に「老人になったと『思う』」という要因を入れてみると，II と VI は，共に「老人自意識型」であり，IV と VIII は，共に「老人自認型」である．しかし，マジョリティの社会では，VII や VIII のタイプがやや増加し，逆に高齢者が住民人口のなかで少ない社会では，I や II のタイプが多くなると想定されるので，老人のマイノリティ社会

ではIIのタイプの，老人のマジョリティ社会ではVIIIのタイプの自己ラベリングが多くなる．

　脱ラベリング論の観点から主体的な高齢者像を探るとすれば，主体的高齢者とは，「老人と呼ばれると『気にする』」人間像であろうか，それとも「老人と呼ばれて『気にしない』」人間像であろうか．今回の調査のなかでは同時に自我像も分析しているが，それなどを鑑みると，どちらかといえば「気にする」人間像の方に主体的な老人像の人が多かった．老人意識類型では「老人否定型」が一番主体的な高齢者像であった．それからすれば，脱ラベリング論は，高齢者のマジョリティ社会では，「消極的な行動」を「積極的な行動」へと旋回させるだけでなく，「気にしない」を「気にする」方向へと二重の労力を必要としそうである．それに比べると，マイノリティ社会では，「消極的な行動」を「積極的な行動」へと旋回させるだけで「脱ラベリング」を想定できそうである．もちろん，これは，モデルの上での話である．

5. 総　　括

　以上，本書で老人ラベリング論として考察ができたのは，私的ラベリングの分析，被烙印者の分析，ラベリングの内容分析，自己ラベリング，ラベリングの成就過程分析などである．

　いうまでもなく，ここで私が試みてきたのは，ラベリング差別論を高齢者に適用し，「老人化」のメカニズムを捉えようとするものであった．

　現在のような時代にあって高齢者と呼ばれる人たちの環境も大きく変わりつつある．高齢者にとっては自分たちの仲間が増え続けるという点では，かつてのようなマイノリティ状況からしだいに状況は，マジョリティ状況へと好転しつつあるといった方がよいかもしれない．市場へのインパクト，政治への影響力などを考えてみても，周辺や縁部に立たされがちであった高齢者の役割が好転して，周辺からやや中心へと価値が移る傾向を読みとることも出来よう．だが，その一方で，こうした量的増大に起因する評価の側面は，同時に高齢者以外の若い世代の経済・社会負担ということで，世代間対立を生む可能性を秘めだしたともいえるのである．

我が国の場合，純粋に政治や経済社会をみると，まだ，エイジズムの存在を強調できるほど環境が整っていず，ファジーな状況で存在するとしかいえないかもしれない．政治は，変化の兆しが現れたとしても，まだ長老支配が残存しているし，経済界のなかにも，金融をはじめとして，こうした習慣は，まだ多く残っている．それに「敬老精神」も，まだ，我が国においてかなり残っているといってよいのかもしれない．

　その点では，我が国の場合，エイジズムの深刻な問題は，発生していないとみる人も多いと思う．しかし，私が問題にしたのは，年老いたら元気がなくなり，自らも「老人」と認めている人の多さと，他方で，自分は「老人」ではないと言い続ける高齢者も多い現実である．ここには，「老人」を避けたり，排除したりする社会の傾向が存しているから，こうした高齢者の反応が出てくるのであると思う．

　それからもうひとつ注意しなければならないことは，エイジズムが感性的なレベルで差別の強化となる傾向があるということである．つまり，この書物のなかでも指摘したように，若者の「汚らしい」という清潔感情を起点に，「いやだな」や「場違いだ」といった「差別感情」となり，「静かな所に」と繋がっていた．つまり，ラベリング過程でいう「解釈」，「規定」，「処遇」でもって位置づければ，「汚らしい」から「静かなところに住むべきだ」という一連の連関構造をもっていることを分析した．現在のような，豊かさのなかで，意味が問われるようになったとしても，健康価値や清潔価値が強調されていくこと，その反対の価値は排斥される傾向が生まれるとすれば，決して「敬老精神」は我が国の美徳であるといって，きれいごとですまされない現実が生まれているように思う．殊にこれからの我が国の文化が，ますますこうした価値への方向性を強めていくとすれば，高齢者がどのような扱いをされるかは明白なのである．われわれは，ゴミ問題のような環境問題に次第に注視するようになっているが，そのなかには「過敏な」清潔価値観や健康価値があるということを見過ごすべきでないし，こうした価値観が別の面で新たな差別を生む温床になる危険性をもつことに注意する必要がある．

　今後，介護保険が実施されると，新たなエイジズムの発生基盤が出てくるということも冷静に認識しておかなければならないであろう．新たに増加してく

る介護専門職者たちは,痴呆や寝たきりの高齢者のなかから介護認定受給者を選定するわけであるが,この認定過程に解釈・規定・処遇過程が生まれるわけであって,「老人化」を促進する烙印者の役を引き受けるともかぎらない.それから,税負担をする若い世代の不満も差別意識の強化につながる可能性をもつ.今後の社会保障制度のなかで高齢者への税負担を「肯定的エイジズム」として捉え,若い世代層によって逆差別イデオロギーの昂進が出てくる可能性もないではないからである.ラベリング差別論からすると,われわれに必要な態度は,ラベルを貼ったり,レッテルを貼る前に寛容な態度や優しい態度を保持することなのである.そして,真の意味でのエイジレス社会を実現することこそが求められるべきなのである.

(1) Nancy J. Osgood, 1992, *Suicide in Later Life*, (Lexington Books), 野坂秀雄訳『老人と自殺』(春秋社) 1994 年, 49 頁.
(2) 考察対象はやや異なるが,公的ラベリングについては次の論文に詳しい.辻正二「万引と公的ラベリング —— 宮崎市におけるスーパー,商店等の万引調査を通して」『宮崎大学教育学部紀要・社会科学』第 61 号, 1987 年 3 月, 59-75 頁.
(3) 我が国でも 1960 年代までは老人人口を「60 歳以上」で把握していた.この種の人口学的な基準値は,国際的に実施するものであって,その意味では,平均寿命の高い国では,もう少し年齢線を高くしないといけないのである.国連の人口比較や人口学のレベルで, 65 歳という年齢線がとられているということを認識しなければならない.
(4) R.C. Atchley, *The Sociology of Retirement*, 1976, (Schenkman Publishing Company), 牧野拓司訳『退職の社会学』(東洋経済新報社) 1979 年.
(5) 同上邦訳 95 頁.
(6) 同上邦訳 96 頁.
(7) ロバート・バトラー／ハーバート・グリーン, 岡本祐三訳『プロダクティブ・エイジング』(日本評論社) 1998 年.

参考文献

(1) 赤瀬川原平『老人力』(筑摩書房) 1998 年, 赤瀬川原平『老人力のふしぎ』(朝日新聞社) 1998 年.
(2) 野末陳平『老人栄えて国滅ぶ』(講談社) 1997 年.
(3) 脇田保『私は老いて強くなった』(ダイヤモンド社) 1996 年.
(4) 原宏一『姥捨てバス』(ベネッセ) 1998 年.

あ と が き

　この 10 年以上，ラベリング論の視点を用いて社会的差別に関しての社会学的研究をしてきた．正直言って私自身，社会的差別研究のみに専念してきたわけではない．もともとアメリカ社会学の学説研究をしてきた身であったし，そうした仕事をやりながら，他方で地域社会の要請から地域のまちづくりのような研究もしてきた．それが何故，差別研究かといえば，私たちの社会には，残念ながら，差別が後を絶たないからである．
　現代の社会的差別には，「部落差別」，「人種差別」，「障害者差別」など厳しい人権問題を内包している差別事象から，「女性差別」や「老人差別」のような多少見過ごしやすい差別事象にまでわたっている．「女性差別」の場合，男性による女性に対する差別であるが，だからといって夫婦の間で差別が常態化しているのかというと，そうではない．むしろ「女性差別」とは，社会的な参加，例えば職場での扱い，職場進出・政界への進出，指導的領域への進出を阻んでいるという種類の差別であり，時として精神的暴力と物理的暴力によるセクシャルハラスメントとして現出する差別である．
　これに対して「被差別部落の出身だから」という理由で差別されてきた「部落差別」，「外国人だから」だとか「黒人だから」，「アジア人だから」といった理由で差別されてきた「人種差別」，「ユダヤ人だから」といった理由で差別されてきた「民族差別」などは，結婚差別や職業差別など，深刻な差別を生んできた．そして，差別のみならず，偏見のような意識や感情レベルでも激しいものを生んできた．
　ここで考察したエイジズム（老人差別）は，そこまで厳しい差別を生んでいるとはいえないであろう．だが，わたしは，バトラーがいったようにレイシズム（人種差別），セクシズム（性差別）について，このエイジズム（老人差別）も，差別問題として扱うべきだと思う．私が「老人差別」を選んだのは，この差別が差別問題として人類にとり最終的に扱わなければならない領域と思うからである．

あとがき

　本書は，社会学の理論でいうと，相互作用論やラベリング論という文脈での研究作業である．ただ，資料の多くは，アンケート型の調査データを利用している．その点では，実証的な方法から得られたデータを使った，ラベリング差別論の視点からの老人化研究となっている．相互作用論と実証主義の双方を取り入れたかたちでラベリング差別論の研究をしている．極端な実証主義を標榜することは，問題と思うが，社会をよりよくしようとする武器になる理論や仮説には，実証主義的視点を持ち出すことが必要だと考える．その意味では，マートンの中範囲理論のような取り組みこそ，必要だと考える．

　本書が，そうした矛盾した視点を持ち込んでいるとすれば，それは上記のような理由からである．実証主義への継承と発展を唱えたデュルケームの自殺の統計データの利用のように，個々の特殊データが集合すると，そこにおいて初めて個別性からは捉えられなかった「社会的事実」が捉えられるものである．実証主義の方法論的客観主義を批判し，社会学における質的データを重視する学派の場合，質的データを好んで集め，それを分析するわけであるが，果たしてその集めた研究者がどこまで調査のなかから「本物」を摑んでいるかは，確証できない．それは本人が正確なデータを集めているという，他者側からの信頼でしかないのである．私の経験からも，鋭い感性をもっていなければ，真実を摑み得ないし，また語り手も誤っているかもしれないことに気づけない．それを判断するのも研究者だとすれば，科学データとして，量的データより質的データの方が良いという根拠はないように思う．科学的データに関して，質的データを重視する学派の科学的根拠は，研究者の真摯な態度で被調査者から聞き出したものだという信頼に依拠するしかない．その意味では，ロマンティックな世界でしかないのではないだろうか．そのことに科学の信頼や科学の発展を期待するとすればわれわれ人間が要する対価が，あまりにも大き過ぎるのではないか．それからすれば如何に調査データが量的であっても，回答は本人が答えたものであれば，多少の歪んだデータがあるとしても，全体的なデータから出てくる知見の方には，そこまでの歪みが入るとは思われない．量的データを丹念に集め，積み上げていく研究の方に，科学の総量評価からみて軍配を挙げたくなるのである．要は，質と量のデータは，ケース・バイ・ケースで利用すればいいというのが，私の見解である．

　今回の研究では，直接の聞き取り調査のデータは使っていない．高齢者の差

別について聞き取りも手法としてよかったかもしれない．しかし，拾い集めた個別データは，どこまでも個別データでしかない．それに，差別問題への感性を研ぎ澄ませば，量的なデータからも，差別の一面を探ることが出来るし，全体のなかから差別の現状を捉え，理念型も構成できるし，心理現象も捉えることが出来る．むしろ量的データを構成変数として解釈するなかで，掘り出し型の発見項目があれば，その方がよいのではという判断に立っている．

われわれに課せられているのは，学問の流行現象を追うことでもなければ，ひたすら批判精神で科学の真実を追い求めることでもないのではないかと思う．どうも，近年の社会学の動向をみていると，相変わらず社会学は輸入学の伝統の域を脱していないし，いまだに日本社会学独自の知の体系（国際的に著名な社会学理論）を生み出さずにいるようである．

私の作業は，知の体系をうちたてようとするものではない．本書はそれを目指してはいない．それでも，日本の社会には未解決の領域，誰もがやろうとしない領域，気づかれていない領域などが，まだ残っているように思う．この書において私が試みたのも，今日，高齢者問題を福祉，社会保障，家族論などといった視点でアプローチする研究は，膨大な数にのぼるが，高齢者の差別研究というものがまだ少ない現状で，ささやかなりに寄与できればと思ったからである．

章別の構成を簡単に説明しておきたい．

第1章は，戦後我が国で高齢者を論じ，研究してきた成果をまとめたもので，やや学説風に流れを整理し，社会問題研究から老人差別論の研究の必要性を論じたものである．

第2章は，筆者自身のラベリング差別論の視点を論じたもので，今回，この書物のなかに入れるにあたり加筆したものである．この論文は，ラベリング論の限界を超克する方途として差別論へと視点をシフトしたものである．

第3章は，ラベリング論を地域社会の産業構造の違いのなかから高齢者認識の地域差をみたものである．高齢者をみる文化構造の分析も行っている．それと高齢者ラベリング差別論の視点を最後に展開している．

第4章は，老人呼称によって老人の差別言語や老人呼称間の連関性をみたものである．若者と高齢者の老人呼称に関する把え方の違いを分析している．

第5章と第6章は，烙印者の分析で，第5章は若者の老人差別意識の分析をしたもので，第6章もその後続で若者が抱く老人差別感を言葉のレベルや老人イメージなどを分析している．

第7章から第10章までは被烙印者である高齢者の分析を行ったもので，ラベルを受ける側の考察を行っている．

第7章では，老人ラベリングの側面から高齢者がどのような認識をしているか，特にここでは老人自己成就意識の存立基盤と老人意識類型を構成して，現実にこうした意識の連関などを分析した．これを地方中核都市である宮崎市で行った調査データを分析したものである．

第8章では，第7章で分析したものを産業都市で，しかも政令指定都市のなかで一番高齢化率の高い八幡東区の尾倉地区の高齢者を対象に行ったものである．そして，宮崎市との比較研究を行っている．

第9章は，同じく第7章，第8章と同じ視点で過疎化が著しく，全国で一番高齢化率の高い東和町と，隣接している橘町で実施した同種の調査を，同じような角度で分析したものである．

第10章は，第9章と同じ調査を使って高齢者自身の老後観や老人差別，高齢者が抱く老人ホームなどを分析したものである．

終章は，本書で提起した老人ラベリング差別論の知見と今後の課題を論じたものである．

本書は，今回新たに4本の書き下ろした論文を加え，私がここ10年ぐらい書き溜めてきた論文を整理し，既発表の論文にも手を入れて，書き直した上で上梓したものである．

その既発表と新たに書いた論文を示せば以下のようになる．

第1章＝今回書き下ろし．

第2章＝「ラベリング差別論序説」（『宮崎大学教育学部紀要』1983年3月，第58号）71-85頁．

第3章＝「老人化に関する社会学的一考察――老人差別の研究――」（『宮崎大学教育学部紀要』1990年3月，第67号）1-21頁．

第4章＝今回書き下ろし．

第 5 章＝「老人化処遇過程の社会学的研究――大学生の老人差別意識の分析による――」(『山口大学教養部紀要』1992 年, 39-58 頁.

第 6 章＝今回書き下ろし.

第 7 章＝「老人意識とラベリング：自己ラベリングの視点から――」(『山口大学教養部紀要』1993 年, 第 27 号) 67-86 頁.

第 8 章＝「産業都市における老人意識形成の考察」(『山口経済学雑誌』1997 年 5 月, 第 45 巻 4 号) 35-66 頁.

第 9 章＝「超高齢化社会における老人意識形成の考察」(『山口経済学雑誌』1998 年 5 月, 46 巻第 3 号) 57-86 頁.

第 10 章＝「高齢者の老人像と老人差別」(『山口経済学雑誌』1999 年 3 月, 第 47 巻 2 号,) 199-232 頁.

終章＝今回書き下ろし.

　出版事情の悪いなか, 快く上梓の機会を与えてくださった恒星社厚生閣編集部, 師であり, 公私にわたり世話になり続けている東京大学の船津衛先生に感謝申し上げたい. 先生の強い勧めと励ましがなければ, この書物は生まれなかったであろう. それから, 九州大学時代の恩師, 内藤莞爾先生には, 実証的な研究の意義を教えていただいたし, 鈴木廣先生には, 実証的な分析の仕方を教えていただいた. この機会に感謝を申し上げたい. 本研究の調査協力で快く協力をいただいた宮崎市役所, 八幡東区公民館, 東和町と橘町の役場, の職員の方々, その他調査では, 実に多くの方々にお世話になった. これを機会に感謝を述べておきたい. さらには私がこれまで在職した鹿児島女子短期大学, 鹿児島女子大学, 宮崎大学, 現在在職している山口大学の旧教養部, 経済学部, 人文学部の先輩・同僚諸氏に, 感謝したいと思う.

　最後に, この書物は家族の理解と支援なくして生まれなかったといってよい. この書物を, 交通事故で半身不随にもかかわらず, 4 年間頑張って闘病中にある母に捧げたい.

　　　　1999 年 11 月

　　　　　　　　　　　　　　　　　　　　　　　　辻　正二

辻 正二（つじ しょうじ）
1948年 山口県生まれ
九州大学大学院文学研究科博士課程単位取得終了
現　在　山口大学人文学部教授　文学博士
専　攻　社会病理学、社会心理学、地域福祉社会学

主要著作
『社会学の現在』（恒星社厚生閣）1986年（共著）
『現代社会の展開』（北樹出版）1992年（共著）　ほか

主要論文
「初期マートン社会学の展開」『社会学研究年報』（九州大学社会学会）第7.8
　合併号、1976年
「万引と公的ラベリング：宮崎市におけるスーパー、商店等の万引調査を通
　して」『宮崎大学教育学部紀要』第61号、1987年
「W.E.B.デュボアと都市研究」『社会分析』第20号、1992年
「産業空洞型インナーシティにおける高齢者問題の一考察」『社会分析』第24
　号、1997年　ほか

高齢者ラベリングの社会学　　　　　　　　2000　©辻 正二

2000年2月15日　第1刷発行
2001年4月2日　第2刷発行

著　者　辻　　　正　二
発行者　佐　竹　久　男
組　版　恒星社厚生閣文字情報室
印　刷　興英印刷株式会社
製　本　塚越製本株式会社

〒160-0008　東京都新宿区三栄町8
発行所　TEL:03-3359-7371〜3／FAX:03-3359-7375　株式会社 恒星社厚生閣
　　　　http://www.vinet.or.jp/~koseisha/

ISBN4-7699-0907-1　C3036

鈴木　廣 著	都市化の研究	定価 7,875円
木下謙治 著	家族・農村・コミュニティ	定価 5,092円
三浦典子 著	流動型社会の研究	定価 4,588円
菅野　正 著	農民支配の社会学	定価 3,874円
新　睦人 著	現代社会の理論構造	定価 8,400円
田野崎昭夫 編	現代都市と産業変動	定価 7,140円
牧　正英 著	高齢化社会と労働問題	定価 3,150円
小川全夫 著	地域の高齢化と福祉	定価 2,940円
山本　努 著	現代過疎問題の研究	定価 3,360円
奥田憲昭 著	現代地方都市論	定価 2,625円
船津　衛 著	地域情報と地域メディア	定価 3,360円
高橋勇悦 監修	都市青年の意識と行動	定価 6,825円
清野正義 編	東北の小さな町	定価 4,620円
中道　實 著	社会調査方法論	定価 4,935円
野田　隆 著	災害と社会システム	定価 4,095円
J.&L.ロフランド 著 / 進藤雄三・宝月誠 訳	社会状況の分析	定価 5,565円
マニュエル・カステル 著 / 山田操 訳	都市問題	定価 6,090円
スチュアート・ロー 編 / 山田操・吉原直樹 訳	都市社会運動	定価 3,055円
C.G.ピックバンス 編 / 山田・吉原・鰺坂 訳	都市社会学	定価 2,625円
M.ポッフィ/G.ペルゴラ他 / 山田操 編訳	現代都市論	定価 2,415円

恒星社厚生閣・刊

上掲の定価は1999年12月現在の税込みです